UNERHÖRT.

Der Schwarze Donnerstag

UNGEKLÄRT.

Der Stuttgarter Wasserwerfer-Prozess

UNGESÜHNT.

UNERHÖRT.

UNGEKLÄRT.

UNGESÜHNT.

Jürgen Bartle und Dieter Reicherter

Der Schwarze Donnerstag: Unerhört. Ungeklärt. Ungesühnt.

Fotos: Joachim E. Röttgers; Karikaturen: Kostas Koufogiorgos

Herausgegeben von Bartle und Reicherter GbR
in Zusammenarbeit mit der Kontext:Wochenzeitung

1. Auflage; Februar 2015

Mit einem Vorwort von Wolfgang Schorlau

Wenn die Justiz Partei ist

Von Wolfgang Schorlau

„Sind unsere Städte noch zu retten?", fragte die „Frankfurter Allgemeine Zeitung" den britischen Architekten David Chipperfield in einem Interview. Auf die Frage, wie er sich das Leben auf den Straßen heutzutage vorstellt, sagt er: „Ich mag eine Straße und einen Platz und einen Park und einen Garten – die konventionellen Formen einer bewohnten Stadt. Plätze von kommerziellen Projekten werden dagegen hauptsächlich nach Investoreninteressen entworfen. Die sagen nicht, wisst ihr was, es wäre doch echt nett eine wirklich schöne Straße zu bauen. Sie rechnen: wie viele Quadratmeter Bürofläche können wir bauen. Und dann sagt jemand, ja, aber damit Sie die Genehmigung erhalten, müssen Sie auch einen öffentlichen Raum schaffen. Das tun sie dann, lustlos, als widerwilliges Zugeständnis. So ist die Realität."

So ist die Realität in Stuttgart, und in Stuttgart ist sie sichtbarer als in anderen Städten. Sicher, es wäre unklug auf das viele, schöne Investorengeld zu verzichten und es nach Frankfurt oder Düsseldorf ziehen zu lassen. Dieses Argument wiegt durchaus. Nur: Andere Städte halten die Balance zwischen dem Wunsch, die Stadt möge ihr Aussehen und ihre Identität behalten, und dem verständlichen Wunsch nach Investorengeld besser. Berlin macht es anders. Am Potsdamer Platz, am Alexanderplatz und am Bahnhof Zoo wurden die städtebaulichen Bestimmungen so gelockert oder sagen wir: so locker ausgelegt, dass sich an diesen Plätzen die Investorenarchitektur ungehemmt austoben darf – und so sieht es dann dort auch aus. Mit Chipperfields Worten: „Es ist die Maschine des Investments, die die Entscheidungen trifft. Und die will Risiken vermindern. Und wenn Sie jetzt jedes Risiko rausnehmen und alle anderen exzentrischen Motivationen, dann bekommen Sie natürlich Fließbandware." Geld baut schlecht. Die neuste Bestätigung Chipperfields ist am Bahnhof Zoo eindrücklich und erdrückend zu besichtigen.

Berlin verfügt über enorme Flächen und hat es leicht, die Hässlichkeiten der Investorenarchitektur in zwei oder drei Areale zu verbannen. Sie ändern die Grundstruktur der Stadt nicht komplett.

In Stuttgart jedoch wurde der gesamte Kessel, das Herzstück der Stadt, den Investoren übereignet. Auf der einen Seite der kasernenartige Sarkophag des Milaneum-Einkaufszentrums, mit seiner atemberaubenden Hässlichkeit und der unverhüllten Absicht, die Bevölkerung Backnangs und Schorndorfs hierher zu locken, auf der anderen Seite der Stadt das Gerber-Zentrum, das wohl als erstes der Konkurrenz unterliegt und innerstädtisches Slumgebiet wird, und in der Mitte sehen wir dem Breuninger-Neubau mit seinen unbekannten Überraschungen entgegen; niemand erwartet Erfreuliches.

Geld baut schlecht – nirgends bewahrheitet sich dieser Satz mehr als im Stuttgarter Kessel. Es gibt keine andere deutsche Stadt, die ihr Herzstück so vollständig den Investoren hingegeben hat, die ihr Aussehen, ihren Charakter, ihre Identität so umfassend dem Geld der Investoren ausgeliefert hat wie Stuttgart. Das Erbe der Ära des früheren Oberbürgermeisters Schuster ist so verheerend und so umfassend, dass die Verletzungen des Stadtkörpers irreparabel sind.

Daher ist es nicht verwunderlich, dass sich der Widerstand insbesondere der innerstädtischen Bevölkerung gegen Stuttgart 21 richtete, dem Bauprojekt, das der Auslieferung der Stadt an Investoren aus aller Welt gewissermaßen die Krone aufsetzte.

*

Das Erschütternde an dem vorliegenden Buch des Journalisten Jürgen Bartle und des pensionierten Richters Dieter Reicherter ist, dass es exemplarisch vor Augen führt, dass die Stuttgarter Justiz in dem Konfliktfeld von Investoreninteresse, Bürger(un)willen und Demonstrationsrecht Partei war und ist. Sie zeigen auf erschreckende Weise, dass die Stuttgarter Justiz ihre Rolle in dem Konflikt um den Stuttgarter Bahnhof nicht darin sah, darauf zu achten, dass er im Rahmen des Rechts ausgetragen wurde. Sie war Partei, von Anfang an.

Ich erinnere mich noch gut an die kleinlichen und kleinlichsten Schikanen und Verfolgungen, denen Gangolf Stocker als Anmelder von Kundgebungen und Demonstrationen ausgesetzt war und die sich in den nächsten Instanzen in Luft auflösten. Ich wundere mich über das Personal, das sich in der Justiz der Landeshauptstadt halten kann. Ein Oberstaatsanwalt, der am Schwarzen Donnerstag auf dem „Feldherrnhügel" steht, das Offensichtliche vorgibt nicht zu sehen, nämlich die Wasserstöße gegen stehende und sitzende wehrlose Personen, und der sich später nicht schämt, die Ermittlungen dieser Taten zu übernehmen. Dieser Oberstaatsanwalt wirkt wie die Karikatur eines Juristen. In einem Roman oder einem Film würde eine solche Figur als negativ überzeichnet gelten.

Dazu zählen auch die absurden Sicherheitsverfügungen in dem Prozess gegen die beiden Einsatzabschnittsleiter. Der Rechtsanwalt Jörg Lang schreibt dazu in diesem Buch: „Vergleichbare Sicherheitsverfügungen sind bisher eigentlich nur im Zusammenhang mit Verfahren gegen Terroristen und Gewalttäter oder gegen Angeklagte der organisierten Schwerkriminalität bekannt. Da im vorstehenden Fall die Angeklagten diesen Zielgruppen nicht zugeordnet werden können, wird mit der Verfügung indirekt die teilnehmende Öffentlichkeit und Presse ihrerseits unter einen diesen Zielgruppen vergleichbaren Generalverdacht gestellt."

Dieses Buch belegt, dass die Stuttgarter Justiz von einem tiefen Misstrauen gegen die Zivilgesellschaft geprägt ist. Ich fürchte, sie begreift sich instinktiv als Gegner zivilgesellschaftlichen Engagements, sofern es über die Spendenaktion des heimischen Rotarier- oder Lionsclub hinausgeht. Stimmt diese Einschätzung, haben wir es mit einer institutionellen Deformation, einem Zurückbleiben der Justiz hinter der Gesellschaft zu tun, die nicht zu akzeptieren ist.

Dann wird es Zeit für eine zweite Mahntafel vor dem Stuttgarter Landgericht.

Der Schriftsteller Wolfgang Schorlau, Jahrgang 1951, lebt seit über zehn Jahren in Stuttgart. Er war am Schwarzen Donnerstag im Stuttgarter Schlossgarten und hat seine Eindrücke in dem 2011 erschienenen Roman „Die letzte Flucht. Denglers sechster Fall." zu Papier gebracht.

Auf Augenhöhe mit den Wasserwerfern

Nächste Woche beginnt vor dem Landgericht Stuttgart der Prozess gegen zwei Polizeibeamte, die daran schuld sein sollen, dass es bei den Wasserwerfer-Einsätzen am Schwarzen Donnerstag Verletzte gab.

*„Gesetze gleichen den Spinnennetzen; wie jene halten sie die Kleinen und Schwachen
gefangen, die Größeren aber können sie zerreißen und freikommen."*

Der große Staatsmann und Gelehrte Solon aus Athen, in der Antike
zu den sieben Weisen Griechenlands gezählt, hat schon vor rund 2600
Jahren den berühmt gewordenen Vergleich zwischen Gesetzen und
Spinnennetzen gezogen und mit seiner Gesetzgebung, unter anderem
zur Beseitigung der Schuldsklaverei, dagegen angekämpft.

Ab dem 24. Juni 2014 wird die 18. Große Strafkammer des Landgerichts Stuttgart an zunächst 30 Verhandlungstagen (in der Regel
jeden Dienstag und Mittwoch) zu klären versuchen, ob zwei Polizeibeamte, die am 30. September 2010, dem später Schwarzer Donnerstag genannten Stuttgarter Schicksalstag, als Einsatzabschnittsleiter
im Schlossgarten eingesetzt waren, zu jenen Kleinen und Schwachen
oder zu den Größeren zu rechnen oder aber frei von persönlicher
Schuld sind. Bei den in der Hierarchie unter den jetzigen Angeklagten
stehenden Besatzungen und Staffelführern der Wasserwerfer hat die
Dame mit Augenbinde und Waagschale schon entschieden: Einige
von ihnen wurden rechtskräftig wegen der Wasserwerfer-Einsätze zu
Geldstrafen beziehungsweise zu Freiheitsstrafen mit Bewährung
verurteilt.

Muss Mappus in den Zeugenstand?

Die spannende Frage wird sein, ob diese untergeordneten Polizeibeamten eigenmächtig gegen Recht und Gesetz verstießen, ohne dass
die Angeklagten dies hätten verhindern können, oder ob die Angeklagten hätten einschreiten können und müssen. Letzten Endes geht
es aber auch darum, ob die beiden Einsatzabschnittsleiter rechtswid-
riges Tun gar veranlasst und die Verletzungen von Menschen in Kauf
genommen haben, um – möglicherweise auf Geheiß der Politik –
Härte zu zeigen und ein für alle Mal den Widerstand gegen das Projekt
Stuttgart 21 zu zerschlagen. Zur Klärung hat die Strafkammer zunächst
35 Zeugen und einen Sachverständigen geladen und die spätere
Ladung von weiteren elf Zeugen angekündigt, darunter der Stuttgarter

Polizeipräsident a.D. Siegfried Stumpf, sein Stellvertreter Norbert Walz sowie Oberstaatsanwalt a.D. Bernhard Häußler. Ob dieser vorgesehene Umfang der Beweisaufnahme ausreichen wird, darf bezweifelt werden. Aus dem Kreis der Prozessbeteiligten wird bereits die Forderung erhoben, den früheren Ministerpräsidenten Stefan Mappus und weitere Mitglieder der damaligen politischen Führung zu hören.

Nach derzeitiger Planung soll am 22. Dezember 2014 ein Urteil gesprochen werden. Verlängert sich der Prozess, wird vom 12. Januar 2015 an immer mittwochs verhandelt werden. Am Mammutverfahren beteiligt ist das Gericht mit drei Berufsrichtern und zwei Schöffen, verstärkt von einer Ergänzungsrichterin und zwei Ergänzungsschöffen, die einspringen müssen, falls ein Mitglied des erkennenden Gerichts im Laufe des Prozesses ausscheidet. Die Staatsanwaltschaft wird mit zwei Staatsanwälten beteiligt sein, die zwei Angeklagten mit vier Verteidigern und fünf Verletze als Nebenkläger mit vier Rechtsanwälten/-innen. Für die Medien sind 25 Plätze im Saal 18 des Gerichtsgebäudes vorgesehen. Da wird es für die Öffentlichkeit in dem lediglich 100 Plätze fassenden Saal eng werden.

Den beiden Angeklagten wird in der vom 26. März 2013 stammenden Anklageschrift vorgeworfen, beim Polizeieinsatz im Stuttgarter Schlossgarten als faktisch gleichberechtigte Einsatzabschnittsleiter die Verantwortung dafür zu tragen, dass durch den Einsatz von Wasserwerfern in insgesamt fünf Fällen widerrechtlich Wasserstöße gegen Köpfe von Demonstranten erfolgt und dadurch zumeist erhebliche Verletzungen von insgesamt neun Menschen verursacht worden seien. Ursächlich dafür sei gewesen, dass entgegen der Entscheidung der Einsatzleitung, nur Wasserregen einzusetzen, auch Wasserstöße in Kopfhöhe der Demonstranten abgegeben worden seien. Die ihm mitgeteilte Entscheidung der Einsatzleitung, die Wasserabgabe auf Wasserregen zu beschränken, habe der eine Angeklagte bei Erteilung des Einsatzauftrages nicht an den Staffelführer der Wasserwerfer weitergegeben. Hätten die Angeklagten ihren Pflichten genügt, dann hätten sie – so der Vorwurf – die Wasserstöße in Kopfhöhe und damit die Verletzung von neun Menschen verhindern können und müssen. Deshalb bestehe der Verdacht der fahrlässigen Körperverletzung im Amt in mehreren Fällen.

Für die Staatsanwaltschaft sind nur Verletzungen am Kopf Verletzungen

Als Folge einer abweichenden juristischen Bewertung, auf die im zweiten Prozessbericht noch eingegangen werden wird, ist es einer weiteren – also zehnten – Verletzten gelungen, sich dem Verfahren als Nebenklägerin anzuschließen, obwohl sie bei einem Wasserwerfereinsatz nicht am Kopf, sondern an den Unterschenkeln getroffen und verletzt worden war. Die Staatsanwaltschaft hatte es abgelehnt, deswegen zu ermitteln, da sie nur Wasserabgaben in Kopfhöhe als rechtswidrig betrachtet.

Am 30. September 2010 hatte um 10 Uhr der Polizeieinsatz zur Räumung des Stuttgarter Schlossgartens begonnen. Der Einsatztermin war kurzfristig vorverlegt worden, da der ursprünglich vorgesehene Beginn um 15 Uhr durch eine Indiskretion öffentlich geworden war. Bei dieser Planung war bekannt, dass eine gleichzeitig in unmit-

telbarer Nähe vorgesehene Schülerdemonstration mit über tausend Teilnehmern angemeldet war. Die Entscheidung, den Großeinsatz am 30.9. mit vorverlegtem Beginn durchzuführen und nicht auf einen Termin im Oktober zu verschieben, war am frühen Abend in einer Runde im Staatsministerium getroffen worden, an der auch der damalige Ministerpräsident Stefan Mappus teilgenommen hatte. Kurz zuvor war den Vorsitzenden der damaligen Oppositionsparteien im Stuttgarter Landtag ein anonymes, angeblich aus der Polizeiführung stammendes Schreiben zugegangen, in dem auf eine Mitwirkung politisch Verantwortlicher hingewiesen und vor hartem Vorgehen bei Einsätzen gewarnt worden war.

Der Einsatz diente dazu, die ab Ende der Vegetationsperiode (30.9., 24 Uhr) zulässige Fällung von Bäumen zu ermöglichen, die der Einrichtung des sogenannten Grundwassermanagements zum Bau des Tiefbahnhofs im Wege standen. Allerdings hatte das Eisenbahnbundesamt die Baumfällungen verboten, da die Deutsche Bahn die Unterlagen zur angeordneten Landschaftspflegerischen Ausführungsplanung nicht vorgelegt hatte. Dessen ungeachtet sollte ein Großaufgebot von Polizeikräften den Park von den in großer Anzahl erwarteten Demonstranten räumen, um die behördlich verbotenen Fällungen ab Mitternacht bewerkstelligen zu können. So geschah es dann auch.

Sofort nach Mitternacht wurden einige Bäume gefällt. In der Folgezeit wurde die Anlage des Grundwassermanagements zwar errichtet. Sie konnte aber mangels rechtskräftiger Genehmigungen, auch für eine weit höhere Grundwasserentnahme als ursprünglich geplant, und mangels technischer Durchführung der Vorarbeiten für den eigentlichen Bau des Tiefbahnhofs bis dato nicht in den vorgesehenen Dauerbetrieb gehen. Insbesondere ist die zunächst erforderliche Verlegung des Nesenbach-Dükers (Hauptabwasserkanal der Stuttgarter Innenstadt), die Voraussetzung für den eigentlichen Baubeginn ist, offenbar wegen technischer Probleme bislang nicht erfolgt.

Presse-Akkreditierungen

„Genügend transparent gemacht"?

Unsere Justiz und ihre Öffentlichkeitsarbeit! War da nicht was vor dem NSU-Prozess in München? Musste der nicht erst mal verschoben werden, weil Medien klagten, die nicht berichten konnten? Und hat man daraus was gelernt? Sieht gar nicht danach aus, jedenfalls nicht in Stuttgart.

Am 24. Juni beginnt vor dem Landgericht Stuttgart der Prozess gegen jene beiden Polizeibeamten, die – mehr als dreieinhalb Jahre nach dem Schwarzen Donnerstag – von der Staatsanwaltschaft als die Verantwortlichen für den Einsatz der Wasserwerfer ausgeguckt wurden, durch den mindestens vier Personen schwer verletzt worden waren. Darunter Dietrich Wagner, dessen Foto, wie er mit blutenden und fast erblindeten Augen von zwei Helfern aus der Gefahrenzone geführt wird, damals um die halbe Welt ging.

Nicht nur, weil Wagner als Nebenkläger an der Verhandlung beteiligt sein wird, ist das Medieninteresse groß. Sondern auch, weil zeitgleich dazu ein (zweiter) Untersuchungsausschuss des Landtages sich mit zumindest ähnlichen Fragestellungen beschäftigt, wie es das Gericht tun wird: Wer denn nun wirklich die – politische und polizeiliche – Verantwortung trug?

Und was macht nun das Landgericht Stuttgart? Es veröffentlicht am 8. Mai auf seiner Homepage die Verfügung der Kammervorsitzenden, wonach sich Medien im Zeitraum vom 21. Mai, 10 Uhr, bis zum 23. Mai, 15 Uhr, akkreditieren und damit um einen von insgesamt höchstens 25 Presseplätzen bewerben können. Die Vergabe der Plätze, so die Verfügung, werde nach der Reihenfolge der Anmeldung festgelegt. Überdies: „Eine Akkreditierungsanmeldung vor Beginn oder nach Ende dieses Zeitraums wird nicht berücksichtigt."

Damit ist Kontext:Wochenzeitung außen vor, weil wir in den 13 Tagen zwischen Veröffentlichung und Beginn des Akkreditierungs-Zeitfensters zufällig nicht auf der Homepage des Landgerichts herumgesurft sind. So langweilig ist es uns zum Glück selten, dass wir auf solche Ideen kämen. Viel mehr hätten wir schon erwartet, dass in einem solchen Fall aktive Öffentlichkeitsarbeit stattfindet, die allermindestens diejenigen Redaktionen rechtzeitig einbindet, die ortsansässig sind und in der Vergangenheit über den Sachverhalt bereits berichtet haben. Auch finden wir, dass in einer mit drei Richtern besetzten, mit einer Geschäftsstellenkraft ausgestatteten und nur für Strafsachen zuständigen Pressestelle auch mal einer ein Telefon in die Hand nehmen könnte.

Dafür finden wir gar nicht, dass das Landgericht, wie uns der Pressesprecher gestern wissen ließ, das Akkreditierungsverfahren „genügend transparent gemacht" hat. Im Gegenteil. Und dass die Pressestelle gestern, vier Tage nach Ablauf der Frist, keine Auskunft darüber geben konnte, wer denn nun zugelassen ist und ob denn überhaupt 25 Akkreditierungsanträge eingegangen sind, spricht ebenfalls Bände.

Wahrscheinlich wird diesmal niemand – obwohl die Chancen nicht schlecht wären – deswegen vors Bundesverfassungsgericht ziehen. Kontext schon gar nicht. Wir kommen schon irgendwie rein in den Gerichtssaal, da brauchen sich unsere Leser gar nicht zu sorgen. Versprochen!

Erschienen am 28. Mai 2014; Kontext:Wochenzeitung Ausgabe 165

„Vermummung" schützt Polizisten vor Anklage

Im Laufe des Schwarzen Donnerstags kam es erstmals nach Jahrzehnten zu Wasserwerfereinsätzen, ferner zu großflächigem Einsatz von Pfefferspray und auch zum Gebrauch von Schlagstöcken, wodurch zahlreiche Menschen verletzt wurden. Bilder des vom Wasserwerfer im Gesicht getroffenen Rentners Dietrich Wagner, der dabei sein Augenlicht fast völlig verlor, gingen damals um die Welt. Wagner tritt jetzt als Nebenkläger auf.

In vielen Fällen scheiterte die Klärung des Verdachts auf rechtswidrige Handlungen einzelner Polizeibeamter daran, dass diese keine Kennzeichnung trugen und deswegen nicht ermittelt werden konnten. Zwar wurde vor gut drei Jahren im Koalitionsvertrag der jetzigen Grün-Roten Landesregierung als Konsequenz hieraus die Einführung der Kennzeichnungspflicht für Polizeibeamte vereinbart. Umgesetzt ist dies aber bislang nicht.

Der jetzt anstehende Prozess kann in vielfacher Hinsicht mit dem NSU-Verfahren vor dem Oberlandesgericht München verglichen werden. Hier wie dort geht es zwar um die Schuld von Angeklagten für konkrete Straftaten, aber auch um die Verantwortung von Behörden und Politikern, um Lügen und Vertuschung. Und wie beim NSU wird auch in Stuttgart der Prozess von einem zeitgleich laufenden Untersuchungsausschuss des Landtags ergänzt. Der erste Untersuchungsausschuss des baden-württembergischen Landtags tagte bereits kurz nach dem Schwarzen Donnerstag. Die damalige Regierungsmehrheit aus CDU und FDP kam – kurz gefasst – im Februar 2011 zum Ergebnis, der Polizeieinsatz sei rechtmäßig und verhältnismäßig verlaufen. Schuld an den Folgen hätten die Demonstranten, die Anordnungen der Polizei missachtet hätten. Eine Einflussnahme der Politik habe es nicht gegeben. Die damalige Opposition aus SPD und Grünen hingegen sah einen polizeilichen Verstoß gegen das Gebot der Verhältnismäßigkeit und eine politische Einflussnahme, insbesondere des damaligen Ministerpräsidenten Stefan Mappus.

Neue Dokumente nähren
den Verdacht politischer Einflussnahme

Seit kurzem tagt nun ein neuer Untersuchungsausschuss des Land-
tags, der sich nochmals mit der Frage einer politischen Einfluss-
nahme auf den Einsatz sowie einer möglichen Vereitelung der
Aufklärungsarbeit des ersten Ausschusses durch Vertuschung der
Wahrheit befasst. Anlass hierfür waren neu aufgetauchte Dokumente.
Derzeit werden Teilnehmer einer Tagung von polizeilichen Führungs-
kräften, die am 10. September 2010 stattgefunden hatte, vernommen.
Nach den Aussagen mehrerer Zeugen soll der damalige Stuttgarter
Polizeipräsident Stumpf der Runde berichtet haben, bei der Ent-
scheidungsfindung für Polizeieinsätze im Zusammenhang mit Stutt-
gart 21 habe es nicht nur die operative Ebene der Polizei, sondern auch
eine Leitungsebene aus Politik und Bahn gegeben. Diese Leitungsebene habe Vorschläge der operativen Ebene vom Tisch gewischt.
Es habe eine enge politische Begleitung der S 21-Einsätze gegeben.
Zudem habe Stumpf öfter mit Mappus telefoniert.

Die Befragungen durch den Untersuchungsausschuss zu diesem
Thema sind noch nicht beendet. Insgesamt steht der Ausschuss erst
am Anfang seiner Arbeit. Es soll sich aber bereits im Vorfeld herausgestellt haben, dass im Staatsministerium das Aussageverhalten der
Zeugen für den ersten Untersuchungsausschuss abgesprochen und
einzelne Themen bewusst in den Aussagen verschwiegen worden sein
sollen. Im Sinne einer umfassenden Aufklärung wird es sicher erforderlich werden, die Beweisergebnisse der Hauptverhandlung beim
Landgericht und der Sitzungen der beiden Untersuchungsausschüsse
zu vergleichen und wechselseitig einzubringen, wobei geschulten
Juristen eher zuzutrauen sein wird, auf sogenannte Lügensignale in
Zeugenaussagen zu achten, als dies Abgeordnete, die in erster Linie
politische Interessen verfolgen, werden leisten können.

Unter diesen Umständen sind – auch im Zusammenwirken beider
Organe – spannende Erkenntnisse zu erhoffen. Allerdings sollte die
interessierte Öffentlichkeit nicht erwarten, das Landgericht werde das
vollständige Geschehen des Schwarzen Donnerstag aufklären.

Maßstab und Umfang der Sachverhaltsermittlung werden durch die den beiden Angeklagten gemachten Vorwürfe bestimmt. Das Fehlverhalten anderer Beteiligter oder Verantwortlicher spielt juristisch nur insoweit eine Rolle, als es die Beurteilung einer etwaigen Schuld der Angeklagten berührt.

Erschienen am 18. Juni 2014; Kontext:Wochenzeitung Ausgabe 168

ONLINE-KOMMENTARE

`# 18.06.2014 07:34` **FernDerHeimat:** Dieser Prozess wird KEINE Konsequenzen nach sich ziehen. Schon die vier Jahre, bis es überhaupt soweit war, sprechen Bände. Einzig als Paradebeispiel für politische Korruption und Staatskriminalität, den Verfall einer Demokratie und des Rechtsstaates, dem Totalversagen aus Befangenheit von Justiz, Exekutive und – vor allem auch – Medien wird er wohl traurige Berühmtheit erlangen.

`# 18.06.2014 09:09` **CharlotteRath:** Am 30.09.2014 ging es um eine Machtdemonstration der Regierenden gegen die Stadtbevölkerung. An dem Tag wurde unsere Republik in ihren Grundfesten beschädigt.

`# 26.06.2014 16:04` **Peter Illert:** Der 30.9.2010 war ein schlimmer Tag. Er traf aber Polizei wie Demonstranten irgendwie unvorbereitet. Eine chaotischere Polizeikoordination habe ich selten erlebt. Ob die jetzt angeklagten Polizeiführer die richtigen sind, wage ich zu bezweifeln.

Die 18. Große Strafkammer des Landgerichts Stuttgart:
Beisitzer Georg Böckenhoff, Vorsitzende Manuela Haußmann, Berichterstatterin Anna Müller-Nies (v.l.n.r).

Wasserwerfer willkommen?

Vor wem nur hat das Landgericht Stuttgart Angst?
Die Einschränkungen für Besucher und Berichterstatter beim gestern begonnenen Wasserwerfer-
Verfahren sind so streng wie sonst nur, wenn
„rivalisierende Banden oder verfeindete Sippen"
vor Gericht stehen.
Angeklagt sind aber zwei Polizeibeamte.
Die rigiden Anordnungen der Kammervorsitzenden
stoßen auf heftige Kritik.

„Als Zuhörer wird nur eingelassen, wer a) sich am Eingang für Zuhörer mit einem zur Feststellung seiner Identität geeigneten Personalausweis oder Reisepass ausweist, b) sich einer Durchsuchung unterzieht, wobei Frauen von weiblichen Bediensteten kontrolliert werden, c) keine Gegenstände bei sich führt, die geeignet sind, die Hauptverhandlung zu gefährden oder zu stören, d) nicht zuvor aus sitzungspolizeilichen Gründen von der Verhandlung ausgeschlossen wurde. Die Durchsuchung erstreckt sich auf Gegenstände im Sinne der Ziffer 4.c. Dazu gehören auch Zeitungen, Zeitschriften, Bücher, Handarbeitsmittel, Plakate, Trillerpfeiffen, Mobilfunktelefone, Laptops u.ä., weil das Zuhören allein dem Zweck dient, der Hauptverhandlung zu folgen."

Diese von Manuela Haußmann, der Vorsitzenden der 18. Großen Strafkammer an Deutschlands zweitgrößtem Landgericht, erlassene Anordnung wurde am 17. Juni auf der Homepage des Gerichts veröffentlicht und erregt seither die Gemüter. Sie ist in Umfang und Detailgenauigkeit wohl ohne Beispiel; jedenfalls können sich erfahrene, von Kontext befragte Prozessbeobachter an dergleichen nicht erinnern. Betroffen von diesen Einschränkungen sind übrigens nicht nur interessierte Besucher, sondern auch professionelle Berichterstatter, die keine Akkreditierung haben. Auch sie müssen neben Laptop und Handy sogar Bleistift und Notizblock abgeben, sobald sie den Gerichtssaal betreten.

Das wenig transparente Vergabeverfahren für Akkreditierungen von Medienvertretern hatte Kontext bereits Ende Mai kritisiert. In dieser Verfügung hatte die Kammervorsitzende noch 25 Plätze in den ersten beiden Reihen für Medienvertreter reservieren wollen. Gemeldet haben sich allerdings nur elf, weil viele andere schlichtweg nichts davon wussten und so die Akkreditierungsphase ungenutzt verstreichen ließen. Gegenüber Kontext hatte das Landgericht dieses Verfahren „als genügend transparent" verteidigt. Das Ergebnis spricht allerdings eine andere Sprache.

Zu denjenigen Journalisten, die nun – falls sie früh genug kommen und einen Zuschauerplatz ergattern – über einen Prozess berichten müssen, ohne sich auch nur die geringste Notiz machen zu können, gehört neben Kontext auch die taz. Nicht minder eingeschränkt sind übrigens die Fotografen. Nach der Verfügung von Richterin Haußmann dürfen diese lediglich zu Prozessbeginn und dann erst wieder vor der Urteilsverkündung für wenige Minuten in den Gerichtssaal und müssen auf Fotos die Gesichter bestimmter Verfahrensbeteiligter so verpixeln, dass diese nicht erkannt werden können. Darüber, was zwischendurch passieren soll, wenn unter Umständen sehr prominente Zeugen – bis hin zu Ex-Ministerpräsident Stefan Mappus – geladen werden (müssen), schweigt die Verfügung.

Nur beim Prozess gegen „Red Legion" geht es so zu

Aparterweise erschien am Tag nach der Veröffentlichung der richterlichen Anordnungen in der „Stuttgarter Zeitung" ein Artikel über das gestiegene Sicherheitsbedürfnis im Stuttgarter Landgericht, das einher geht mit einer vor einem Jahr von der Landesregierung erlassenen neuen Sicherheitskonzeption für die Gerichte und Justizbehörden in Baden-Württemberg. Mit dieser stellte Landesjustizminister Rainer Stickelberger (SPD) vier Millionen Euro für bauliche Sicherheitsmaßnahmen und zusätzlich 50 neue Stellen für Justizwachtmeister zur Verfügung. Auch das Haus an der Olgastraße, das 1982 eingeweiht wurde, also zu heißen RAF-Zeiten, und eigentlich über alle notwendigen Sicherheitsmaßnahmen verfügt, hat nach eigenen Angaben von Stickelbergers Sicherheits-Zuschlag bereits profitiert. Dennoch bleibt es den einzelnen Kammern überlassen, welche Maßnahmen – abgestuft „von der Ausweiskontrolle bis zur Leibesvisitation" – sie anordnen. „Verschärfte Visiten", heißt es in dem StZ-Artikel, würden angeordnet, wenn „eine Strafkammer beispielsweise Übergriffe unter rivalisierenden Banden oder verfeindeten Sippen" befürchte. Derzeit seien solche lediglich in einem Verfahren angeordnet, in einem Prozess gegen Mitglieder der rockerähnlichen Vereinigung „Red Legion".

Kontext hat erfahrene Journalisten und Juristen angefragt, ob sie sich an derlei rigide Vorschriften erinnern können. Hier die Stellungnahmen im Einzelnen:

Bruno Bienzle, Kontext-Mitarbeiter und 25 Jahre lang als Lokalchef der „Stuttgarter Nachrichten" tagtäglich mit Gerichtsberichterstattung befasst: „Derartiges oder irgendwie Vergleichbares ist mir nie untergekommen, obwohl der Landgerichtsbezirk Stuttgart seit jeher für Medien und ihre Vertreter als vermintes Terrain galt. So war Stuttgart bundesweit die letzte Bastion eines umfassenden Fotografier- und Filmverbots, als Filmbeiträge in den TV-Nachrichten, die die Verfahrensbeteiligten unmittelbar vor Sitzungsbeginn (übrigens bis hinauf zu BGH und BVG) zeigten, landauf, landab längst Standard waren. Präzedenz? Doch nicht für Stuttgart!"

Gerhard Manthey, Medien-Sekretär der Gewerkschaft ver.di: „Wem nützt es, wenn die Medien zu einem für den Stuttgarter Raum brisanten Prozess-Thema nur über ein zeitlich befristetes Ausschreibe-Verfahren die Zulassung über eine Website des Gerichts in Anspruch nehmen können? Wer denkt sich solche, die breite Berichterstattung ignorierende Verfahren aus? Wer möchte, dass nur eingeschränkt über einen Prozess berichtet werden kann? Diese Fragen muss sich eine Pressestelle und das dahinter stehende Landgericht stellen lassen. Der Demokratie und der Erfüllung der Chronisten-Pflicht der Medien bestimmt nicht. Hat man und frau nichts über die „Auslese der Berichterstatter" beim NSU-Prozess in München gelernt? Es ist schmählich und absurd, dass man im Jahre 2014 ein deutsches Gericht an den Stellenwert der Bürgerlichen Pressefreiheit von 1848 erinnern muss.

Jörg Lang, Stuttgarter Anwalt und Herausgeber des Kontext-Buches „Politische Justiz in unserem Land": „Vergleichbare Sicherheitsverfügungen sind bisher eigentlich nur im Zusammenhang mit Verfahren gegen Terroristen und Gewalttäter oder gegen Angeklagte der organisierten Schwerkriminalität bekannt. Da im vorstehenden Fall die Angeklagten diesen Zielgruppen nicht zugeordnet werden können, wird mit der Verfügung indirekt die teilnehmende

Öffentlichkeit und Presse ihrerseits unter einen diesen Zielgruppen vergleichbaren Generalverdacht gestellt. Dies scheint, sofern nicht etwa konkrete Anhaltspunkte für besondere Gefahren, die vom Sitzungspublikum ausgehen können, vorliegen, vom Ansatz her politisch bedenklich und rechtstaatlich unverhältnismäßig und fehlerhaft.“

Dieter Reicherter, Vorsitzender Richter a.D. am selben Landgericht Stuttgart und Berichterstatter für Kontext aus dem Prozess: „Weder in meiner dienstlichen Tätigkeit als Staatsanwalt noch als Richter, immerhin insgesamt 33 Jahre, zuletzt elf Jahre lang Vorsitzender einer Strafkammer des Landgerichts Stuttgart, habe ich derartige Sicherheitsmaßnahmen erlebt oder gar selbst angeordnet. Ich erinnere mich noch sehr gut an eine von mir geleitete Hauptverhandlung gegen einen Leugner der Judenermordungen in KZs (sogenannte Auschwitzlüge), an der Oberstaatsanwalt Häußler als Vertreter der Staatsanwaltschaft teilnahm. Da füllte sich der Saal zur Hälfte mit Anhängern des Angeklagten (vereinfachend würde man sie Nazis nennen) und zur anderen Hälfte mit Verfolgten des Nazi-Regimes, meist sehr alten Menschen. Diese spannungsgeladene Verhandlung habe ich ohne jegliche Sicherungsmaßnahmen geführt. Hätte ich derartige Maßnahmen angeordnet, wären die Emotionen sicher hochgekocht.“

Albrecht Götz von Olenhusen, Lehrbeauftragter an den Unis Düsseldorf und Freiburg für Medienrecht: „Ähnliche Anordnungen für eine Verhandlung habe ich noch nie erlebt. Dass „das Zuhören allein dem Zweck dient, der Hauptverhandlung zu folgen“, erscheint jedenfalls als Einschränkungsbegründung kaum überzeugend. Ein Zuhörer wird jedenfalls nicht gehindert sein dürfen, sich Notizen zu machen. Die Wegnahme von Laptops, Handys, Blocks und Bleistiften halte ich nicht für zulässig. Eine Gefährdung kann von ihnen nicht ausgehen. Die Einschränkungen der Presse- und Medienfreiheit sind hier nicht zulässig.“ Und weiter: „Es verwundert, dass das Gericht oder die Vorsitzende anscheinend in der Anordnung das Mitführen von Wasserwerfern nicht untersagt hat. Medienvertreter und

Zuhörer sind nach dieser Verfügung rechtlich schwer zu hindern, Wasserwerfer oder ähnliche Geräte mitzuführen, solange diese nur genutzt werden, die Sicherheit und Ordnung aufrecht zu erhalten oder wieder herzustellen. Die Entvölkerung von Gerichtssälen von Öffentlichkeit ist auf diese Weise geordnet und gesichert."

Erschienen am 25. Juni 2014; Kontext:Wochenzeitung Ausgabe 169

ONLINE-KOMMENTARE

25.06.2014 08:07 **Walter Steiger:** Ein eklatanter Rückfall in vordemokratische Zeiten. Ein autoritäres, obrigkeitsstaatliches Einschüchterungsgebaren, das die unter dem Transparenzversprechen angetretene Grün-Rote Regierung, insbesondere die SPD-Minister Stickelberger und Gall, als – im mildesten Fall – zahnlos demaskiert. Kritische Berichterstattung wird in einer Weise behindert, wie man sie sonst nur aus totalitären Staaten kennt. Wehret den Anfängen!

26.06.2014 22:28 **Andromeda:** Normale interessierte Bürger sollen sich wie Kriminelle fühlen, die sich rechtfertigen müssen für ihr Auftreten/Eintreten, indem sie wie Gefährder behandelt und durchsucht werden. Ähnlich in totalitären Staaten wie DDR, Sowjetunion, China, Ägypten usw., da war auch keine große Öffentlichkeit gewünscht, wenn überhaupt. Das Ganze ist Psychokrieg der jeweiligen Herrschaftsmeinung gegen mögliche Kritiker und Aufmüpfige. Die angeklagten Polizisten werden schwer kriminellen Bandenmitgliedern oder Terroristen gleichgestellt, das Publikum den Unterstützern solcher Gruppierungen. Ich erwarte demzufolge hohe Haftstrafen; oder dient doch alles nur der Minimierung der Entrüstung bei der kommenden Bagatellisierung?

Nur die Spitze

Der Wasserwerfer-Prozess hat begonnen. Wir stellen die Hauptpersonen in dem Verfahren vor.

Die Anklagebank: Verteidiger Krinn, Sauer, Petermann und Hohmann (v.l.n.r.), dazwischen die Angeklagten Jürgen von M-B. und Andreas F.

des Eisbergs

„Hoffe nicht ohne Zweifel und zweifle nicht ohne Hoffnung."

Gerne hätten wir die Prozess-Beteiligten gefragt, ob dieser fast 2000 Jahre alte weise Spruch des römischen Dichters und Philosophen Seneca d. J. ein Motto für den Ausgang eines langwierigen und schwierigen Verfahrens sein könnte.

Leider waren Staatsanwaltschaft und Verteidiger nicht besonders auskunftsfreudig. Dabei könnten auch sie ahnen, dass bei einem Verfahren mit derart hohem öffentlichen Interesse – und vielleicht übersteigerten Hoffnungen – die Öffentlichkeit gern auch wissen würde, wer die agierenden Personen sind. Das Landgericht gab immerhin die Namen der Berufsrichter samt Lebens- und Dienstalter bekannt, beantwortete allerdings die Fragen zum Prozessstoff nicht. Ganz so großzügig war die „objektivste Behörde der Welt" (eigener Anspruch der deutschen Staatsanwaltschaften) nicht. Die Pressesprecherin der Staatsanwaltschaft übersandte folgende Stellungnahme:

„Zu den beiden Staatsanwälten möchte ich Ihnen lediglich mitteilen, dass Herr Dr. Biehl einen Doktortitel besitzt. Im Übrigen möchte ich weder zu deren Alter noch zu deren Werdegang etwas sagen, da wir kein Portrait der Kollegen wünschen, sondern die beiden als Vertreter der Staatsanwaltschaft Stuttgart auftreten. Die von Ihnen aufgeworfenen Fragen kann ich zum jetzigen Zeitpunkt nicht beantworten. Die Leitung des Prozesses obliegt dem Gericht und – je nachdem wie sich der Prozess entwickelt – werden unsere Staatsanwälte im Prozess agieren. Dies kann aber nicht schon im Vorfeld erörtert werden, zumal der Prozess im Gerichtssaal und nicht in der Zeitung stattfinden sollte."

Vorsitzende mit Bilderbuch-Karriere

Manuela Haußmann, die Vorsitzende der Strafkammer, hat eine für die Justiz außergewöhnliche Karriere hingelegt. Der Tätigkeit beim Amtsgericht Stuttgart-Bad Cannstatt als Strafrichterin folgte der Wechsel zum Landgericht Stuttgart, wo sie alsbald Präsidialrichterin wurde (rechte Hand des Präsidenten, ein klassisches Sprungbrett für höhere Weihen). Diese Weihen erlangte sie anschließend bei ihrer Tätigkeit im Bundesgerichtshof, um dann jetzt an das Landgericht Stuttgart zurückzukehren und – genau im Schwabenalter von 40 Jahren – zur Vorsitzenden Richterin am Landgericht befördert zu werden. Die Leitung der Strafkammer hat sie Anfang dieses Jahres übernommen. Im Prozess stehen ihr zwei Berufsrichter (die 38jährige Beisitzerin **Anna Müller-Nies,** seit 2002 im Justizdienst, und der 55-jährige Beisitzer **Georg Böckenhoff,** seit 1988 im Justizdienst) und zwei Schöffen zur Seite.

Staatsanwalt **Stefan Biehl** (Jahrgang 1976), der auch schon beim Amtsgericht Stuttgart als Haft- und Ermittlungsrichter tätig war, ist seit fast fünf Jahren als Mitglied der Abteilung 1 (sogenannte Politische Abteilung) der Staatsanwaltschaft Stuttgart mit der Bearbeitung zahlreicher Verfahren im Zusammenhang mit Stuttgart 21 betraut und daher ein wichtiger Mitarbeiter des inzwischen in den Ruhestand versetzten Oberstaatsanwalts Bernhard Häußler. Seit kurzem kann er sich mit dem Doktortitel schmücken. In der Hauptverhandlung wird Biehl unterstützt von seinem zwei Jahre älteren Kollegen **Markus Höschele,** ebenfalls Mitglied der Abteilung 1.

Die Ankläger: Biehl, Höschele.

Leider lässt sich nur spekulieren, wie die Staatsanwaltschaft Aufklärungsarbeit im Prozess betreiben will. Interessiert hätten uns vor allem die Antworten auf die dazu von uns schriftlich übermittelten Fragenkatalog, der unbeantwortet blieb:

- In welcher Weise wird die StA auf Klärung etwaiger politischer Einflussnahmen auf den Polizeieinsatz hinwirken?
- In welcher Weise wird die StA auf Klärung möglicher Verantwortlichkeit übergeordneter Polizeiführer, z.B. des früheren Polizeipräsidenten Stumpf, hinwirken?
- In welcher Weise wird die StA im Prozess den Einsatz von Wasserwerfern und Pfefferspray gegen Kinder thematisieren?
- In welcher Weise wird die StA Erkenntnisse des parallel tagenden Untersuchungs-ausschusses des Landtags berücksichtigen und in die Hauptverhandlung einführen?

Der Anschein befangener Ermittlungen lastet weiter auf dem Verfahren. Für Außenstehende ist schwer nachvollziehbar, dass Mitglieder des Polizeipräsidiums gegen ihre eigenen Kollegen einschließlich ihres Präsidenten ermitteln sollten. Auch die Rolle der Staatsanwaltschaft Stuttgart ist umstritten. Ein an den Justizminister gerichteter Antrag, eine andere Staatsanwaltschaft mit den Ermittlungen zum Polizeieinsatz vom 30.9.2010 zu beauftragen, wurde zurückgewiesen. Oberstaatsanwalt Häußler, damals Leiter der Politischen Abteilung, war während des gesamten Polizeieinsatzes vor Ort und eingebunden, also auch Zeuge.

Dennoch beurteilte er anschließend die Rechtmäßigkeit des Einsatzes, die er bereits in einem Interview der „Stuttgarter Nachrichten" am 10.12.2010, also mehr als zwei Jahre vor Abschluss der Ermittlungen, vorläufig bestätigte. Einer gegen ihn wegen seiner Rolle beim Polizeieinsatz erstatteten Strafanzeige wurde von seiner eigenen Untergebenen nicht statt gegeben. Häußlers Abteilung war es auch, die keinerlei Anhaltspunkte für strafbares Verhalten beim Einsatz erkannte und das Verfahren gegen Polizeipräsident Stumpf, Ministerpräsident

Mappus, Umwelt- und Verkehrsministerin Gönner und andere ohne weitere Ermittlungen einstellte.

Könnte man schon darin ein „Geschmäckle" entdecken, verwundert die Beurteilung des Gesamtgeschehens durch die Staatsanwaltschaft doch sehr. Verfolgt wurde letzten Endes nur die sprichwörtliche Spitze des Eisbergs, nämlich fünf Wasserwerfer-Angriffe auf Kopfhöhe von Menschen sowie äußerst wenige Exzesse einzelner Polizeibeamter (konkret ein unberechtigter Schlagstock-Einsatz sowie ein unverhältnismäßiger Pfefferspray-Einsatz).

Weshalb aber wurden nicht die Wasserwerfer-Einsätze insgesamt verfolgt, soweit sie polizeiliche Vorschriften verletzten, also insbesondere gezielte Wasserstöße statt Wasserregen, Einsätze gegen unbeteiligte Menschen abseits von Blockaden und gegen Kinder? Weshalb blieb der großflächige Einsatz von Pfefferspray gegen Kinder, der absolut verboten ist, ohne Konsequenzen? Welche Auswirkungen hat es, dass vorschriftswidrig keine Rettungsdienste informiert und hinzugezogen wurden? Warum führten sich zu Beginn des Einsatzes Polizeibeamte gegenüber Kindern und Jugendlichen nicht wie Freunde und Helfer, sondern mit massivem Schubsen und Stoßen wie Rüpel auf? Trifft es tatsächlich nicht zu, dass von den Wasserwerfern auf Menschen auf den Bäumen gezielt wurde? Und ist widerlegt, dass dem verwendeten Wasser Chemikalien beigemischt waren? Waren auf staatlicher Seite sogenannte agents provocateurs tätig?

Nur Fahrlässigkeit wird vorgeworfen

Wer trägt für das gesamte Vorgehen der Einsatzkräfte die Verantwortung? Die beiden Angeklagten als Einsatzabschnittsleiter für ihren Bereich? Falls ja, könnten derartige Verstöße, die bislang nicht angeklagt sind, in den Prozess einbezogen werden, weil es sich – juristisch gesehen – um einen Lebenssachverhalt handelt, der vom Gericht umfassend aufgeklärt werden muss. So geschah es bereits mit einem nicht in der Anklage enthaltenen Fall (Verletzung durch Wasserwerfer-Angriff an den Unterschenkeln). Dieser Fall ist besonders brisant, weil die Verletzte nach ihrem Vorbringen der polizeilichen Aufforderung, ihre Mitwirkung an einer Blockade zu beenden, freiwillig Folge geleistet und den Ort verlassen hatte, jedoch von einer Polizeikette am endgültigen Weggehen gehindert und vor der Kette vom Wasserwerfer beschossen wurde.

Den beiden Angeklagten wird lediglich fahrlässiges Verhalten vorgeworfen, also vergleichbar mit einem Autofahrer, der infolge einer Unaufmerksamkeit einen Unfall verursacht. Wie verträgt sich das mit der Begründung für die Verfahrenseinstellung gegen das Mitglied einer Wasserwerfer-Besatzung, das ausdrücklich auf die Unverhältnismäßigkeit des Vorgehens hingewiesen hatte? Hatten die Angeklagten diese Erkenntnis nicht? Und nahmen sie nach dem schlimmen Volltreffer bei Dietrich Wagner weitere derartige Verletzungen billigend in Kauf, als sie nichts am Einsatz der Wasserwerfer änderten?

Bei alledem: Weshalb trägt die übergeordnete Einsatzführung bis hin zum Polizeipräsidenten als Polizeiführer keine Verantwortung? Und wie weit reichte der Einfluss der Politik? Fragen, die zu klären sein werden, falls die Verteidiger – was zu vermuten ist – die beiden Angeklagten als Bauernopfer darstellen werden.

Einer der Angeklagten war übrigens derjenige, der am 3. Oktober 2010 nach Berlin flog, um dort Stefan Mappus und dessen Medienberater Dirk Metz mit Hilfe von Fotomaterial über den Einsatz zu informieren. Er wird verteidigt von **Axel G. Sauer,** seit 1995 Rechtsanwalt in Stuttgart und Fachanwalt für Strafrecht mit dem Schwerpunkt Wirtschaftsstrafrecht. Zusätzlich wurde **Bernhard Krinn,** ebenfalls seit 1995 Rechtsanwalt und seit 2005 Fachanwalt für Strafrecht, tätig in einer Kanzlei in Stuttgart-Zuffenhausen, zum Pflichtverteidiger bestellt.

Der zweite Angeklagte wird verteidigt von **Dr. Olaf Hohmann.** Ihm steht als Pflichtverteidiger **Dr. Stefan Petermann** zur Seite. Beide sind in einer Stuttgarter Kanzlei tätig und geben als Tätigkeitsschwerpunkte unter anderem Wirtschaftsstrafrecht und Korruptionsstrafrecht an. Hohmann, Rechtsanwalt seit 2001, der beim Vizepräsidenten des Bundesverfassungsgerichts a.D., Winfried Hassemer, promoviert hat, ist Vizepräsident des Stuttgarter Anwaltvereins; der seit 2012 als Rechtsanwalt tätige Petermann ist auch Lehrbeauftragter an der Dualen Hochschule Baden-Württemberg.

Werden sich Verteidigung und Nebenklage verbünden?

Bleiben noch die Vertreter der Nebenklage, nicht unwichtig für unliebsame Fragen an die Staatsanwaltschaft, aber auch mögliche Verbündete der Verteidiger beim Versuch, die Verantwortung höher gestellter Personen aus Polizeiführung und Politik zu ergründen. Die Nebenkläger-Anwälte gaben im Vorfeld bereitwillig Auskunft zu Person und zum Verfahren.

Rechtsanwalt **Frank-Ulrich Mann** vertritt den als Folge eines Wasserwerfer-Einsatzes fast vollständig erblindeten Nebenkläger Dietrich Wagner. Mann studierte in Freiburg und Frankfurt/Main, arbeitete hauptamtlich bei Greenpeace in Hamburg und leitete dort die Rechtsabteilung. 1998 gründete er in Hamburg mit Rechtsanwalt Matthias H. Müller eine Kanzlei, die später nach Freiburg verlegt wurde. Mann zum Anklagevorwurf:

„Es wurde nur wegen fahrlässiger Körperverletzung im Amt angeklagt. Dabei muss jedem vernünftigen Menschen klar sein, dass das Zielen auf Menschen gerade auch auf Köpfe mit Wasserwerfern aus 15 Meter Entfernung mit einem Wasserdruck von 16 bis 20 bar tödlich enden kann. Jedoch hat sich die Staatsanwaltschaft Stuttgart, konkreter die Abteilung 1 und zwar offensichtlich mit Rückendeckung des Leiters der Staatsanwaltschaft und des Generalstaatsanwaltes, auf fahrlässige Körperverletzung festgelegt, noch bevor sie die jetzt Angeklagten als Beschuldigte vernommen hat. So ein Glück widerfährt einem normalen Straftäter wohl nie."

Rechtsanwalt **Matthias H. Müller** vertritt zwei Nebenkläger, die beide ebenfalls schwere bleibende Augenschäden, verbunden mit Operationen und stationären Krankenhaus-Aufenthalten, davon trugen.

Bei einem bestand die Gefahr des Existenzverlustes, da er längere Zeit als Folge der Verletzungen seinen Beruf als Musiker nicht mehr ausüben und seine Familie nicht mehr ernähren konnte. Müller durchlief vor dem Jurastudium Ausbildungen im medizinischen und im Baubereich. Er ist wie sein Kanzleikollege Mann auch in dem Verwaltungsgerichts-Verfahren zum Schwarzen Donnerstag tätig, welches unmittelbar mit dem Strafverfahren zusammen hängt. Dazu Müller:

„In dem Verwaltungsverfahren, in welchem die Rechtswidrigkeit des Polizeieinsatzes vom 30.9.2010 festgestellt werden soll und welches seit Anfang 2012 ausgesetzt ist, haben wir Wiederaufnahme beantragt und dies in einem 50-seitigen Schriftsatz rechtlich begründet. Bemerkenswert ist, dass das beklagte Land Baden-Württemberg durch seine Anwälte der Wiederaufnahme widersprach, obgleich es ja eben jenes Land, präziser ausgedrückt, die derzeitige Landesregierung ist, die den zweiten Untersuchungsausschuss eingeleitet hat."

Ursula Röder, seit 1978 Rechtsanwältin, unterstützt eine Verletzte, die eine massive Augenverletzung erlitten hat und eine weitere Verschlechterung des Sehvermögens befürchten muss. Sie legt ihren beruflichen Schwerpunkt auf politische Prozesse und hat Erfahrungen in zahlreichen Großverfahren gesammelt. Röder beanstandet insbesondere „Besonderheiten" im Umgang mit beschuldigten Polizeibeamten, die „mit Samthandschuhen" behandelt worden seien. Sie weist auch auf eine zwischen Staatsanwaltschaft, Verteidigern und jetzigen Angeklagten im Ermittlungsstadium durchgeführte Besprechung hin, deren genauer Inhalt klärungsbedürftig sei.

Entrüstet zeigt sich die Rechtsanwältin über eine Passage in der Anklageschrift (ihre Mandantin wurde abseits des Geschehens auf einer Wiese beschossen):

„Umso mehr sind die Nebenklägerin und ihre Prozessbevollmächtigte entsetzt über die Ausführungen der anklagenden Staatsanwaltschaft in der Anklage, wo von ,teilweise erheblichem Mitverschulden der Geschädigten'

die Rede ist, welches bei den zu erwartenden Sanktionen für die Ange-klagten auf jeden Fall zu berücksichtigen sei. Die Nebenklägerin weist jedes Mitverschulden mit Nachdruck zurück."

Simone Eberle hat nicht nur Rechtswissenschaften studiert, sondern zusätzlich an der Fachhochschule für öffentliche Verwaltung in Lud-wigsburg den Abschluss Diplom-Verwaltungswirtin (FH) erworben. An der Universität Tübingen arbeitete sie viele Jahre wissenschaftlich an einem Lehrstuhl für Straf- und Strafprozessrecht. Seit 1996 ist sie in Stuttgart als Rechtsanwältin tätig. Sie vertritt die schon erwähnte Demonstrantin, die an den Unterschenkeln getroffen und deren Fall nicht angeklagt wurde. Aus ihrer Stellungnahme:

„Obwohl der Rohrführer eindeutig durch eine Videoaufnahme ermittelt werden konnte, wurde ein Ermittlungsverfahren gegen ihn wegen Körper-verletzung im Amt eingestellt, da die Staatsanwaltschaft nur Körperver-letzungen oberhalb des Halses, also Kopfverletzungen, für verfolgungs-würdig hält. § 340 des Strafgesetzbuchs unterscheidet im Gegensatz zur Staatsanwaltschaft jedoch nicht nach den betroffenen verletzten Körperteilen. Meine Mandantin musste im Fortgang aufgrund dieser nicht gesetzeskonformen Interpretation der Staatsanwaltschaft kämpfen, überhaupt als Nebenklägerin zum Prozess zugelassen zu werden, da sich die Staatsanwaltschaft auch hiergegen wandte."

Abseits aller Schwierigkeiten könnte der Prozess auch ein Wettlauf gegen die Zeit werden: Am 30.9.2010 begangene Straftaten von bis-lang nicht als Beschuldigte vernommenen Personen verjähren nach fünf Jahren. Auch für etwaige Falschaussagen im Untersuchungs-ausschuss Schlossgarten 1, der im November und Dezember 2010 Zeugen hörte, gilt die fünfjährige Verjährungsfrist. Also angesichts der bisherigen Dauer der Verfahren wenig Zeit, um etwaige neue Erkenntnisse aus dem Wasserwerfer-Prozess und dem neuen Untersu-chungsausschuss Schlossgarten 2 noch strafrechtlich vor einem Ver-jährungseintritt aufzuarbeiten.

Abgesehen davon ist, was sich in vorliegendem Prozess im Falle einer Verurteilung erheblich auswirken wird, eine überlange Verfahrensdauer ein gewichtiges Strafzumessungs-Argument zugunsten eines Angeklagten. Ein Gesichtspunkt, der neue Fragen zum jetzt verhandelten Verfahren aufwerfen könnte. Und den Angeklagten Hoffnung im eingangs erwähnten Sinne geben könnte.

Erschienen am 25. Juni 2014; Kontext:Wochenzeitung Ausgabe 169

ONLINE-KOMMENTARE

26.06.2014, 14:00 **Tillupp:** Ich denke die meisten Juristen (m/w) (Richter, Staatsanwälte) stehen der unchristlich autoritären Union und Parteien politisch rechts davon näher als den Bürgerbewegungen. Die in Stuttgart wurden eh alle unter der CDU Regierung nach Parteibuch eingesetzt. Es wird aber auch deshalb kein gerechtes Urteil geben, weil wesentliche Fakten nicht auf das Richterpult kommen. Die Angeklagten würden sich erst wieder an Details erinnern und verlorengeglaubte Protokolle ausgraben, wenn sie zu mehr als zehn Jahren Gefängnis ohne Bewährung verurteilt würden und damit gerade stehen müssten für die Schuld und Fehler anderer.

Warten auf Stumpf, stunden-

Stumpf

lang

Während der ersten drei Verhandlungstage im Wasserwerfer-Prozess haben die beiden ange- klagten Polizisten minutiös geschildert, wie der Schwarze Donnerstag aus ihrer Sicht abgelaufen ist. Dabei gab es Neues zu erfahren, Über- raschendes und auch Widersprüchliches im Blick auf frühere Aussagen.

Wer steht da eigentlich vor Gericht? Wer sind diese beiden Männer, welche Karrieren haben sie innerhalb der Polizei gemacht? Hier einiges zur Person der beiden Angeklagten:

Da ist zunächst der 48jährige **Jürgen von M-B.**, der am Gymnasium Illertissen mit Realschulabschluss abging und später den Fachhochschulabschluss nachholte. Er verpflichtete sich 1985 zur Bereitschaftspolizei in Biberach und wechselte 1988 in den Streifendienst nach Böblingen. Nach dem Studium für den gehobenen Polizeidienst in Villingen-Schwenningen folgten Posten als Dienstgruppenleiter in Leonberg und im Böblinger Führungs- und Einsatzstab. Anschließend sammelte er als Revierleiter in Schorndorf auch Erfahrungen mit Castor-Transporten und Demonstrationen von Republikanern. Dem Studium für den höheren Polizeidienst folgte eine Referententätigkeit im Innenministerium.

Anschließend lehrte von M-B. als Dozent an der Polizeihochschule Villingen-Schwenningen unter anderem Einsatzwissenschaft. In dieser Zeit veröffentlichte er den Beitrag „Erfolgsfaktoren des Spezialeinsatzkommandos Baden-Württemberg" in dem Buch „Hochleistungsmanagement". Von 2008 bis 2012 war er als Leiter der Einsatzabteilung der Bereitschaftspolizei Böblingen tätig. Im Mai 2012 wechselte er wieder zur Hochschule VS, wo er zunächst das Projektbüro leitete und im Januar 2014 die Führung des Präsidialstabes übernahm. Von 2004 bis zu seinem Wegzug 2010 war Jürgen von M-B. Mitglied des Nufringer Gemeinderats und hatte den Fraktionsvorsitz der CDU inne.

Der Beamte im Rang eines Polizeidirektors verfügt über eine reiche Einsatzerfahrung, vor allem bei der Bereitschaftspolizei Böblingen, aber auch in der Hamburger Hafenstraße. Am 1. Mai 2009 war er an einem umstrittenen Einsatz in Ulm beteiligt anlässlich einer Versammlung von Nazis und Neonazis, gegen die mehr als 10 000 Menschen nach einem Aufruf „Ulm gegen rechts" protestierten. Es kam auch zu einem Wasserwerfer-Einsatz. Die Einkesselung von Gegendemonstranten wurde später vom Verwaltungsgericht Sigmaringen für rechtswidrig erklärt. Näheres dazu kann in dem von Kontext:Wochenzeitung

mit herausgegebenen Buch „Politische Justiz in unserem Land" im
Kapitel „Vom Polizeikessel in den Polizeicomputer" von Wolfram Trei-
ber nachgelesen werden.

Der 41jährige Mitangeklagte **Andreas F.** trat nach Erreichen der
Mittleren Reife 1989 in den Polizeidienst ein und durchlief die Ausbildung für den mittleren Polizeidienst. Tätigkeiten in einer Einsatzhundertschaft und bei der Autobahnpolizei folgte der Erwerb der Fach-
hochschulreife und das Studium an der Fachhochschule der Polizei in
Villingen-Schwenningen. Nach erneuter Tätigkeit bei der Autobahnpolizei wurde er Sachbearbeiter im Innenministerium und durchlief
sodann das Studium für den höheren Polizeidienst. Es folgte eine drei-
jährige Tätigkeit beim Landeskriminalamt im Bereich der Prävention.

Von 2008 bis 2012 war er in Stuttgart Leiter des Polizeireviers
Wolframstraße und ist seitdem als Polizeioberrat Referent im Einsatz-
referat des Landespolizeipräsidiums im Innenministerium. Vor der
Berufung zum Leiter des Reviers hatte er wenig Einsatzerfahrung,
danach jedoch sehr oft mit Einsätzen wegen Stuttgart 21, beim türki-
schen Generalkonsulat und beim Landtag zu tun.

Entscheidungen
wurden gemeinsam getroffen

Nach den Feststellungen der Staatsanwaltschaft teilten sich beide Angeklagte am Schwarzen Donnerstag den ganzen Tag über die Aufgabe,
den vorgesehenen Baumfällbereich im Mittleren Schlossgarten zu räumen und durch Polizeigitter zu sichern, in der Weise, dass von M-B.
den Kontakt zu den Führern der eingesetzten Polizeihundertschaften
und F. den Kontakt zum Führungsstab und zum Polizeiführer hielt.
Anweisungen des Führungsstabs und des Polizeiführers hätten sie
gemeinsam erörtert und Entscheidungen gemeinsam getroffen.

Von Anfang an sei es beim Einsatz zu Schwierigkeiten gekommen.
F. habe nur losen Funkkontakt zu der nicht vor Ort befindlichen Polizeiführung gehalten und diese einschließlich des Polizeiführers Siegfried
Stumpf nur dürftig informiert. Um 11.53 Uhr habe er dann in Absprache
mit von M-B. beim Polizeiführer die Anordnung des Einsatzes unmittel-

baren Zwangs (Schlagstock) und des Auffahrenlassens der bereitge-
stellten Wasserwerfer angefordert. Diese Anforderung sei für den
Polizeiführer überraschend erfolgt. Da Stumpf auf dem Weg zu einer
Pressekonferenz gewesen sei, habe sein Vertreter Norbert Walz den
Schlagstock-Einsatz in Einzelfällen sowie das Auffahren der Wasser-
werfer genehmigt.

Wenig später hätten beide Angeklagte den Einsatz der Wasserwerfer für erforderlich gehalten. Walz habe zwischen 12.30 und 12.40 Uhr
dies unter Beschränkung auf die Abgabe von lediglich Wasserregen
genehmigt. Von M-B. habe um 12.48 Uhr an den Staffelführer der
Wasserwerfer die Anordnung mit der Aufforderung „Jetzt macht sie
mal nass" weitergegeben, ohne auf die Beschränkung auf Wasserregen
hinzuweisen. Dies habe zur Folge gehabt, dass es bis 16.32 Uhr zahlreiche Wasserstöße (statt des nur genehmigten Wasserregens) gegeben
habe, ab 13.33 Uhr auch solche Stöße in Kopfhöhe.

Bei fünf unverhältnismäßigen und entgegen der Dienstvorschrift
für Wasserwerfer durchgeführten Einsätzen sei es zur mittleren bis
schweren Verletzung von mindestens neun Personen im Kopfbereich
gekommen. Die Angeklagten hätten hierbei ihre Pflicht, als Verant-

wortliche die Ausführung der Wasserwerfer-Einsätze zu überwachen, fahrlässig verletzt und sich der fahrlässigen Körperverletzung im Amt von insgesamt neun Personen (darunter vier der Nebenkläger) in fünf selbständigen Fällen schuldig gemacht. Die Verletzung der fünften Nebenklägerin, die mit zwölf bar nicht am Kopf, sondern an den Unterschenkeln getroffen wurde, ist weder in der Anklageschrift aufgeführt noch bislang in Form eines rechtlichen Hinweises in die Hauptverhandlung eingeführt worden. Zeitlich liegt dieser Vorfall gleichzeitig mit dem ersten der angeklagten fünf Einsätze. So weit die Anklage.

Die Verteidigung beginnt mit einem Wort des Bedauerns

In einer zu Verhandlungsbeginn verlesenen gemeinsamen Erklärung der Verteidiger wiesen die beiden Angeklagten eine strafrechtliche Verantwortlichkeit beider Angeklagter zurück. Darin wurden ausdrücklich die Verletzungen (zumindest) der Nebenkläger bedauert. Es wurde betont, die Hauptverhandlung sei nicht der Ort, den Polizeieinsatz insgesamt aufzuarbeiten und mögliche Verantwortlichkeiten Dritter aufzuklären. Es gehe nicht um politische oder historische Aufarbeitung. Verteidiger und Angeklagte wollten die Hauptverhandlung nicht als Tribunal „missbrauchen". Die beiden Angeklagten seien anders als dies voraussichtlich die Nebenkläger und deren Beistände „suggerieren" wollten, nicht an der Gesamteinsatzleitung beteiligt gewesen.

Die Verantwortung liege beim Polizeiführer Stumpf, der die Anwendung von unmittelbarem Zwang und damit auch den Wasserwerfer-Einsatz um 11.53 Uhr ohne jede Einschränkung gegenüber dem Angeklagten F. freigegeben, dies um 13.17 Uhr wiederholt und um 13.53 Uhr zum robusten Einsatz aufgefordert habe. Aufgabe der Angeklagten sei lediglich die Weitergabe dieser Anordnungen gewesen, nicht aber deren Überwachung. Sie hätten davon ausgehen dürfen, dass die nachgeordneten Polizeibeamten die Einsatzaufträge rechtmäßig erfüllen würden. Dennoch hätten sie den Verhältnismäßigkeits-

Grundsatz stets im Blick gehabt und deswegen die Beimischung von Reizstoff im Wasser und den Schlagstock-Einsatz auf breiter Front abgelehnt. Von Verletzungen durch den Wasserwerfer-Einsatz hätten sie keine Kenntnis erlangt.

Erste Widersprüche zu früheren Aussagen

Im Gegensatz zu dieser Erklärung wurde bislang davon ausgegangen, nicht Stumpf, sondern dessen Stellvertreter Norbert Walz habe um 11.53 Uhr die Freigabe des unmittelbaren Zwangs mit Einschränkungen erteilt und später die Abgabe von Wasserregen genehmigt. Als Grund wurde bislang vorgebracht, Stumpf sei auf dem Weg zu einer Pressekonferenz und deswegen nicht erreichbar gewesen. Genau so hatte dies Walz als Zeuge in der jüngsten Sitzung des Untersuchungsausschusses Schlossgarten II angegeben mit dem Zusatz, seine Anordnungen nicht mit Stumpf abgesprochen zu haben.

Entgegen der jetzigen Behauptung hatte der Angeklagte F., damals als Zeuge im Untersuchungsausschuss Schlossgarten I unter Wahrheitspflicht stehend, nach den Wortprotokollen des Landtages, die uns vorliegen, am 29. November 2010 (Seite 150) unter anderem ausgesagt:

„Das habe ich selbst auch gesehen, wie Einsatzkräfte verletzte Personen nach hinten geführt haben, die dann im ersten Zug von uns versorgt wurden. Wir haben das auch mitgeteilt an den Führungsstab, dass solche Personen verletzt sind. Ich kann mich auch erinnern, selbst einen Notarzt an eine Stelle beordert zu haben, wo eine Person jetzt auf dem Boden lag. Von unserer Seite aus, wir haben informiert, dass es Verletzte gab. Und alle weiteren Maßnahmen wurden dann vom Führungsstab erledigt."

Zum besseren Verständnis: Es handelt sich bislang nur um die Schilderungen der Angeklagten, die durch zusätzliche Beweiserhebungen zu überprüfen sein werden. Dennoch ließ noch einiges mehr aufhorchen.

Wie die Angeklagten ausführten, werden üblicherweise derartige Großeinsätze sehr langfristig geplant, in der Regel Wochen bis Monate, beim NATO-Gipfel sogar ein ganzes Jahr im Voraus. Hier sei es anders gewesen. Am 28. September 2010 seien sie erstmals bei einer Besprechung im Stuttgarter Polizeipräsidium mit dem bevorstehenden Einsatz vom 30. September um 15 Uhr und ihrer vorgesehenen Rolle konfrontiert worden. Es seien dann Einzelheiten besprochen worden, unter anderem auch die Bereitstellung von Wasserwerfern zur Sicherung der Gitter.

Sie hätten den Auftrag erhalten, bis zum folgenden Tag ein Konzept für ihren Abschnitt zu erarbeiten. Mit der Anforderung der Einsatzkräfte hätten sie nichts zu tun gehabt Über Rettungsdienste sei nicht gesprochen worden. Am Morgen des 29. September hätten sie sich mit sechs Untergebenen in Böblingen zur Detailplanung getroffen. Man habe die Idee entwickelt, die Einsatzkräfte mit einem Sonderzug der Bahn direkt in den Stuttgarter Hauptbahnhof zu bringen. Der geplante Einsatztermin sei jedoch im Internet bekannt geworden. Eine Terminänderung habe man daher erwartet, aber noch nichts Näheres gewusst.

Stundenlanges Warten auf Stumpf

Am 29. September um 13 Uhr sei eine erneute Einsatzbesprechung im Stuttgarter Polizeipräsidium vorgesehen gewesen. Stumpf sei jedoch nicht anwesend und eine andere Person nicht entscheidungsbefugt gewesen. Man habe daher bis 17 Uhr tatenlos auf Stumpfs Eintreffen gewartet. Dieser habe dann in kleinem Kreis erklärt, der Einsatz werde vorverlegt auf 10 Uhr am Folgetag. Dieser Termin habe da bereits festgestanden. Stumpf habe bei Stuttgart 21 immer alles allein entschieden. Ob übergeordnete Stellen Einfluss genommen hätten, wüssten sie nicht. Aus Geheimhaltungsgründen habe Stumpf angeordnet, bei der anschließend in großer Runde folgenden Besprechung weiter 15 Uhr als Einsatzbeginn zu nennen.

Eine Entwicklung von Alternativen sei in der kurzen Zeit nicht mehr möglich gewesen. Es habe auch keinen schriftlichen Einsatzplan gegeben. Um den vorverlegten, aber nicht bekannt gegebenen

Termin überhaupt durchführen zu können, sei für alle eine Bereitschaft ab 6 Uhr am Folgetag angeordnet worden. Durch die Änderung sei die Möglichkeit der Anfahrt mit einem Sonderzug entfallen. Die für den 30. September angemeldete Demonstration der Jugendoffensive sei bekannt gewesen, aber nicht als Problem angesehen worden.

Am Morgen des 30. September seien in Böblingen ab Dienstbeginn um 5 Uhr Vorbereitungen getroffen und später die Einsatzkräfte eingewiesen worden. Erst während der Nacht sei der mangels schriftlichen Befehls gefertigte grafische Befehl eingetroffen. In diesem habe ein funktionierender Funkkanal gefehlt. Die Forderung auf Nachbesserung sei aber vom Polizeipräsidium abgelehnt worden. Daher habe es später im Schlossgarten keine Funkverbindung zu den eingesetzten Kräften gegeben. Die Kommunikation habe dann mittels Boten und Handys bewerkstelligt werden müssen.

Da sich die Abfahrt aus Böblingen verzögert habe, sei mit der Polizeiführung ein Einsatzbeginn um 10.30 Uhr vereinbart worden. Wegen der Vorverlegung habe zu Beginn eine Einsatzhundertschaft aus Baden-Württemberg weniger eingesetzt werden können. Dies habe durch bayrische Kräfte, die sich aber verspätet hätten, und Bundespolizei ausgeglichen werden sollen. Kurz nach 10.30 Uhr seien erste Einheiten in den Schlossgarten gekommen. Zehn Polizeibeamte, die unter Zivilkleidung Westen mit der Aufschrift Polizei getragen hätten, seien schon ab dem frühen Morgen im Schlossgarten gewesen, um Baumbesetzungen zu verhindern. Diese seien jedoch schnell enttarnt worden und hätten Verstärkung benötigt.

Erschienen am 2. Juli 2014; Kontext:Wochenzeitung Ausgabe 170

ONLINE-KOMMENTARE

02.07.2014, 09:59 Thomas Dahm: Es drängen sich einige Fragen auf. Was für eine wichtige Pressekonferenz war das denn, an der Herr Stumpf so dringend teilnehmen musste? Was ist mit Oberstaatsanwalt (a. D.) Bernhard Häußler, der während des Einsatzes im Park gewesen sein soll. Hätte er nicht einschreiten müssen? Will er nichts von den Verstößen der Polizeikräfte und den Ver-

letzten mitbekommen haben? Und wie konnte es sein, dass er als Zeuge/ Beteiligter später die Ermittlungen leitete? Was sagt der Justizminister dazu? Und schließlich, was vermag eine Funkverbindung zu leisten, was ein Handy nicht kann? Es drängt sich der Eindruck auf, als hätte sich die Polizeiführung „planvoll" weggeduckt. Danke Kontext-Wochenzeitung. Weiter nachforschen!

02.07.2014 15:30 FernDerHeimat: Dieser (jetzt schon) vierjährige Nachruf auf einen richtigen Rechtsstaat läuft genauso ab wie erwartet. Es wird hochinteressant werden, – wenn auch absehbar – wie sich nun Justiz und Exekutive aus der Mitverantwortung winden, ohne die Politik bzw. verantwortliche Vorgesetzten beim Namen zu nennen. Und Konsequenzen? Man wird wohl schon froh sein dürfen, wenn die Diffamierung und Verfolgung der Opfer dieser Staatsgewalt nicht noch (implizit oder explizit) fortgesetzt wird. Die „heimische" Presse wird mit ihrer Berichterstattung sicherlich auch noch eine Rolle dabei spielen.

05.07.2014 08:02 Leselotte: Darauf sollte auch immer wieder hingewiesen werden: >Zahl der Verletzten vom 30.9. viel höher als offiziell angegeben< http://www.bei-abriss-aufstand.de/2010/12/22/ zahl-der-verletzten-vom-30-9-viel-hoher-als-offiziell-angegeben/

Angeklagte belasten Stumpf und Häußler

Volles Rohr

Im Wasserwerferprozess rückt ein alter Bekannter in den Mittelpunkt. Ex-Oberstaatsanwalt Bernhard Häußler erweist sich immer mehr als Mastermind des Einsatzes im Schlossgarten. Häußler war, so der angeklagte Polizist Andreas F., bei früheren Polizeieinsätzen und am Schwarzen Donnerstag an der juristischen Beratung der Polizei beteiligt. Und: Häußlers frühere Aussagen dazu „können nur falsch sein".

gegen Häußler

Die Aussagen der beiden angeklagten Polizeibeamten vor dem Stuttgarter Landgericht stehen in eklatantem Widerspruch zu den früheren Aussagen des inzwischen pensionierten Oberstaatsanwalts Häußler und des ehemaligen Polizeipräsidenten Siegfried Stumpf. Die haben laut ihren früheren Aussagen keine Wasserstöße gegen Demonstranten gesehen. „Die Angaben der beiden Herren können nur falsch sein", widerspricht der angeklagte Polizeibeamte F. den Versionen von Stumpf und Häußler, die diese im Ermittlungsverfahren getätigt haben, Stumpf auch bei seinem Auftritt vor dem Untersuchungsausschuss des Landtags. Stumpf und Häußler wollen am Schwarzen Donnerstag um 14.30 Uhr im Schlossgarten gewesen sein und keine Wasserstöße gegen Demonstranten beobachtet haben. Folglich mussten sie auch nicht gegen die rechtswidrige Praxis der Polizei einschreiten.

Dieser Version widersprechen die Angeklagten: Häußler und Stumpf seien vielmehr bereits zwischen 14.00 und 14.10 Uhr vor Ort gewesen. Zu einem Zeitpunkt, als es Wasserstöße gegen protestierende S-21-Gegner gegeben habe. Häußler sei zudem in das Geschehen als juristischer Berater des Polizeipräsidenten eingebunden gewesen. Zynisches Detail der Häußler'schen Expertise: Für Häußler waren Wasserstöße auf Menschen, die sich unter einer Plane verschanzten, juristisch nur noch „unmittelbarer Zwang gegen Sachen".

Zwang gegen Sachen verletzt Menschen

Eines der Opfer der Häußler-Rechtsauslegung war Hans W. (Name geändert). Der wurde am Schwarzen Donnerstag vom Wasserwerferstrahl am Auge getroffen und schwer verletzt. Mithilfe seiner Familie und eines Freundeskreises hat sich der junge Familienvater durch Krankenhausaufenthalte mit operativen Eingriffen und Arbeitsunfähigkeit zurückgekämpft ins Leben und in die berufliche Existenz als Musiker. Für eine fachlich begleitete Aufarbeitung des Traumas blieb dabei offenbar keine Zeit, Verdrängen war angesagt. Bis zum Wasserwerfer-Prozess, an dem er als Nebenkläger teilnimmt.

Zwei Tage hat Hans W. die Verhandlung verfolgt. Zwei Tage Ängste, Erinnerungen. Plötzlich sei alles wieder hochgekommen, sagt er. Auch die Furcht seiner Kinder, der Papa könnte erblinden. Er bricht – nach dem Verhandlungstag kaum zu Hause angekommen – zusammen. Immerhin kann er sich aufraffen, noch zum Arzt zu gehen. Am nächsten Tag ist er wieder zur Stelle, bedrückt, aber auch erleichtert, wenigstens mit Prozessbesuchern über seine Ängste sprechen zu können. Eine Frau bietet an, für ihn Kontakt zu einem Kreis von Menschen herzustellen, die sich um traumatisierte Opfer des Polizeieinsatzes auch mit Hilfe von Fachleuten kümmern. Er denkt laut darüber nach, ob er sich die Vorführung der Videos überhaupt zutraut. Das Gericht hat Auswahl unter 200 Stunden Material – eine Vorstellung, die ihn ängstigt. Mit therapeutischer Hilfe aus dem Unterstützerkreis will sich W. nun in den kommenden Wochen auf seine Zeugenaussage vorbereiten.

Sein psychischer Zustand bleibt den Prozessbeteiligten verborgen. Dass ein Beteiligter nicht mehr richtig funktioniert, ist in der Strafprozessordnung nicht vorgesehen. Die gibt stattdessen das akribische Aufarbeiten des Geschehens vom 30. September vor. Das zerrt, deutlich erkennbar, auch bei anderen im Saal an den Nerven. Die Angeklagten, die sich zu Aussagen bereit erklärt haben, wirken angeschlagen. Zugleich reagieren sie bisweilen aggressiv auf Nachfragen der Nebenklägervertreter.

Die Dauerbefragung der Angeklagten führt zu widersprüchlichen Erkenntnissen. Immerhin verdichtet sich der Eindruck, dass nicht irgendwelche Aktionen der Demonstranten dem Vorrücken der Polizeikräfte im Wege standen, sondern schlicht die große Anzahl der nach Auslösen des Parkschützer-Alarms in den Schlossgarten strömenden Menschen aller Altersgruppen, wie die Angeklagten schildern. Schnell waren die asphaltierten Wege, auf denen der Fahrzeugkonvoi hätte vorrücken sollen, versperrt, der Engpass am Biergarten nicht mehr passierbar, der Weg „voll von einer schieren Menschenmenge". Auf die Idee, diese Spontan-Versammlung nach dem Versammlungsrecht aufzulösen, kam – so die Angeklagten – niemand, weshalb sie die ganze

Zeit unter dem besonderen Schutz des Grundgesetzes stand. Nach Darstellung der Angeklagten trafen die die bayrischen Unterstützungstruppen verspätet ein. Das Gelände, auf dem Bäume gefällt werden sollten, konnte nicht mehr durch Absperrgitter gesichert werden. In der Absperrkette blieb eine Lücke von 100 bis 150 Meter. Nachdem der Konvoi zum Stehen gekommen war, wurde ein Lastzug, der die Absperrgitter transportierte, vor allem von Schülerinnen und Schülern besetzt. Zusätzlich erschwerten Sitzblockaden vor dem Konvoi und direkt vor dem mitgeführten Wasserwerfer den Einsatz. Genügend Kräfte, Demonstranten wegzutragen und in Gewahrsam zu nehmen, standen nicht zur Verfügung. Die erforderliche Logistik dafür war nicht vorhanden, die Einrichtung einer Gefangenen-Sammelstelle erst für 15 Uhr vorgesehen. Die Antikonflikt-Teams waren nicht da. Eine Planungsvariante für diesen Fall Fehlanzeige. Das ursprüngliche Konzept war daher gescheitert.

Schnell war klar, dass der Plan nicht mehr aufgeht

Schnell sei klar geworden, dass die ursprüngliche Einsatzplanung zum Sichern des Geländes so nicht umzusetzen war. Bei einer Lagebesprechung der Angeklagten mit den Führern der Einheiten vor 12 Uhr kam man zum Ergebnis, der Einsatz des unmittelbaren Zwangs (Pfefferspray, Schlagstock und Wasserwerfer) sei erforderlich, um vorrücken zu können. Militärisch gesprochen wurde aus Defensive Offensive. Damit sollten diese Maßnahmen plötzlich nicht mehr – wie bis dahin vorgesehen – der Sicherung des abgesperrten Geländes dienen, sondern um das Vorrücken zur Absperrung und zur Sicherung mit Gittern durchzusetzen. Derartige gravierende Entscheidungen hatte der Polizeiführer – Polizeipräsident Stumpf – zu treffen, beraten von seinem Führungsstab. Allerdings war kein Verantwortlicher vor Ort! Diese hatten sich bis dahin nur durch Lagemeldungen der Angeklagten informieren lassen. Außerdem stand ihnen eine Live-Videoübertragung des „Bedo-Trupps" (Beweissicherungs- und Dokumentationstrupp der Polizei) aus dem Schlossgarten zur Verfügung.

Um 11.53 Uhr, sagt der Angeklagte F., habe er auf dem Funkkanal, der dem Polizeiführer (Stumpf) zugeordnet war, Kontakt aufgenommen, um die unbeschränkte Freigabe des unmittelbaren Zwangs anzufordern. Wie man heute weiß, befand sich Stumpf damals auf dem Weg zu einer um 12 Uhr stattfindenden Pressekonferenz im Landtag. Die Angaben des Angeklagten F. hierzu schwanken: Am ersten Tag seiner Vernehmung bringt er vor, mit Stumpf gesprochen zu haben. Tags darauf gibt er an, doch nicht sicher zu sein, wer geantwortet hat. Jedenfalls habe sein Gesprächspartner den unmittelbaren Zwang ohne Einschränkungen freigegeben, insbesondere auch den Wasserwerfer-Einsatz. Unter der Formulierung, dass der Wasserwerfer auffahren solle (zu diesem Zeitpunkt war nur von einem die Rede) verstehe er, dass der Wasserwerfer auch einzusetzen sei. Die durch ihn geforderte Freigabe des Schlagstock-Einsatzes sei so zu verstehen, dass der Schlagstock ein Räum-Instrument und nicht zum Schlagen von Demonstranten gedacht sei.

Uns liegt die Schilderung einer Teilnehmerin an jener Pressekonferenz mit den damaligen Ministern Heribert Rech (Innen) und Tanja Gönner (Verkehr) sowie den S 21-Projektsprechern Udo Andriof und Wolfgang Dietrich vor. Demnach hat Stumpf im Landtag Medienvertreter über die Vorgänge vom Vormittag informiert und berichtet, es habe keine besonderen Schwierigkeiten gegeben. Sein Handy sei in dieser Zeit ausgeschaltet gewesen. Erst nach Beendigung der Pressekonferenz habe er (nach 13 Uhr) per Handy von den Komplikationen im Schlossgarten erfahren. Genau dieser Ablauf sei von ihm am Tag danach auch noch bestätigt worden.

Diese Darstellung musste er aber bereits wenige Tage darauf bei einer neuerlichen Pressekonferenz wesentlich verändern: Demnach habe er unmittelbar vor der Pressekonferenz vom 30. September einen „Blankoscheck" für den weiteren Verlauf ausgestellt. „Es gab eine Funkanfrage an mich, ziehen wir Einsatzkräfte nach oder können wir, wenn nötig, Wasserwerfer und Pfefferspray einsetzen?", so Stumpfs Variante zwei. Letzterem habe er zugestimmt. Welche Version nun stimmt – oder gar eine dritte? –, wird im Prozess zu klären sein.

Ein anderer Teilnehmer jener ersten Pressekonferenz erinnert sich, dass Rech betont habe, man setze weiter auf Deeskalation. Stumpf habe erste Rangeleien und Blockadeaktionen erwähnt, die unter Anwendung unmittelbaren Zwangs beendet würden. Man habe auch Wasserwerfer aufgestellt. Diese seien „aber nicht dazu da, Straßen und Plätze frei zu räumen, vielmehr sollen sie der Eigensicherung der Polizei dienen". Eine völlig unerklärliche Aussage auf der Pressekonferenz um 12 Uhr, sollte die Behauptung des Angeklagten F. zutreffen, Stumpf habe sieben Minuten davor den Wasserwerfer-Einsatz zum Zwecke der Räumung freigegeben.

Nach der Schilderung des Angeklagten Jürgen von M.-B. hat ihm Andreas F. mitgeteilt, Stumpf habe den Einsatz des unmittelbaren Zwangs gegen eine Menschenmenge, eine höhere Stufe als die Anordnung unmittelbaren Zwangs, genehmigt. Norbert Walz, Vertreter von Stumpf als Polizeipräsident, nicht aber als Polizeiführer des Einsatzes, habe im Polizeipräsidium den Funkverkehr mitgehört und dann durchgegeben, der Einsatz des Schlagstocks werde auf Einzelfälle beschränkt und nicht umfassend freigegeben. Walz hat laut Aussage des Angeklagten Andreas F. jedoch keine Befugnis für Anordnungen gehabt, da er nicht formell zum Vertreter des Polizeiführers bestellt gewesen sei.

Maßgeblich sei für ihn die uneingeschränkte Freigabe des unmittelbaren Zwangs durch Stumpf gewesen. Folglich habe er dann telefonisch mitgeteilt, dass der Wasserwerfer jetzt eingesetzt werde. Weder habe es davor noch einer formellen Freigabe dieses Einsatzes bedurft, noch sei der Einsatz auf Wasserregen beschränkt worden. Das allerdings hatte Walz gerade erst im zweiten Schlossgarten-Ausschuss des Landtags zu Protokoll gegeben. Andreas F. gab dagegen an, Stumpf habe in einem Funkspruch um 13.17 Uhr verlangt, der Wasserwerfer müsse Wirkung erzielen, und zugleich von einem rustikalen Einsatz gesprochen. Kurz darauf sei Stumpf plötzlich im Schlossgarten aufgetaucht und habe neben ihm gestanden, ohne den Wasserwerfer-Einsatz zu beanstanden.

Vor dem ersten Einsatz sei der Wasserwerfer aktiviert worden, der Motor gestartet, die Beleuchtung eingeschaltet und die Rohre seien um einen Meter in die Höhe ausgefahren worden. Jürgen von M-B. habe den Wasserwerfer-Staffelführer persönlich informiert, dass die Freigabe erfolgt ist. Unmittelbar vor dem Wasserwerfer hätten sich Kinder befunden. Dieser Bereich habe zunächst „freigemacht" werden müssen, damit der Wasserwerfer vorfahren konnte. Da die Planung geändert worden sei, habe es zunächst entgegen den Vorschriften keine Sicherungskräfte vor dem Wasserwerfer gegeben.

Erschienen am 9. Juli 2014; Kontext:Wochenzeitung Ausgabe 171

ONLINE-KOMMENTARE

09.07.2014 15:50 **Manfred Fischer:** Man sollte nicht vergessen, was einst Herr Stumpf im Zeitungsinterview der StZ vom 29.6. 2010 über den irgend wann bevorstehenden Einsatz seiner Polizeikräfte gesagt hat: http://www.stuttgarter-zeitung.de/inhalt.stuttgarts-polizeipraesident-im-interview-baeume-besetzen-ist-kein-spiel.692a5fcf-29e4-4ee5-ae57-0b165f316381.html
Aus seinen dortigen Worten kann man klar erkennen, dass er dann beim Einsatz am 30.9.2010 zu einem wesentlichen Grad „fremdbestimmt" war.

09.07.2014 21:15 **Klaus Neumann:** „Stumpf und Häußler wollten um 14.30 Uhr im Schlossgarten gewesen sein und hätten damals keine Wasserstöße gegen Demonstranten beobachtet und konnten folglich auch nicht gegen die rechtswidrige Praxis der Polizei einschreiten." Dort, wo hemmungslos auf Kinder und Erwachsene eingedroschen worden ist, da soll nach einer Aussage eines Augenzeugen Herr Häußler gestanden haben: Auf dem von dem Zeugen so benannten Feldherrenhügel, auf dem bis zu dessen Fuße dann für einige Tage die vielen farbigen Kreuze standen.

„Wasser Marsch!"
im Gerichtssaal

Fünf Prozesstage lang haben die beiden angeklagten Polizisten ihre Sicht des Polizeieinsatzes
am Schwarzen Donnerstag dargestellt.
Am sechsten Tag genügten dann zehn Minuten
auf Video, und alle Aussagen waren Makulatur.
Im Gerichtssaal herrschte Entsetzen über das
Vorgehen der Wasserwerfer.

Andreas F. und Jürgen von M-B., die noch am Verhandlungstag zuvor mit Lügenvorwürfen gegen Polizeipräsident Siegfried Stumpf und Oberstaatsanwalt Bernhard Häußler überrascht hatten, folgten dem Geschehen mit versteinerten Mienen. Bis dahin hatten die Angeklagten detailliert dargelegt, warum sie nach ihrer Überzeugung alles richtig gemacht hätten und für Verletzungen keine Verantwortung trügen: Für Planung und Durchführung des Einsatzes insgesamt seien Polizeiführer Stumpf und sein Führungsstab verantwortlich gewesen. Diese seien (bis auf einen Kurzbesuch von Stumpf zwischen 14.00 und 14.10 Uhr) nicht vor Ort gewesen, seien aber vom Angeklagten F. laufend über die Einsatzlage informiert worden. Zusätzlich habe diesen die Live-Videoübertragung eines Polizeitrupps aus dem Schlossgarten zur Verfügung gestanden.

Hat Stumpf vor dem Untersuchungsausschuss gelogen?

In voller Kenntnis aller Umstände habe Stumpf alle Arten des unmittelbaren Zwangs ohne Einschränkungen freigegeben, Wasserwerfer-Einsätze mit Wasserstößen gegen Köpfe von Demonstranten gemeinsam mit Oberstaatsanwalt Bernhard Häußler vor Ort erlebt und gebilligt und zu robustem Vorgehen aufgefordert („Weiter so!"). Stumpfs Aussage sei „schlicht falsch". Vor dem Untersuchungsausschuss habe Stumpf „ein völlig anderes Geschehen" geschildert.

Ebenso seien Stumpf und sein Stab dafür verantwortlich, dass vorschriftswidrig keine Rettungskräfte eingeplant und im Vorfeld des Einsatzes angefordert worden seien. Wörtlich dazu: „Das DRK hat sich selbst alarmiert." Falls die Wasserwerfer-Besatzungen gegen Vorschriften verstoßen hätten, seien diese und ihr Staffelkommandant dafür verantwortlich, nicht die Angeklagten als Einsatzabschnittsleiter. Im Übrigen hätten sie weder gefährliche Wasserstöße bemerkt noch etwas von Verletzungen als Folge der Wasserwerfer-Einsätze erfahren. Vom Führungsstab seien sie zu keinem Zeitpunkt über verletzte Personen informiert worden, obwohl bei diesem schon um 15 Uhr das später weltberühmt gewordene Foto des nahezu blind geschossenen

Rentners Dietrich Wagner aufgehängt gewesen sei. Hätten sie das gewusst, so der Angeklagte Andreas F., wäre der weitere Einsatz anders verlaufen.

Keine interne Aufarbeitung

Erstaunliche Erkenntnis: Beim Workshop der Polizei, der im Auftrag des Innenministeriums für den ersten Untersuchungsausschuss des Landtags nachträglich den Einsatz untersuchte und Empfehlungen ausarbeitete, hätten die Wasserwerfer-Einsätze keine Rolle gespielt. Bei Vorgesprächen hätten der damalige Landespolizeipräsident Wolf Hammann und der damalige Inspekteur der Polizei Dieter Schneider diese vielmehr für rechtmäßig gehalten. Die vorgeschriebene nachträgliche polizeiinterne Aufarbeitung habe es übrigens nie gegeben.

Dann wird am sechsten Verhandlungstag das „Kabinenvideo" abgespielt, das den Wasserwerfer-Einsatz gegen 13.30 Uhr zeigt, bei dem Menschen erheblich verletzt wurden. Das Video wurde direkt im Wasserwerfer mit Ton aufgezeichnet. Schwer erträglich mitunter die Kommentare der Besatzung. Angeklagt ist die Verletzung einer Zeugin bei dem ersten gezeigten Einsatz. Die Staatsanwaltschaft steht auf dem Standpunkt, nur Wasserstöße in Kopfhöhe von Menschen seien rechtswidrig. Obwohl der stellvertretende Polizeipräsident Norbert Walz nur Wasserregen über die Köpfe, aber eben keine Wasserstöße freigegeben habe, seien hingegen Wasserstöße gegen Personen unterhalb der Köpfe rechtmäßig gewesen. Deswegen hat sie nur hinsichtlich der Verletzung von Menschen im Kopfbereich (neun Verletzte) Anklage erhoben. Und nun der schlagende Beweis: Schon in diesem ersten Video, etliche weitere werden an diesem Tag folgen, ist deutlich zu sehen, dass gegen Dutzende, insgesamt mit den späteren Einsätzen vermutlich gegen Hunderte von Menschen genau auf Kopfhöhe geschossen – und auch getroffen – wurde. Prompt berichtet schon die erste am Kopf verletzte Zeugin, ein Bekannter sei ebenfalls am Kopf getroffen und dabei sei seine Brille beschädigt worden. Ein Fall, der bislang nicht bekannt war, wie überhaupt viele Verletzte weder Anzeige erstattet noch sich vor Ort haben behandeln lassen.

Auch die Zeugin, von Beruf Pfarrerin, schilderte offen, sie habe aus Angst keine Anzeige erstattet. Sie habe von Fällen gehört, in denen Geschädigte Anzeige erstattet hätten und deswegen hinterher selbst zu Beschuldigten von Ermittlungsverfahren geworden seien. Auch habe sie kein Vertrauen in die unparteiische Bearbeitung solcher Verfahren gehabt. Sie sei in den Schlossgarten geeilt, um nach ihrem Sohn zu suchen, der an der Schüler-Demonstration teilgenommen hatte. Die Zeugin erlitt gleich zwei Treffer, die schmerzhafte Hämatome zur Folge hatten. Zunächst traf sie „ein massiver brachialer Schlag" am Kopf und warf sie zu Boden. Dann folgte ein Schuss gegen den Oberarm. Angesichts der Wassermenge und des Drucks habe sie Todesangst empfunden und den Einsatz für lebensgefährlich gehalten. Erschreckend auch ihre vorausgegangenen Beobachtung: Auf einer Wiese seien etwa zehn bis 15 Kinder im Alter von geschätzt zehn bis 13 Jahren vom Wasserwerfer angegriffen und „weggespült" worden.

Räumung oder Einschüchterung?

Mit dem Vertrauen ist das so eine Sache, das zeigen auch die Videoeinspielungen. Zwar bleiben die Angeklagten dabei, die Wasserwerfer-Einsätze (auch „in der Tiefe des Raums") hätten die Räumung des Geländes unterstützen sollen. Allerdings ist deutlich zu sehen, dass Menschen, die ihre Deckung unter Planen oder zwischen anderen Personen verlassen und aus dem Einwirkungsbereich der Wasserkanonen rennen, erst recht – und dann voll – unter Beschuss geraten. Ein junger Mann erleidet auf dieser Flucht einen Kopftreffer. Andere Demonstranten werden von schwarz vermummten Polizisten direkt vor den Wasserwerfer gestoßen. Die Wucht der Treffer ist deutlich zu sehen.

Ein Zuschauer, freiwilliger Feuerwehrmann, wird nach der Verhandlung Zuhöreren vorrechnen, dass ein Treffer mit zwölf Bar (im Schlossgarten war der Druck auch schon mal 16 Bar) eine Krafteinwirkung bedeutet, die einem Faustschlag der Box-Brüder Klitschko entspricht. Eindrucksvoll ist auch der Sturzbach, der sich auf dem asphaltierten Weg ergießt, deutlich nachvollziehbar an umspülten Stiefeln der darin watenden Polizisten.

Je mehr derartige Videos abgespielt werden, desto klarer wird aber auch die fatale Fehleinschätzung der friedlichen Demonstranten (es ist nicht eine einzige von diesen ausgehende Gewaltanwendung zu sehen). Offenbar waren sie der Überzeugung, mit Regenkleidung, Schirmen und dünnen Plastikplanen einer erwarteten Wasserdusche standhalten zu können. Anders ist das objektiv sorglose Verhalten vor den Wasserrohren nicht erklärbar. Zum Beispiel der wenig später schwer verletzte Dietrich Wagner, der mehrfach zu sehen ist, wie er – einem Fels in der Brandung gleichend – sich mit ausgebreiteten Armen hinstellt, als wolle er dem Wasser Einhalt gebieten. Dazu die Sprechchöre „Wir sind friedlich, was seid Ihr?" – als könne man damit die Polizeimaschinerie stoppen.

Suche nach den Angeklagten auf Foto- und Videomaterial

Mitten im Chaos sind bei den Videos zu den letzten Wasserwerfer-Einsätzen die beiden Angeklagten zu sehen, die weiter behaupten, die vorausgegangenen Einsätze nicht beobachtet und nichts von Verletzungen erfahren zu haben. Rechtsanwalt Müller, der unter anderem den Nebenkläger Hans W. vertritt, mag das nicht so recht glauben. Auf seine Fragen erklären die Angeklagten, sie seien weder von Pressevertretern noch von anwesenden Politikern noch von ihren Untergebenen und auch nicht von Demonstranten auf Verletzungen aufmerksam gemacht worden. Müller kündigt an, dazu werde es intensive Zeugenbefragungen geben, und äußert seine Hoffnung, dass sich noch Zeugen melden und Fotomaterial zur Anwesenheit der Angeklagten bei den früheren Wasserwerfer-Einsätzen zur Verfügung stellen.

Aufklärung verlangt auch die zweite Zeugin, die vom Wasserwerfer getroffen wurde, während sie links des zu räumenden Weges auf einer Wiese stand. Sie erlitt neben einem Monokelhämatom eine Augapfelprellung. Diese führte zu einer Eintrübung der Linse und einer Reduzierung der Sehkraft auf 50 Prozent. Eine weitere Verschlechterung ist zu erwarten und kann nicht aufgehalten oder ausgeglichen werden. Warum überhaupt auf die Wiese geschossen wurde, die nicht geräumt werden sollte, bleibt unerklärlich. Das frühere Argument der Angeklagten, durch derartige Einsätze habe man den seitlichen Druck der Menschenmenge gegen den Weg verringern wollen, hilft offensichtlich nicht weiter. Weder ist auf den Videos ein derartiger Druck zu erkennen, noch berichtet die Verletzte von einem solchen. Sie war zuvor als Beobachterin des Geschehens von einer Polizeikette mit „Schubsen in den Rücken" eine Böschung hinunter bis vor den Wasserwerfer gejagt worden. Anderen neben ihr erging es nicht so sanft. Mit dem Schlagstock seien diese Menschen „wie eine Vieh-herde" getrieben worden. Wie die zuvor vernommene Geschädigte meint auch sie, dem Wasser müsse Reizstoff beigemischt gewesen sein.

Was ist mit Häußlers Verantwortung?

Eng könnte es auch für Oberstaatsanwalt a.D. Häußler werden, sollte er Wasserwerfer-Einsätze von der vorgespielten „robusten" Art vor Ort miterlebt und gutgeheißen haben und nicht dagegen eingeschritten sein. Die beiden Angeklagten behaupten das. Und ein uns dieser Tage zugespieltes Foto, das ein Privatmann um 14.11 Uhr am Schwarzen Donnerstag im Schlossgarten aufnahm, belegt diese Behauptung.

Ein Foto macht Furore: Stumpf (links) und Häußler um 14:11 Uhr im Park.

Es zeigt neben den beiden Angeklagten auch Stumpf und Häußler auf dem sogenannten Feldherrnhügel. Just um diese Zeit, so erinnert sich auch der Fotograf, habe es heftige Wasserwerfer-Attacken gegeben.

Auch soll Häußler Stumpf nicht nur am 30.9., sondern ebenso bei anderen Polizeieinsätzen juristisch beraten haben, obwohl Stumpf auf hauseigene Juristen hätte zurückgreifen können. Häußler habe nicht nur den Einsatz von Wasserstößen gegen Planen, unter denen sich Menschen schützten, als unmittelbaren Zwang gegen Sachen gebilligt, sondern auch der Polizei seine Einschätzung vorgegeben, wann eine Verhinderungs-Blockade und damit strafbare Nötigung von Demonstranten verübt werde.

Er habe der Polizei auch einen generellen Katalog von Gesichtspunkten an die Hand gegeben für die Unterscheidung, ob es sich um Versammlungen im Schutze des Grundgesetzes handle oder um Menschenansammlungen, die diese Rechte nicht beanspruchen könnten. Bis heute hält sich die Stuttgarter Polizei an diese schriftlichen Anweisungen Häußlers, die in Strafverfahren als Häußlers „Matrix" bezeichnet, aber Gerichten und Verfahrensbeteiligten vom Polizeipräsidium kafkaesk vorenthalten werden.

Eine in diesem Zusammenhang von Frank-Ulrich Mann, einem der Nebenkläger-Anwälte, bereits 2011 erstattete Strafanzeige gegen Häußler war von dessen Abteilung bearbeitet und von einer Mitarbeiterin Häußlers mit der Begründung eingestellt worden, ihr Vorgesetzter habe sich am 30.9.2010 nur vorsorglich vor Ort aufgehalten, falls strafprozessuale Entscheidungen oder Anordnungen zu unmittelbarem Zwang nötig würden. In polizeiliche Entscheidungen sei er nicht eingebunden gewesen. Daher habe er auch keine Verpflichtung zum Eingreifen gehabt. Mann hatte argumentiert, Häußler sei für die Verletzung des Mandanten mit verantwortlich, weil er nichts gegen einen rechtswidrigen Polizeieinsatz unternommen habe.

Erschienen am 16. Juli 2014; Kontext:Wochenzeitung Ausgabe 172

ONLINE-KOMMENTARE

17.07.2014,11:19 **Thaddäus:** Ich war an diesem Morgen im Park und habe das Geschehen aus einem Sicherheitsabstand beobachtet. Als mir der Wasserwerfer zu nahe kam und ich mich abwenden wollte wurde ich aus ca. 25 Meter Entfernung, auf der Höhe des Biergartens, mit einen schwachen Strahl getroffen. Meine rechte Gesichtshälfte und mein rechtes Auge waren nach einem sehr schmerzvollen Brennen noch drei Tage später wie betäubt.

18.07.2014, 11:58 **Peter Illert:** Letztlich war und ist der Bau von S 21 eine politische Entscheidung, keine der Polizei. Deshalb sollten im Fokus auch die Politik und der Bauherr („Die Bahn") stehen. Und die Frage der Instrumentalisierung von Polizei und auch Justiz. Es ist mir unverständlich, warum eine Anklage wegen Fahrlässigkeit an zwei Abschnittsleiter geht und nicht gleichzeitig an deren direkte Vorgesetzte. Deren Aufgabe wäre es gewesen, den Einsatz der Wasserwerfer zu unterbinden oder abzubrechen.

19.07.2014,14:34 **Jürgen Korell:** Ich bin seit fast 40 Jahren Polizeibeamter. Mir blieb es schon immer im Verborgenen, welchen Sinn Wasserwerfer als Einsatzmittel machen. Sie wirken weder deeskalierend noch sind damit Gewaltanwendungen durch das sogenannte polizeiliche Gegenüber einzudämmen. Der einzige sinnvolle Einsatz ist das Bewässern städtischer Bäume in trockenen Sommern. Es wäre an der Zeit, dass die Polizei durch Zahlen und Fakten die Sinnhaftigkeit eines Wasserwerfers belegen muss. Bislang brauchte sie das nicht und deswegen werden sukzessive die alten gegen neue Wasserwerfer ausgetauscht. Der Stückpreis liegt bei einer runden Million Euro.

„Aufpassen auf die Laterne!"

Im Wasserwerfer-Prozess ist bereits der zweite Schöffe wegen Befangenheit aus dem Verkehr gezogen worden. Der ehemalige Berufsschullehrer Reinhold B. soll die Verletzten des Schwarzen Donnerstags verhöhnt haben. Die beiden nunmehr amtierenden Ersatzschöffen müssen durchhalten, andernfalls ist der bis Weihnachten terminierte Prozess geplatzt.

Vergangenen Freitag (18. 7.), gegen 16.20 Uhr, in der Tiefgarage der Landesbibliothek: Frank-Ulrich Mann steht am Kassenautomaten, um sein dort geparktes Auto auszulösen. Der Rechtsanwalt aus Freiburg, der im Prozess den Nebenkläger Dietrich Wagner vertritt, kommt geradewegs aus dem Gerichtssaal, in dem an diesem Tag sein Mandant als Zeuge ausgesagt hat. Ruhig und sachlich hat Wagner, der am Schwarzen Donnerstag vom Strahl der Wasserwerfer die schlimmsten Verletzungen erlitten hat, die Vorgänge am 30.9.2010 und den Schicksalsschlag geschildert, der sein Leben verändert hat.

Während Mann am Automaten sein Ticket bezahlt, tritt Reinhold B. zu ihm heran. Auch B. kommt direkt aus dem Gericht, er wohnt seit Prozessbeginn am 24. Juni als Schöffe der Verhandlung bei. Reinhold B. hat offenbar Gesprächsbedarf. Ein zäher Prozess sei das, sagt der ehemalige Berufsschullehrer zum Einstieg, und legt dann los: Nach seiner Ansicht sei man selbst schuld, wenn man sich in solche Situationen bringe. Wenn man sich in Gefahr begebe, müsse man sich nicht wundern, wenn es nicht gut geht. Und weiter: Vielen Demonstranten ginge es gar nicht um die Sache. Er habe sich immer gewundert, dass bei den Protesten um S 21 auch so viele ältere Menschen teilnehmen würden. Er wisse, dass diese instrumentalisiert werden. Diese Menschen bekämen Kaffee versprochen, wenn sie mit einem Bus nach Stuttgart fahren, am Hauptbahnhof aussteigen und in die Trillerpfeifen blasen würden. Daher seien viele ältere Menschen bei den Protesten zu sehen.

Geringschätzung der S-21-Gegner

Mehr noch von ähnlicher Weltsicht gibt Reinhold B. von sich, bevor ihm Mann den Platz am Kassenautomaten überlässt. Noch in der Tiefgarage spricht der Anwalt das soeben Gehörte als Gedächtnisprotokoll in ein Aufnahmegerät. Übers Wochenende formuliert er namens seines Mandanten einen Befangenheitsantrag, der am Montag der Strafkammer und ihrer Vorsitzenden Manuela Haußmann per Fax zugeht. Manns Argumente: „Mit den Äußerungen bringt der Schöffe eine deutliche Geringschätzung der S-21-Gegner allgemein und der Nebenkläger im Besonderen zum Ausdruck, zumal die Äußerungen fielen, als kurz zuvor über die schweren Verletzungen des Nebenklägers Dietrich Wagner verhandelt wurde. Ferner spricht er den Projektgegnern die Wahrnehmung ernsthafter, berechtigter Anliegen ab und degradiert diese zu reinen Marionetten. In diesem Verfahren dreht es sich in erheblichem Maße um die Frage, ob der Polizeieinsatz vom Schwarzen Donnerstag verhältnismäßig war, mithin auch, ob sich die Bürger zu Recht im Mittleren Schlossgarten aufhalten durften."

Montagnachmittag: Richterin Haußmann hat sofort reagiert und den Schöffen Reinhold B. einbestellt. Im Beisein einer zweiten Richterin hält sie ihm alle Punkte vor, die der Anwalt zu Papier gebracht hat. Reinhold B. streitet erst alles ab, dann verstrickt er sich in Widersprüche, schließlich räumt er doch ein, diese Äußerung zumindest teilweise getan zu haben. Der Fall ist klar: Bei Reinhold B. besteht eindeutig die Besorgnis der Befangenheit, die Strafkammer schließt ihn vom Verfahren aus und schreibt in ihrem Beschluss zur Begründung:

„... ist das von dem Nebenkläger Dietrich Wagner vorgebrachte Misstrauen gegen den Schöffen B. gerechtfertigt. Die ... Äußerungen dieses Schöffen lassen besorgen, dass er sich in einer für den Fall wesentlichen Frage, nämlich im Hinblick auf die Rechtmäßigkeit des Polizeieinsatzes am 30.9.2010 ... bereits unverrückbar festgelegt hat. Insbesondere seine Äußerungen, ‚man sei selbst schuld, wenn man sich in solche Situationen bringe‘, lassen besorgen, dass er sich bezüglich des Verhaltens der am 30.9.2010 im Schlossgarten anwesenden Personen bereits ein abschließendes Bild gemacht hat."

Auch im ersten Fall war die Befangenheit eindeutig

Der Fall ist sogar so klar, dass selbst die Staatsanwaltschaft dem Ablehnungsantrag beitritt. Die Anklagebehörde hatte Mitte Juni ebenfalls mit einem Befangenheitsantrag dafür gesorgt, dass die

andere ursprünglich ausgeloste Schöffin kurz vor Prozessbeginn ausgeschlossen werden musste. Die Frau, eine Kommunalpolitikerin aus
Kornwestheim, war nach dem Schwarzen Donnerstag aus Protest
gegen die Polizeigewalt aus der CDU aus- und den Freien Wählern beigetreten. Auch der Fall war glasklar.

Dienstag, 9 Uhr, im Gerichtssaal: Jetzt sitzt Günther A. als Schöffe
auf der Gerichtsbank, er hat als letzter verbliebener Ergänzungsschöffe
die Verhandlung von Beginn an verfolgt und ist drin im Thema. Allerdings hat das – vorerst bis Weihnachten durchterminierte – Verfahren
nach nur vier Wochen nun keine Ersatzschöffen mehr zur Hand. Fällt
jetzt aus welchen Gründen auch immer noch einer aus, dann wäre der
Prozess geplatzt.

Nach Dietrich Wagner kommt dann ein weiterer Nebenkläger als
Zeuge zu Wort. Hans W. (Name geändert), über dessen Schicksal
bereits im Kapitel zuvor berichtet wurde, beschreibt in eindringlichen
Worten, wie es zu seiner schweren Augenverletzung kam. Diese hat
mehrere operative Eingriffe und Krankenhaus-Aufenthalte nach sich

Nebenkläger Wagner, Rechtsanwalt Mann.

gezogen, die aber sein Sehvermögen nicht vollständig wiederherge-
stellt haben. Er sei mehrfach massiv vom Wasserwerfer getroffen
worden, habe dabei mehrere Schläge gegen den Rücken erhalten, die
durch seinen Rucksack gemildert wurden, schließlich aber einen gegen
den Nacken, durch den seine Brille vom Kopf geschleudert wurde.
Er habe sich gebückt, die Brille aus dem „Dreckwasser" gefischt und
sich aufgerichtet. In dem Moment habe ihn der Strahl des Wasserwerfers im Auge getroffen: „Wie ein Schlag mit einer Eisenstange".

Die Rohrführer
haben genau gezielt

Während Hans W., selbstständig und dreifacher Familienvater, bis
heutigen tags mit Gleichgewichtsstörungen, extremer Lichtempfind-
lichkeit und psychischen Problemen zu kämpfen hat, machen die im
Gerichtssaal vorgespielten Videos von seiner Verletzung deutlich, wie
sehr die Wasserwerfer-Besatzungen darum bemüht waren, bestimmte
Ziele nicht zu treffen. So ist die Beschwerde an einen Rohrführer („Du
triffsch Kollega") ebenso gut zu hören wie die gleich dreimal geäußerte
Warnung „Aufpassen auf die Laterne!". Der rechts von Hans W. befindlichen Wegbeleuchtung ist dann tatsächlich auch nichts passiert.

   Rückblende, nochmals Freitag, der 18.: Der Sitzungstag beginnt
mit einem Paukenschlag: Die Vorsitzende gibt bekannt, die Staatsanwaltschaft habe gegen Polizeipräsident a.D. Siegfried Stumpf ein
Ermittlungsverfahren wegen fahrlässiger Körperverletzung im Amt eingeleitet. Dies sei durch die Erkenntnisse im Prozess ausgelöst worden.
Die beiden Angeklagten hatten geschildert, Stumpf und Oberstaatsanwalt a.D. Bernhard Häußler hätten sich bereits zwischen 14.00 und
14.10 Uhr im Schlossgarten aufgehalten und massive Wasserwerfer-
Einsätze erlebt. Das habe sich durch vorhandene Videoaufzeichnungen,
die bislang übersehen worden seien, bestätigt. Stumpf werde nun
vorgeworfen, entgegen seinen Verpflichtungen als Einsatzleiter nicht
gegen rechtswidrige Wasserwerfer-Einsätze gegen Köpfe von Menschen
eingeschritten zu sein und dadurch weitere Verletzungen verursacht
zu haben.

Marsmännchen und Moorhuhnjagd

Dann kommt Dietrich Wagner zu Wort. Nach seiner Schilderung war Wagner am Morgen des 30.9.2010 zunächst aus Respekt vor dem Engagement der Jugendlichen zur Schüler-Demonstration gekommen und hatte sich über die vielen Teilnehmer gefreut. Als nach Auslösen des Parkschützer-Alarms wegen des im Schlossgarten beginnenden Polizeieinsatzes viele Jugendliche sich dorthin begaben, sei er auch in den Schlossgarten gegangen. Der Park sei voller Polizisten gewesen, die in ihren Rüstungen „wie Marsmännchen" aussahen. Später sei ein Wasserwerfer zum Einsatz gekommen mit „tropischem Regen". Auffallend für Wagner, dass Hunderte von Menschen zu husten begonnen hätten, für ihn ein Zeichen der Beimischung von Reizgas. Die anfangs sanften Wasserstöße seien immer heftiger geworden. Menschen seien umgeschossen worden und übereinandergestürzt, ein „unwürdiges Schauspiel". Als er habe weggehen wollen, habe ein Polizist ihn nicht aus dem gebildeten Kessel gelassen. Seine Idee, sich daraufhin mit ausgebreiteten Armen winkend dem Wasserwerfer entgegenzustellen, um dadurch eine Pause der Angriffe zu erreichen, nennt Wagner, der ruhig und gefasst wirkt, rückblickend naiv. Die Besatzung des Wasserwerfers habe gefeixt. Es sei wie bei der Moor-

Marsmännchen auf Moorhuhnjagd?

huhnjagd gewesen. Er räumt ein, Kastanien, die der Wasserwerfer aus den Bäumen geschossen hatte, gegen diesen geworfen zu haben. Plötzlich habe er einen stechenden Schmerz gespürt, sei umgefallen und müsse bewusstlos geworden sein. Zwei Männer hätten ihn dann hochgehoben, die ersten Meter getragen und dann hinausgeführt.

Rettungskräfte? Fehlanzeige!

Wagners Erstversorgung schildert eine Augenärztin, die als interessierte Bürgerin in den Schlossgarten gegangen und unversehens in die Rolle einer Notärztin geraten war, da keinerlei offizielle Rettungskräfte im Schlossgarten waren. Von 12.30 Uhr bis 16 Uhr sorgte sie für die Erstbehandlung von Dutzenden Menschen mit Augenverletzungen in einem „Behelfslazarett". Medizinisches Gerät holte sie aus ihrer nahe gelegenen Praxis, Medikamente aus einer Apotheke. Andere anwesende Ärzte kümmerten sich ebenso um eine Vielzahl von Verletzten, eine irreale Situation wie in einem Kriegsgebiet ohne staatliche medizinische Versorgung: „Wie auf dem Mars". Nach 16 Uhr verlegte sie ihren Dienst in ihre Praxis. Helfer brachten Verletzte dahin.

Die Augenärztin wirkt sichtlich mitgenommen. Verarbeitet hat sie diese Erlebnisse offensichtlich immer noch nicht. Im Saal herrscht atemlose Stille. Wagner sei in das Behelfslazarett gebracht worden. Sie habe sofort festgestellt, dass eine Behandlung vor Ort nicht möglich sei, aber immerhin dafür sorgen können, dass eine aus medizinischer Sicht nicht angebrachte Augenspülung unterblieb. Bestürzend auch ihre Schilderung, Sensationsreporter hätten sie zunächst von Wagner abgedrängt und die Erstversorgung behindert. Wagner ist seit seiner Entlassung aus dem Krankenhaus ihr Patient.

Alarm in der Augenklinik

Der damalige Leitende Ärztliche Direktor der Augenklinik im Katharinen-Hospital berichtet im Zeugenstand, die Klinik sei während des Schlossgarten-Einsatzes verständigt worden, dass mit einer Vielzahl von Behandlungsbedürftigen zu rechnen sei. Von wem der Hinweis gekommen sei, wisse er nicht, jedenfalls nicht von der Polizei. Er habe deswegen seine Ärzte in Alarmbereitschaft versetzt und bereits Kontakt mit auswärtigen Augenkliniken für den Fall aufgenommen, dass die eigenen Kapazitäten nicht ausreichten. Wagner sei gegen 14.10 Uhr eingeliefert und etwa drei Wochen lang stationär behandelt worden. Etliche Operationen seien notwendig gewesen. Wagner habe an beiden Augen sehr schwere Verletzungen erlitten, unter anderem Brüche beider Augenhöhlenböden, Netzhauteinrisse und -ablösung. Die Linse sei aus der Halterung gerissen worden. Der Augeninnendruck habe sich erhöht.

Auf die Frage von Rechtsanwalt Mann, der Wagner vertritt, ob sein Mandant mit den festgestellten Verletzungen in der Lage sei, Auto zu fahren, antwortet der Professor spontan „niemals". Hintergrund dieser Frage ist ein umfangreiches Dossier, das ein Beamter der Stuttgarter Kriminalpolizei über Wagner erstellt hatte. Zweck der Übung: zu belegen, dass Wagner simuliere. Es lägen Hinweise vor, dass er mit dem Auto fahre, ohne Blindenstock zügig gehe, Menschen aus größerer Entfernung erkenne und Polizistinnen auf den Hintern schaue. Erst auf Nachfrage Manns an seinen Mandanten stellt sich heraus, dass der 70jährige – unter anderem wegen solcher Verdächtigungen, aber hauptsächlich aus Angst, völlig zu erblinden – an Depressionen leidet und mit Psychopharmaka behandelt werden muss.

Als Folge des Dossiers hatte die Staatsanwaltschaft die Begutachtung Wagners durch den Leiter der Augenklinik Ulm veranlasst. Dieser nimmt den ganzen Tag über an der Verhandlung teil und erstattet dann sein Gutachten. Demnach verblieb auf Wagners rechtem Auge eine restliche Sehkraft von fünf Prozent, auf dem linken kann er nur noch den Kontrast zwischen Hell und Dunkel erkennen. Wegen fortschreitender Eintrübungen als Folge erhöhten Innendrucks ist eine weitere Verschlechterung zu befürchten, eine völlige Erblindung nicht auszuschließen.

Keine Ermittlungen gegen E.

Als Fazit des Prozesstags bleibt, dass sich die Strafkammer sehr intensiv um Sachaufklärung bemüht und die Aussagen keinen der Beteiligten und Zuhörer unberührt lassen. Auch die zuletzt gezeigten polizeilichen Videoaufnahmen machten wieder sprachlos. Mitten im Geschehen und sehr oft als aufmerksamer Beobachter im Bild der den beiden Angeklagten zur Verstärkung bei der Einsatzabschnittsleitung zugeteilte Polizeibeamte Thomas E. Gegen ihn wird offenbar bislang von der Staatsanwaltschaft nicht ermittelt. Auf Nachfrage erklären die Angeklagten, E. habe sie über seine Beobachtungen nicht informiert. Seine Rolle wird noch zu thematisieren sein.

Erschienen am 23. Juli 2014; Kontext:Wochenzeitung Ausgabe 173

ONLINE-KOMMENTARE

23.07.2014, 15:15 **Vanish:** Und was passiert mit diesem Kriminalbeamten, der sich nicht zu schade dazu ist, ein Opfer des brutalen Polizeieinsatzes auch noch mittels eines „Dossiers" zu diffamieren? Völlige moralische Verkommenheit, Kadavergehorsam und Untertanenmentalität sind die druckreifen Begriffe, die mir zu diesem Herrn einfallen, der wohl – ebenso wie diejenigen, die ihm den Auftrag gaben – unbehelligt bleiben wird.

24.07.2014, 10:02 **Walter Steiger:** Die Strategie der Polizei (und mittelbar der Politik) war von Anfang an auf Konflikt und Eskalation ausgerichtet. Einen ersten Hinweis darauf konnte man darin erkennen, dass bereits am Vormittag – wie zufällig – zahlreiche lose Pflastersteine am Rande der Zugangswege zum Mittleren Schlossgarten und in den Wiesen verstreut lagen (meiner Meinung nach gezielt ausgelegt waren – so gesehen am Eingang von der Klett-Passage her). Einerseits wohl, um Pflasterstein-Würfe tatsächlich zu provozieren, andererseits, um die diesbezüglichen Lügen von Rech, Hauk und Mappus in den Primetime-Nachrichten später untermauern zu können. Dass es auch sonst von polizeilichen Fallen und verdeckten Provokateuren nur so wimmelte, darf mittlerweile als bewiesen gelten (als Ordner verkleidete Zivilpolizisten, die die in den Park strömenden Jugendlichen anrempelten, Kapuzentypen, die angeblich als erste von Pfefferspray Gebrauch machten, usw).

Das Zahn- fleisch vom

Knochen geschossen

Nach bisher zehn Verhandlungstagen wird immer deutlicher, wie voreingenommen die Staatsanwaltschaft Stuttgart ihre eigenen Ermittlungsergebnisse interpretiert hat. Zeugenaussagen von Verletzten und sogar Polizeivideos klagen viel schärfer an als die Anklagebehörde.

Axel Sch., eines von neun durch Wasserstöße am Kopf verletzten Opfern des Schwarzen Donnerstags, hat weder damals Anzeige erstattet, noch ist er dem Prozess als Nebenkläger beigetreten. Dritte haben seinen Fall angezeigt, dadurch kam er in die Ermittlungsakten. Axel Sch. stand am späteren Nachmittag des 30.9.2010, als das Ziel des Polizeieinsatzes schon beinah erreicht war – wie so viele, die beschossen wurden – keineswegs den Wasserwerfern im Weg, sondern abseits auf einer Wiese. Als ihn der Strahl „wie ein Faustschlag" traf, hatte er den Mund offen: Neben einer gebrochenen Nasenscheidewand und zum Glück nicht bleibenden Augenverletzungen wurde ihm dadurch das Zahnfleisch vom Knochen gerissen, ebenso riss eine Mandel entzwei. Wochenlange heftige Schmerzen waren die Folge.

Alexander Sch., der als Nebenkläger vertreten ist, sagt aus: Er habe während einer Pause der Wassereinsätze aus der Gefahrenzone gehen wollen. Die vorausgegangenen Wasserstöße, vor denen er sich habe wegducken können, seien in Kopfhöhe geführt worden. Dann sei er an der rechten Schläfe getroffen worden und zu Boden gegangen. Es sei wie der Boxschlag eines Weltmeisters im Schwergewicht gewesen. Im Schlossgarten habe es keinerlei ärztliche Versorgung gegeben. Jemand habe ihn auf eine Decke auf der Wiese gelegt. Eine zufällig anwesende Augenärztin habe schließlich veranlasst, dass er zu einem

„Runter! Runter, Helmut! So, ja! Genau do nei!"

Krankenwagen gebracht wurde. Im Katharinenhospital wurde eine Netzhautablösung festgestellt, die zwei Operationen erforderte und die erhöhte Gefahr einer Erkrankung am Grauen Star bedingt.

Oder Zeuge Christian H., der durch einen Augenhöhlenbruch, einen Bindehautriss sowie eine Eintrübung der Linse dauerhaft 20 Prozent seiner Sehkraft verlor: Auch er stand abseits auf einer Wiese, inmitten einer Menschentraube, wollte weg und konnte nicht. Besonders zynisch einmal mehr hierzu der Sprechverkehr aus dem Wasserwerfer: „Runter! Runter, Helmut! So, ja, genau! Genau do nei!" Unter diesen Eindrücken hat sich Christian H. inzwischen entschlossen, dem Verfahren nachträglich als Nebenkläger beizutreten.

An die 20 bisher im Gerichtssaal abgespielte (Polizei-)Videos belegen die Aussagen der Opfer. Sie belegen manchmal aber noch mehr: Beispielsweise, dass Menschen, denen nach hinten die Flucht durch eine Polizeikette versperrt ist, von einer von vorne rechts vorrückenden anderen Polizeikette direkt in die Schussbahn des Wasserwerfers getrieben werden (Video 35, 15.04 Uhr). Oder von wem Gewalt ausging, wenn ein Polizist beim Abführen einer Frau dieser grundlos einen Faustschlag versetzt (Video 564).

Das Anklagekonstrukt wackelt immer mehr

Und sie werfen – im Einklang mit allen bisherigen Zeugenaussagen von Verletzten – immer drängendere Fragen auf. Zum einen: Warum wurden Wasserwerfer gegen Menschen eingesetzt, die gerade freiwillig das Gelände verlassen wollten, und gegen andere Menschen, die nicht weggehen konnten, weil sie von Polizeiketten eingekesselt waren? Oder aber zwischen Hunderten anderer Menschen dicht an dicht standen und sich daher nicht rechtzeitig in Sicherheit bringen konnten? Und wie kann das in Einklang mit der Begründung gebracht werden, dass die Wasserwerfer-Einsätze der Räumung des für Baumfällungen freizumachenden Geländes dienten?

Zum anderen ist die Konstruktion des Anklagevorwurfs der Staatsanwaltschaft mit jedem Verhandlungstag, der vergeht, noch weniger nachvollziehbar. Diese sieht das Verschulden der Angeklagten darin, sie hätten pflichtwidrig nicht dafür gesorgt, dass Wasserstöße in Kopfhöhe unterblieben seien, und dadurch die Verletzung von insgesamt neun Menschen im Kopfbereich verursacht. Juristisch ist das vergleichbar mit dem Vorwurf gegen den Disponenten einer Spedition, der nicht dafür sorgt, dass sein Fahrer den Lkw nicht überlädt, und daher mitverantwortlich gemacht wird für einen dadurch verursachten Unfall. Das ist die Voraussetzung, um nur fahrlässige Körperverletzung anklagen zu können – und nicht Schlimmeres anklagen zu müssen. Darauf hatten sich Staatsanwaltschaft und Polizeiführung bereits geeinigt, ehe die ersten Beschuldigten vernommen wurden.

Nachhilfe in Physik gefällig?

Dazu passt aber bereits die Annahme der Staatsanwaltschaft zum physikalischen Ablauf eines Wasserstoßes nicht. Denn der Wasserstrahl wird aus den Rohren des Wasserwerfers weit oberhalb der Kopfhöhe nach unten abgeschossen. Irgendwo trifft er entweder auf den Erdboden oder auf ein – zumeist menschliches – Ziel. Auf dem Weg zum Ziel kommt es zur Krümmung des Wasserstrahls nach unten, und zwar umso mehr, je weiter das Ziel entfernt ist. Das bedeutet beim Einsatz gegen eine Menschenmenge, dass naturgemäß immer dann, wenn nicht der am nächsten zum Wasserwerfer stehende Mensch unterhalb des Kopfes getroffen wird, sondern der Strahl über ihn hinweggeht, zwangsläufig immer auf dem weiteren Weg des Wasserstoßes irgendwann Kopfhöhe erreicht werden muss.

Dann ist es also Zufall, ob jemand am Kopf oder in einem anderen Körperbereich getroffen wird. Die Frau mit 1,50 Meter Größe wird verfehlt, der hinter ihr stehende Mann mit 1,80 Meter wird dafür am Kopf getroffen. Oder, wie es ein schwer verletzter Zeuge auch schon beschrieb: Der Strahl trifft in einem Meter Höhe den Kopf eines Menschen, der sich gerade bückt. Entscheidend muss also sein, ob ein Wasserstoß abgegeben wird, der an irgendeinem Punkt seiner Bahn Kopfhöhe erreichen kann. Das wird man bei Wasserstößen gegen eine Menschenmenge wohl immer annehmen müssen.

Die noch viel grundsätzlichere Frage: Passt die Annahme der Staatsanwaltschaft, Wasserstöße gegen Menschen seien rechtmäßig gewesen, überhaupt zu dem durch die Polizeivideos dokumentierten Verhalten der Menschenmenge?

Die Polizeidienstvorschrift 122 („Einsatz von Wasserwerfern und Wasserarmaturen") unterscheidet klar zwischen Wasserregen (über die Menschen hinweg), Wassersperre (schräg vor den Menschen auf den Boden gerichtet) und dem Wasserstoß. Und sie regelt eindeutig, in welchen Fällen der Wasserstoß als „intensivste Form des Wassereinsatzes" nur zulässig ist: Wenn es darum geht, Straftaten oder das Vordringen von Störern zu verhindern, oder wenn Gewalttäter zum Zurückweichen gezwungen werden müssen. Und selbst dann ist laut Vorschrift noch darauf zu achten, dass niemand am Kopf getroffen wird.

Nichts von alledem ist den Opfern vorzuwerfen, die bisher im Zeugenstand waren.

Staatsanwalt Stefan Biehl, der die Anklageschrift erstellt hat und vor Gericht vertritt, ist der Auffassung, Wasserstöße seien grundsätzlich zulässig gewesen, obwohl nach seinen eigenen Ermittlungen vom Vertreter des Polizeiführers Stumpf nur Wasserregen freigegeben worden war. Für ihn ist die Einsatzbeschränkung zwar von interner

Bedeutung, mache jedoch Wasserstöße nicht grundsätzlich unzulässig. Dies würde folglich bedeuten, dass Biehl sich über die damalige Einschätzung des stellvertretenden Polizeipräsidenten Norbert Walz hinwegsetzt und schärferes Vorgehen – als damals von diesem angeordnet – für notwendig oder mindestens für zulässig hält. Nach Biehls Ermittlungen, die erst mehr als ein Jahr nach dem Polizeieinsatz in Gang kamen und von November 2011 bis März 2013 immerhin fast 17 Monate in Anspruch nahmen, hatte Walz nur Wasserregen für geboten und verhältnismäßig gehalten.

Kein Wasserwerfer-Polizist stand je vor einem Richter

Ob diese – für die Angeklagten erfreulich nachsichtige – Sicht der Staatsanwaltschaft halten wird vor Gericht, wird sich zeigen. Immerhin haben schon einige Gerichte in Stuttgart, wenn es gegen uniformierte Täter des Schwarzen Donnerstags ging, die Ansagen der stets polizeifreundlichen Staatsanwaltschaft teils deutlich überboten. Auch die Männer in den Wasserwerfern hatten da wohl so ihre Zweifel. Bis auf zwei Beamte haben alle anderen acht, die nach der Sommerpause Ende August als Zeugen gehört werden sollen, inzwischen beantragt, von ihrem Auskunftsverweigerungs-Recht Gebrauch

Staatsanwälte Biehl, Höschele.

machen zu dürfen. Sie befürchten, sich bei einer wahrheitsgemäßen Aussage selbst belasten zu müssen.

Über ihren Antrag, daher vom Erscheinen befreit zu werden, hat das Gericht noch nicht entschieden. Die beiden Mitglieder der Biberacher Wasserwerfer-Staffel, die aussagen wollen, müssen sich deswegen keine Sorgen machen. Sie sind bereits rechtskräftig verurteilt, zu jeweils sieben Monaten Freiheitsstrafe auf Bewährung sowie 6000 und 4000 Euro Geldauflage. Noch Schlimmeres kann ihnen nicht mehr passieren.

Übrigens: Vor einem Richter hat keiner der zehn beschuldigten Wasserwerfer-Polizisten je gestanden. Das wurde alles – geräuschlos – per Strafbefehl geregelt. Gegen sieben von ihnen wurden die Verfahren gar eingestellt: wegen geringer Schuld oder weil nichts zu beweisen war.

Dazuhin ist inzwischen auch Staatsanwalt Biehls Grundannahme, Norbert Walz habe als Stellvertreter des Polizeiführers den Wasserwerfer-Einsatz auf Wasserregen beschränkt, ins Wanken geraten. Die Angeklagten sagten aus, Polizeipräsident Siegfried Stumpf habe als verantwortlicher Polizeiführer um 11.53 Uhr per Funk den Einsatz von Wasserwerfern ohne Einschränkungen freigegeben und dies später nochmals telefonisch bestätigt. Als Staatsanwalt Biehl hierauf das Abspielen des aufgezeichneten Funkspruchs beantragte, stellte sich heraus, dass er dem Gericht diese Aufzeichnung überhaupt nicht zur Verfügung gestellt hatte.

Da laut sitzungspolizeilicher Verfügung der Vorsitzenden Richterin sogar das Lachen in der Verhandlung verboten ist, blieb dieses Missgeschick ohne Folgen, ebenso die von Polizei und Staatsanwaltschaft trotz jahrelanger Ermittlungen nicht überprüfte Annahme, Stumpf sowie Biehls damaliger Abteilungsleiter, Oberstaatsanwalt Bernhard Häußler, seien zu Zeiten der heftigsten Wasserwerfer-Einsätze gegen 14 Uhr gar nicht im Schlossgarten gewesen. Erst eine Überprüfung der gegenteiligen Angaben der Angeklagten durch das Gericht hatte deren Richtigkeit bestätigt und nach nahezu vier Jahren zur Einleitung eines neuen Ermittlungsverfahrens gegen Stumpf geführt.

Zwar hatte Walz noch vor wenigen Wochen als Zeuge vor dem Landtag im Untersuchungsausschuss Schlossgarten II bekundet, er habe ohne Absprache mit Stumpf, der zu dieser Zeit in einer Pressekonferenz gewesen sei, den Einsatz auf Wasserregen beschränkt. Schon damals aber waren Merkwürdigkeiten in dieser Aussage aufgefallen.

Jetzt gerät Walz zunehmend ins Zwielicht. Er hatte nämlich angegeben, zu verschiedenen Themen nichts sagen zu können, weil er ab dem 18. August 2010 krank und anschließend bis kurz vor dem Schlossgarten-Einsatz in Urlaub war. Inzwischen hat sich wohl zumindest die Urlaubsabwesenheit als unzutreffend herausgestellt, weshalb Walz Ende September in der ersten Sitzung des U-Ausschusses nach der Sommerpause erneut Rede und Antwort stehen soll. Ein Vorgang, der die Glaubwürdigkeit von Walz auch für eine spätere Zeugenaussage im Strafprozess beschädigen könnte.

Erschienen am 30. Juli 2014; Kontext:Wochenzeitung Ausgabe 174

ONLINE-KOMMENTARE

30.07.2014, 08:08 **Makepeace:** Auch wenn mich die Aussagen in diesem Prozess sehr verstören, bin ich froh, dass zumindest teilweise ein paar Wahrheiten ans Licht kommen. Und für alle von uns, die wir durch den 30.9. den Glauben an die Demokratie und den Rechtsstaat verloren haben und durch die erlebten Ereignisse noch heute traumatisiert sind, kann ich nur hoffen, dass bald die vor Gericht stehen, die wirklich verantwortlich sind. Und möglicherweise denkt auch der ein oder andere Polizeibeamte darüber nach, ob vorauseilender Gehorsam in Rambomanier wirklich der Weisheit letzter Schluss sind. Danke für die ausführliche Berichterstattung.

31.07.2014, 14:08 **Rolf Steiner:** Für mich bleibt skandalös, wie unsere Demokratie durch solche „Herren" durchlöchert wird und alles nur für sie passend gemacht wird. Wohin führt das – vor allem wenn die Mainstream-Medien in dasselbe Horn blasen? Weshalb wohl wird die Polizei weiter aufgerüstet? Zu Gunsten von welchen „Nutzern"?

Die Letzten beißen die Hunde

Erst waren sie – polizeiintern – so was wie die Helden vom Schlachtfeld des Schwarzen Donnerstags. Heute sind sie jene Letzten, die die Hunde beißen. Die beiden angeklagten Polizisten im Wasserwerfer-Prozess sollen das Bauernopfer für jene erbringen, die wirklich die Verantwortung trugen, und sie wehren sich tapfer. Aber sie kämpfen gegen die Macht der Bilder.

Jürgen von M-B., 48, Polizeidirektor, und Andreas F., 41, Polizeioberrat, haben seit jenem 30. September 2010 eine ziemliche Berg-und-Tal-Fahrt erlebt. Und an den ersten zwölf Prozesstagen bis zur Sommerpause wieder eine: erst in luftige Höhen mit guten Aussichten, dann rasant hinunter ins tiefe Tal. An beiden geht das nicht spurlos vorbei. Betreten, mitunter wie versteinert wirken ihre Mienen, wenn Zeugen schildern, was ihnen widerfahren ist, und gleich darauf Videos die Aussagen belegen. Mit belegten Stimmen sagen sie dann, was sie dazu sagen müssen: Nein, diesen Vorgang hätten sie nicht mitgekriegt, jenen nicht bemerkt, überhaupt so gut wie gar nichts gesehen von dem, was auf Dutzenden von (Polizei-)Videos festgehalten ist. Als wären sie gar nicht im Park gewesen.

Das ist der Teil der Verteidigungsstrategie, der gar nicht überzeugt, aber notgedrungen durchgehalten werden muss. Andere Taktiken sind geschickter gewählt. Zum Prozessauftakt das Bedauern zu erklären, dass es Verletzte gab, da machten sie Punkte. Sich in den eigenen Schilderungen des Erlebten als Opfer einer katastrophalen Einsatzplanung darzustellen (sowie alsbald eintretender Kommunikationsprobleme, weil der Funk nicht funktionierte), das ist schlichtweg die Wahrheit. Noch wirksamer die Versuche der Verteidigung,

Sachverständige vor dem ersten Untersuchungsausschuss: Stumpf mit dem Angeklagten von M-B.

andere Verantwortliche mit ins Boot zu holen: Endlich wird auch gegen den Polizeipräsidenten a.D. Siegfried Stumpf ermittelt, nachdem die Angeklagten standhaft ausgesagt hatten, dessen Behauptung, zu Zeiten der heftigsten Wasserwerfer-Angriffe gegen 14 Uhr gar nicht im Park gewesen zu sein, sei unwahr.

(Sie ist unwahr. Fotos und Videos aus den Ermittlungsakten der Staatsanwaltschaft beweisen das eindeutig. Über die Gründe, warum diese Beweismittel jahrelang übersehen worden sein sollen, darf spekuliert werden. Einer liegt jedenfalls auf der Hand: Die Bildbeweise vom sogenannten Feldherrnhügel zeigen neben dem Einsatzleiter Stumpf den Oberstaatsanwalt a.D. Bernhard Häußler, der die Ermittlungsverfahren zum Schwarzen Donnerstag geleitet und jenes gegen Stumpf, gegen den 30 Anzeigen eingegangen waren, im Dezember 2011 einstellen lassen hatte.)

Privataudienz bei Mappus

Das waren noch Zeiten damals! Auch für Jürgen von M-B. und Andreas F., denen in den Tagen nach dem Einsatz aus den eigenen Reihen nicht etwa Kritik, sondern hohe Ehre zuteil wurde. So wurde der in der CDU bestens vernetzte Jürgen von M-B., damals im Ehrenamt stellvertretender Bürgermeister von Nufringen (Kreis Böblingen), am 3. Oktober 2010 für einen ganz besonderen Auftrag ausersehen: Er durfte nach Berlin fliegen, um dem – zur Nationalfeiertags-Party dort weilenden – damaligen Ministerpräsidenten Stefan Mappus und dessen Medienberater Dirk Metz persönlich Bericht zu erstatten. Was von M-B. für das Gespräch unter sechs Augen in der Berliner Landesvertretung im Gepäck hatte, kann freilich nicht Mappus' Erwartungen entsprochen haben: Während private Aufnahmen von Polizeigewalt bereits seit Tagen im Internet kursierten, hatte sich auf über 200 Stunden polizeilichem Videomaterial so gut wie gar nichts finden lassen, womit belegt werden konnte, dass Gewalt von den Menschen im Park ausgegangen war.

Dennoch wurde von M-B. wie auch Andreas F. im November 2011 vor den ersten, damals CDU-dominierten Untersuchungsausschuss des Landtags geladen. Und zwar nicht als Zeugen, schon gar nicht als Verdächtige, sondern als Sachverständige! Als solche durften die beiden Beamten dem Gremium erläutern, warum was schiefgegangen war, und sie durften auch noch Sprüche klopfen. Andreas F. in der Sitzung vom 23. November 2010 zu einer Videosequenz aus dem Schlossgarteneinsatz: „Hier bietet sich der Wasserwerfer an, weil dieses Instrument auch in die Tiefe des Raumes hineinwirken kann und damit im hinteren Bereich auch Personen im Prinzip zum Weggehen auffordern kann." Und Jürgen von M-B. legte sachverständig nach: „Wir wollen eine sprechende Polizei sein. Es soll klar sein, wenn die Polizei handelt, warum sie handelt." Als wären sie gar nicht im Park gewesen ...

In dem Stil hielt der damalige Leiter der Einsatzabteilung der Böblinger Bereitschaftspolizei noch im Mai 2011 Vorträge in rotarischen Zirkeln („Stuttgart 21 – Ein- und Ausblick aus polizeilicher Sicht"), während die Stuttgarter Polizei immer wieder gern ihrem Mann, dem Revierleiter Andreas F., die ansonsten seltene Gelegenheit vermittelte, persönlich mit Medien sprechen zu dürfen. F. kam im SWR zu Wort, wurde gar in einer Reportage der „Magazin"-Beilage der „Süddeutschen Zeitung" unter dem Titel „Ein Job zum Davonlaufen" als Polizist

So ließ sich der Angeklagte F. für die „Süddeutsche" portraitieren.

porträtiert, mit dem man lieber nicht tauschen wollte. Der bedauernswerte F. in dem Artikel wörtlich: „Der Mangel an Respekt macht uns zu schaffen. Ich stehe in Uniform an der Fußgängerampel – und da gibt es Menschen, die bei Rot direkt an mir vorbei über die Straße laufen. Das kränkt mich."

Andreas F. spielt gern „Moorhuhnjagd"

Dass F. in Wirklichkeit kein solches Kind von Traurigkeit ist, zeigte sich jüngst, als er im Internet als Betreiber einer Facebook-Seite geoutet wurde, die neben bemerkenswert viel Privatleben auch noch preisgibt, welches sein liebstes Computerspiel ist: die „Moorhuhnjagd". Dumm gelaufen, wenn dann im Gerichtssaal der von den Wasserwerfern beinah blind geschossene Nebenkläger Dietrich Wagner als Zeuge aussagt, er sei sich im Schlossgarten damals vorgekommen „wie bei der Moorhuhnjagd". Dumm gelaufen war für F. aber schon ein von ihm geleiteter Einsatz am 1. Februar 2011, als Demonstranten eingekesselt und bei Eiseskälte teils stundenlang festgehalten wurden, ohne dass es dafür nachvollziehbare Gründe gab.

Die darauf folgenden Negativ-Schlagzeilen waren dann wohl doch des Guten zu viel: Zum 1. Juni 2011 wurde F. ins Innenministerium versetzt, wo er seither im Referat Verkehrssicherheit tätig ist. Die offizielle Begründung, wonach die großen Stuttgarter Polizeireviere, darunter auch die Wolframstraße, künftig mit Chefs im Range von Polizeidirektoren besetzt werden sollten und F. dafür zu jung sei, greift nicht. Bis heute ist dieser Plan nämlich nicht umgesetzt. Dagegen erscheint dann Jürgen von M-B.s Versetzung im Mai 2012 an die Polizeihochschule Villingen-Schwenningen schon eher als Beförderung, zumal da er dort seit Januar 2014 die Führung des Präsidialstabes innehat.

Ob das allerdings so bleiben kann, wird der Prozess zeigen müssen. Immerhin, intern droht den Angeklagten keine Gefahr. Auf unsere Anfrage, ob eigentlich Disziplinarmaßnahmen ergriffen oder auch nur erwogen wurden, ließ das Innenministerium Folgendes wissen:

Disziplinarmaßnahmen?
Fehlanzeige!

*„Gegen die beiden im sog. Wasserwerferprozess angeklagten Beamten
wurden keine Disziplinarverfahren eingeleitet, da die Voraussetzungen
hierfür nicht vorliegen. ... Bei den beiden im sog. Wasserwerferprozess
angeklagten Beamten ist – in dem derzeit angesichts der Unschulds-
vermutung rein hypothetischen Fall – einer Verurteilung zu erwarten,
dass der dem Disziplinarrecht innewohnende Zweck der Korrektur des
Verhaltens des Beamten und der damit verbundenen künftigen Erfüllung
seiner Dienstpflichten bereits durch eine strafrechtliche Sanktion
erreicht würde. Deswegen war hier von der Einleitung eines Disziplinar-
verfahrens abzusehen."*

Vor Gericht sieht das schon anders aus. Die Staatsanwaltschaft
hat in ihrer Anklage die Zuständigkeit des Landgerichts auch damit
begründet, die Strafgewalt des Amtsgerichts (bis vier Jahre) reiche
nicht aus. Den Angeklagten wird fahrlässige Körperverletzung im
Amt in fünf Fällen (fünf getrennte Wasserwerfer-Einsätze mit Verletzten) vorgeworfen. Für jede Einzeltat beträgt der Strafrahmen
Freiheitsstrafe von einem Monat bis zu drei Jahren oder Geldstrafe.
Sollten die Angeklagten verurteilt werden, müsste eine Gesamtstrafe
gebildet werden, die weit unter der Summe der Einzelstrafen läge.
Allerdings würden die Angeklagten schon bei mehr als einem Jahr
Freiheitsstrafe den Beamtenstatus verlieren.

Und noch mal schlechter sähe die Lage aus, wenn sich das
Gericht nicht auf die für die Angeklagten sehr freundliche Einschätzung der Staatsanwaltschaft einließe, dass Fahrlässigkeit anzuneh-
men sei. Sondern Vorsatz. Dann drohen weit höhere Strafen.

Zeugenaussagen belegen
Willkür und Mutwillen

Es sind Zeugenaussagen wie jene von Werner B., 72, die Mutwillen
zumindest seitens der Wasserwerfer-Besatzungen belegen. B., ein
Ingenieur, der für das Verkehrsministerium Sicherheitseinrichtun-
gen in Straßentunneln plant, hatte sich an den „Tatort" begeben,

„um für die jungen Leute durch meine Anwesenheit einen Beitrag zu leisten". Allerdings in respektvollem Abstand, abseits vom Geschehen auf einer Wiese.

Gegen 16 Uhr steht er dort allein mit seinem Fahrrad, als plötzlich das Rohr des Wasserwerfers nach links schwenkt und einen Strahl abgibt, der zuerst die Erde direkt vor ihm trifft, dann aber „wie eine Gewehrsalve" über seinen ganzen Körper aufwärts bis zum Kopf gezogen wird. Entzündungen an beiden Augen, auch an der Hornhaut, und mehrwöchige Schmerzen sind die Folge. Andere Menschen spülen ihm die Augen aus. Sanitäter sind auch um diese Uhrzeit nicht vor Ort. Gute zwei Stunden zuvor hatte Werner B. beobachtet, wie der Wasserwerfer sogar einen Rollstuhlfahrer beschoss. Als er dann ganz in der Nähe Winfried Kretschmann entdeckte, ging er auf diesen zu und forderte ihn auf, endlich etwas zu unternehmen. Der damalige Fraktionsvorsitzende der Landtags-Grünen erwiderte, er habe bereits „alles Menschenmögliche getan". Von Kretschmanns Telefonat aus dem Park mit dem damaligen Innenminister Heribert Rech liegen uns Fotos vor sowie die Aussage eines Ohrenzeugen, wonach dieses von Kretschmann tatsächlich in „heftigem Tonfall" geführt worden ist. Nebenkläger-Anwälte haben inzwischen beantragt, beide als Zeugen zu vernehmen: den heutigen Ministerpräsidenten und den heutigen Landtags-Hinterbänkler.

Zeugenaussagen wie die von Werner B. sind für die Anwälte der
Angeklagten – wie Fußballer sagen würden – schlecht zu verteidigen.
Ihre Glaubwürdigkeit ist kaum einmal in Zweifel zu ziehen, zumal dann
nicht, wenn in den meisten Fällen Videos vorliegen, die das Gesagte
belegen. Mehrfach war im Gerichtssaal bereits zu sehen, dass Menschen
abseits des Geschehens und vor allem der zu räumenden Wege beschossen wurden, ohne erkennbare polizeiliche Notwendigkeit, also
aus Willkür und Mutwillen. Und nichts, aber auch gar nichts haben
diese Zeugen, diese Verletzten an sich, das die von Mappus wenige
Tage vor dem Schwarzen Donnerstag erhobene (und von Stumpf pflicht-
schuldig wiedergekäute) Behauptung belegen würde, wonach sich der
Widerstand gegen Stuttgart 21 in dieser Zeit „zunehmend radikalisiert" und sich darin „immer mehr Gewaltbereitschaft" gezeigt hatte.

Noch schlimmer als die Bilder ist der Sprechfunkverkehr

Von Zeugenaussage zu Zeugenaussage wird stattdessen polizeiliche
Gewaltbereitschaft beschrieben, von Video zu Video ist sie zu sehen,
aber schlimmer noch als die Macht dieser Bilder ist in manchen
Fällen der Ton: der Sprechfunkverkehr aus dem Inneren der Wasserwerfer. Nein, die spielten nicht „Moorhuhnjagd", die schossen mit
16 bar Druck auf andere Tiere: „Ha no! Guck, die laufet wie d'Hasa!",
wird da gefeixt, und von Aufzeichnung zu Aufzeichnung wird klarer,
dass einige dieser Beamten wohl durchaus mit Spaß bei der Sache
waren.

Andreas F. zieht während solcher Videos den Kopf ein, verkriecht
sich in sich selbst. Jürgen von M-B., viel mehr Pokerface als der jüngere
Kollege, senkt den Blick in seinen Laptop und gibt sich geschäftig.
Beide wird wohl ein und derselbe Gedanke umtreiben: Für solche
Leute sollen sie ihre Köpfe hinhalten, aber auch für Vorgesetzte wie
Stumpf, der – aus gesundheitlichen Gründen – in den wohlbestallten
Ruhestand ging, kaum dass die CDU nicht mehr an der Regierung
war, der aber jüngst im neuen U-Ausschuss im Landtag einen quick-
lebendigen Eindruck machte?

Das wollen beide nicht. Ihre Anwälte haben da gute Ideen. Nach der Sommerpause, so lautet ihre Anregung, möge das Gericht doch bitte mal einen Ausflug ins Führungs- und Lagezentrum des Polizeipräsidiums unternehmen. Um sich ein Bild davon zu machen, welche Live-Bilder einer Einsatzleitung zur Verfügung stehen können – und ganz sicher zur Verfügung standen am Schwarzen Donnerstag.

Und manchmal erwacht in den Angeklagten sogar der Kampfgeist von damals. Als am vorläufig letzten Verhandlungstag eine Nebenkläger-Anwältin scheinbar beiläufig die Frage stellt, wie viele Staatsanwälte – neben Bernhard Häußler – vielleicht noch den Polizeieinsatz vor Ort beobachtet hätten, und als Staatsanwalt Stefan Biehl darauf in unangemessen scharfem Ton („Nur Häußler!") reagiert, widerspricht ihm mal wieder der Angeklagte Andreas F.: Auch das sei anders gewesen.

Wie es war, wird sich herausstellen. Es wäre ja nicht das erste Mal in diesem Prozess, dass die Angeklagten die Staatsanwaltschaft blamieren.

Erschienen am 6. August 2014; Kontext:Wochenzeitung Ausgabe 175

ONLINE-KOMMENTARE

06.08.2014, 11:24 Stuttgarterin: Wen wundert es da noch, dass die CDU mit allen Mitteln versucht, diesen UA einzustellen? So ganz langsam könnte es ans Eingemachte gehen....die Hoffnung stirbt zuletzt!

06.08.2014, 11:44 EOps: „Wasserwerfer: Druckvolles Argument auf sechs Rädern" https://www.youtube.com/watch?v=luKLzxYpJmM Man sieht hier sehr eindrucksvoll, dass die Besatzungen lernen, sehr genau zu zielen.

08.08.2014, 16:45 Zaininger: Darf man Stumpf und Häußler als Teil des „Lügenpacks" bezeichnen? Vermutlich nicht! Also dann eben nicht!

Fürsorg-lich

geblendet?

Der Wasserwerferprozess macht Sommerpause. Wir stellen bald vier Jahre nach dem Schwarzen Donnerstag die Frage: Warum sind eigentlich jene fünf Fälle von fahrlässiger Körperverletzung der ganze klägliche Rest an juristischer Aufarbeitung eines Polizeieinsatzes mit mehr als 400 Verletzten? Antwort: Weil die Staatsanwaltschaft nicht mehr anklagen konnte. Vor allem aber nicht wollte.

Was da verhandelt wird seit dem 24. Juni im Saal 18 des Landgerichts, ist dennoch „einmalig in der bundesdeutschen Geschichte". So jedenfalls stuft ein uns vorliegender Text, der aus dem Innenministerium eines anderen Bundeslands stammt, jenen Vorgang ein, der sich am 30. September 2010 im Stuttgarter Schlossgarten über Stunden hinweg abgespielt hat: Wasserstöße mit teils maximalem Druck gegen eine Menschenmenge – zum Zweck der Räumung eines Geländes und nicht etwa zur Abwehr von gewalttätigen Angriffen.

Dass die Wasserstöße zur Gefahrenabwehr erforderlich und verhältnismäßig gewesen wären, behaupten nicht einmal die beiden Angeklagten. Denn ihre Verteidigung geht dahin, sie hätten von diesen Regelverstößen und den verursachten Verletzungen nichts mitbekommen. Verräterisch freilich die eine und andere Einlassung der beiden Beamten zu Videos, die im Gerichtssaal abgespielt werden. Der Angeklagte Andreas F. einmal wörtlich:

„Hier ist eine große Menschenansammlung, die im Prinzip weg muss."

Und sein Kollege Jürgen von M-B. ein andermal sinngemäß: Freilich hätten sich da auch Kinder befunden, sogar direkt vor dem Wasserwerfer.

Für ihre Fälle sind diese Aussagen nicht relevant, wohl aber dann, wenn einer den Blick wagt auf den Einsatz als Ganzes. Der ist vor Gericht bisher unterblieben und wird es wohl bleiben, denn die Beschränkung der Anklage durch die Staatsanwaltschaft allein auf Kopftreffer der Wasserwerfer verstellt genau diesen Blick. Schließlich ging polizeiliche Gewalt am Schwarzen Donnerstag beileibe nicht nur von Wasserwerfern aus, sondern auch von massenhaft versprühtem Pfefferspray, von Schlagstöcken und von in Kampfmonturen steckenden Ellenbogen und Fäusten. Zeugen im Prozess schildern das anschaulich, Polizeivideos belegen die Aussagen – doch das spielt in diesem Verfahren so wenig eine Rolle wie die Tatsache(n), dass einerseits die Reiterstaffel mit ihrem enormen physischen Drohpotenzial sehr früh eingesetzt wurde, das Antikonfliktteam der Polizei dagegen gar nicht.

Auch die Angeklagten wollen den Blick aufs Ganze

Die Betrachtung nur einer Einsatzart (Wasserwerfer) geht daher in der rechtlichen Bewertung des Einsatzes fehl. Das sieht sogar Andreas F. so: „Es geht immer um das Ganze." Man müsse alle Maßnahmen zusammen sehen. Und auch der damalige Polizeipräsident Siegfried Stumpf hatte kürzlich vor dem Untersuchungsausschuss „Schlossgarten II" des Landtags Zweifel bekundet: „Man muss fragen: Erklärt sich das Geschehen aus sich selbst?"

Das tut es bis heute nicht. Die einzige plausible Erklärung dazu, warum dieser Einsatz so und nicht anders verlief, die je ein Polizist abgegeben hat, war sogar eine Prognose. „Nicht nur bei mir, sondern auch bei vielen meiner Kollegen entsteht immer mehr der Verdacht, dass Ausschreitungen seitens der Polizeiführung ... provoziert werden ... Für die nächste Zeit ist ein härteres Vorgehen geplant. Ich sehe voraus, dass sich MP Mappus als ‚Law-and-Order'-Mann darstellen wird, auf Kosten der Polizei", heißt es in einem anonymen Schreiben, das kurz vor dem Schwarzen Donnerstag den damaligen Oppositionspolitikern Winfried Kretschmann, Werner Wölfle (beide Grüne) und Nils Schmid (SPD) zugegangen war. Verbunden mit der Bitte, „dass Sie die Vorgänge untersuchen und zukünftig auf die Polizeieinsätze achten".

Abläufe und Zahlen für die Medien manipuliert?

Der Absender gab sich als „Angehöriger des Führungs- und Einsatzstabes" (FESt) der Stuttgarter Polizei aus und machte anhand von Beispielen deutlich, was sich „insbesondere seit Rückkehr des MP Mappus aus dem Urlaub" so alles geändert hatte: Auf einmal sollten „Gefangene gemacht" werden, „um zu dokumentieren, dass die Demoteilnehmer gewaltbereit sind". Hierfür sei es bereits zu unnötigen Einkesselungen und Festnahmen gekommen und die jeweiligen Abläufe seien für die Medien „falsch dargestellt" worden.

Bis hin zum Vorwurf, sogar Teilnehmerzahlen von Kundgebungen seien von der Stuttgarter Polizei mit dem Innenministerium besprochen worden, deckt sich dies alles mit der Wirklichkeit jener Tage im Spätsommer 2010, als der gerade mal seit einem halben Jahr im Amt befindliche Stefan Mappus den Medienberater Dirk Metz engagiert und endlich sein Thema für den Landtagswahlkampf 2011 gefunden hatte: Stuttgart 21. Plötzlich nahm der Jung-Ministerpräsident „den Fehdehandschuh auf", plötzlich entdeckte er, dass sich der Widerstand gegen das Bahnprojekt „zunehmend radikalisiert" und Demonstranten „immer gewaltbereiter" werden.

Und es deckt sich auch mit der Aussage eines weiteren Angehörigen des Führungszirkels im Stuttgarter Polizeipräsidium, der uns gegenüber bestätigte, dass es im Vorfeld des Schwarzen Donnerstags klare Ansagen der Politik gegeben haben muss. So habe es kaum eine Besprechung mehr gegeben, in der Polizeipräsident Stumpf nicht den Raum verlassen habe, um zu telefonieren. Und oft genug habe er nach Rückkehr dann Entscheidungen gefällt, die nicht den Vorschlägen aus den eigenen Reihen entsprachen.

Das meinen wohl die Angeklagten Andreas F. und Jürgen von M-B. mit dem Hinweis, man müsse den Einsatz als Ganzes betrachten. Dann nämlich würden nicht nur sie ihre Köpfe hinhalten müssen, sondern jede Menge Polizisten mehr. Vermutlich beinah alle, die mit Pfefferspray gesprüht haben, und das waren Hunderte.

Strengste Vorschriften
für den Einsatz von Pfefferspray

Wie für Wasserwerfer (Polizeidienstverordnung 122, wir berichteten) gibt es auch für dieses Kampfmittel polizeiliche Vorschriften (sogenannte Handhabungs-Hinweise). Demnach ist Zweck des Einsatzes von Pfefferspray, Personen aus der Distanz in einen angriffsunfähigen Zustand zu versetzen. Dadurch soll die Polizei einen taktischen Vorteil bei der Eigensicherung erhalten. Schon damit wird klar, dass es sich um eine Verteidigungswaffe gegen Angriffe handelt.

Pfefferspray wird aus dem Fruchtfleisch der Chilipflanze oder einem synthetischen Ersatzstoff hergestellt. Durch den enthaltenen Wirkstoff kommt es zu einer intensiven Schmerzempfindung und Entzündungsreaktion. Die Augen schwellen rasch zu. Hinzu kommen Ringen nach Luft, Hustenreiz und Würgereiz sowie Atemnot. Die Haut kann Rötungen und Schwellungen aufweisen. Auch die Psyche kann nachhaltig beeinträchtigt werden, da es zu Angst- und Beklemmungsgefühlen, Orientierungslosigkeit, Aggressionssteigerung und panischen Reaktionen kommen kann. Die Beschwerden können 45 Minuten dauern, bei Kontaktlinsenträgern auch länger. Wenn, wie vorgeschrieben, eine medizinische Erstversorgung erfolgt!

Dass gar keine Erstversorgung erfolgt, sehen die Vorschriften nicht vor. Vielmehr umfassen die Anordnungen für die Nachversorgung acht durchzuführende Maßnahmen. Selbst an die Möglichkeit eines lagebedingten Erstickungstods wird darin gedacht und die Lagerung in einer atmungserleichternden Position verlangt.

Wo war der Notarzt?

Der Einsatz von Pfefferspray gegen Kinder und erkennbar Schwangere ist laut Vorschrift grundsätzlich unzulässig. Dennoch wurde Pfefferspray massenhaft gegen Kinder (Teilnehmer der Schüler-Demo) eingesetzt – ohne jegliche strafrechtliche Verfolgung der Verantwortlichen. Außer in einer Notwehrsituation ist der Einsatz bei unter einem Meter Abstand respektive bei großen Sprühgeräten von zwei Metern ebenfalls grundsätzlich unzulässig, da sonst ein erhöhtes Verletzungsrisiko besteht. Auch dazu sprechen Fotos und Videos eine andere Sprache.

In zahlreichen Fällen der Anwendung von Pfefferspray ist nach dieser Vorschrift ein Rettungsdienst oder Notarzt erforderlich. Der Polizeiärztliche Dienst Baden-Württemberg hat dazu ein Merkblatt herausgebracht, das die Erste-Hilfe-Maßnahmen auflistet und insbesondere vorschreibt, dass Betroffene während der kritischen Zeit der ersten 45 Minuten zu überwachen seien. Ein weiteres Merkblatt für das Einsatztraining der hiesigen Polizei enthält detaillierte Hinweise, was der behandelnde Arzt zu beachten hat und welche Medikamente eingesetzt werden sollen. Dumm nur, wenn – wie am Schwarzen Donnerstag – vor Ort kein Arzt hinzugezogen wird und Ärzte, die von Verletzten aufgesucht werden, vom Merkblatt keine Kenntnis haben.

Wegen fehlender Rettungskräfte wurde nie ermittelt

Warum die Polizeiführung vor diesem Einsatz keine Rettungskräfte bestellt, ja diese noch nicht einmal in Alarmbereitschaft versetzt hatte, dafür aber über Stunden den Zugang zum Park auch für Sanitäter versperren ließ, war nie Gegenstand staatsanwaltschaftlicher Ermittlungen. Schließlich hatte der zuständige Oberstaatsanwalt Bernhard Häußler, der den Schwarzen Donnerstag über viele Stunden hinweg persönlich am Tatort und im ständigen Dialog mit der Polizeiführung verbracht hatte, dieser (und damit zugleich sich selbst auch) bereits im Dezember 2010 einen Persilschein ausgestellt. Öffentlich, per Zeitungsinterview mit den „Stuttgarter Nachrichten".

Wohl aber wurde – zu Dutzenden und wegen Körperverletzung im Amt – gegen Beamte ermittelt, die Pfefferspray nicht vorschriftsmäßig eingesetzt hatten. Das Ergebnis war stets das gleiche: Eine dreistellige Zahl von Verfahren gegen Polizisten musste eingestellt werden, weil die von Kopf bis Fuß vermummten und nicht gekennzeichneten Täter nicht identifiziert werden konnten. Mit einer einzigen Ausnahme: In dem Fall hatte ein Beamter aus nächster Nähe grundlos einer Frau ins Gesicht gesprüht. Auch der wäre nie identifiziert und verurteilt worden, hätten ihn nicht die eigenen Kollegen dafür angezeigt ...

Da blieb der Staatsanwaltschaft nichts anderes mehr übrig als – per Strafbefehl eine milde Geldstrafe zu beantragen. In anderen Fällen, in denen uniformierte Täter identifiziert werden konnten, gab sie sich alle Mühe, nicht anklagen zu müssen. Zum Beispiel der Fall Tom Adler: Zusammen mit anderen Demonstranten hatte der Stuttgarter Linke-Stadtrat im Schlossgarten auf dem Boden gesessen, als ein Polizist mit seinem Sprühgerät aus nächster Nähe einen Strahl Pfefferspray unmittelbar über die Köpfe der Gruppe abgab. Dabei wurde Adler am Auge verletzt. Die Situation ist fotografisch beeindruckend festgehalten auf der Titelseite des Buches „Mit Kanonen auf Spatzen" (von Loeper Literaturverlag) zum ersten U-Ausschuss des Landtags. Adler war außerdem von Polizisten gepackt und eine Böschung hinuntergestoßen worden.

Pfefferspray sogar aus Sorge um die Demonstranten eingesetzt

Mit Verfügung vom Juni 2013, also nach immerhin 32-monatiger Ermittlungsdauer, stellte die Staatsanwaltschaft ihr Verfahren gegen zwei Beamte der Böblinger Bereitschaftspolizei ein. Auf acht Seiten legte sie dar, warum der Einsatz von Pfefferspray nicht nur allgemein, sondern auch insbesondere gegen Adler rechtmäßig gewesen sei. Das Pfefferspray sei „nach sorgfältiger Prüfung der Verhältnismäßigkeit als Mittel eingesetzt worden, um die Demonstranten zum Verlassen des Platzes zu bewegen". Der Einsatz von Pfefferspray „mit einer vorübergehenden Gesundheitsbeeinträchtigung" sei weniger einschneidend als eine Freiheitsentziehung (Gewahrsamnahme). Da weder „große Jugend noch hohes Alter" und auch „keine rauschmittelbedingte eingeschränkte Zurechnungsfähigkeit der Demonstranten" vorgelegen habe, sei der Einsatz verhältnismäßig. Allerdings wurde auf die Frage der offensichtlichen Unterschreitung des vorgeschriebenen Mindestabstands und die damit verbundene erhöhte Verletzungsgefahr nicht eingegangen.

Interessant auch die weitere Begründung: Nach der Einschätzung des Beschuldigten habe für die auf dem Boden sitzenden Demonstranten die Gefahr bestanden, von den nachfolgenden Reihen überrannt zu werden.

Vorsorglich zum Opfer gemacht? Fürsorglich geblendet?

Da muss man schon der „politischen" Abteilung 1 der Staatsanwaltschaft Stuttgart angehören, um derartigen Zynismus auf Behördenpapier zu tippen. Und abschließend: Die Beamten, die Adler gepackt und eine Böschung hinuntergestoßen hatten, hätten leider nicht ermittelt werden können.

Ähnlich hanebüchen und im Zweifel stets zugunsten beschuldigter Polizisten argumentierten die Juristen aus Deutschlands fünftgrößter Anklagebehörde immer auch dann, wenn Beamte den Schlagstock eingesetzt hatten. Unvergesslich jene Bilder vom Schwarzen Donnerstag, als ein kahlköpfiger Böblinger Bereitschaftspolizist („Prügelglatze") wie ein Berserker durch den Park tobte und wahllos auf alles eindrosch, was ihm im Weg war. Unvergessen, dass die Staatsanwaltschaft Stuttgart – und nach ihr die übergeordnete Generalstaatsanwaltschaft – in alledem nur Notwehrhandlungen des schlägernden Truppführers erkennen konnten.

Demonstranten wurden mitunter unnachgiebig verfolgt

Nicht nur, dass die Ankläger in diesem Fall wesentlich schneller gearbeitet hatten, denn bereits am 28. Juni 2011 stellte Staatsanwalt Stefan Biehl (der jetzt im Wasserwerfer-Prozess die Anklage vertritt) das Verfahren ein. Aggressionen waren nach Biehls Recherchen nämlich nicht von dem Oberkommissar ausgegangen, sondern von den Demonstranten. Unglaublich, wiewohl typisch, dass dieselbe Staatsanwaltschaft später den Träger eines Ansteckers unnachgiebig und durch mehrere Instanzen verfolgte, der das Konterfei des glatzköpfigen Gladiators zeigte und die Aufschrift „Gewalt liebende brutale Schlägercops verurteilen und ab in den Knast" trug.

Pech hatte auch Jan H., der ohne Vorwarnung und grundlos von einem Polizeibeamten abseits des zu räumenden Weges einen wuchtigen Hieb mit dem Schlagstock auf den Kopf erhalten hatte. Dies führte zu einer stark blutenden Wunde, die später im Krankenhaus genäht werden musste. Zwei Polizisten zogen den Verletzten zum Weg, warfen ihn vor dem im Einsatz befindlichen Wasserwerfer auf den Boden und überließen ihn seinem Schicksal. Oberstaatsanwalt Häußler stellte am 18. April 2012 das Verfahren gegen unbekannt ein, da der (die) Täter nicht hätte(n) ermittelt werden können.

Vernehmungen weiterer Polizeibeamter der in Frage kommenden Einheiten erfolgten nicht, da „diese entweder sich selbst belasten müssten, die Tat zum Nachteil des Anzeigeerstatters begangen zu haben, oder im Falle, dass sie den Übergriff eines Polizeibeamten beobachteten und in der Folge nichts unternahmen, der Strafvereitelung im Amt verdächtig wären". Stets ein beliebtes Argument, unterbliebene Ermittlungen zu rechtfertigen.

Auch in Sachen Schlagstockeinsatz gibt es genau eine Ausnahme von der Regel. In dem Fall hatte ein Hauptmeister der Bereitschaftspolizei Göppingen bereits um 10.49 Uhr am Schwarzen Donnerstag, ganze neun Minuten nachdem er überhaupt erst im Park eingetroffen war, seinen Schlagstock mehrfach gegen einen Passanten eingesetzt, von dem er sich bedroht fühlte. Der Mann, ein Anwalt, der mit Aktentasche unterm Arm vom nahe gelegenen Amtsgericht kam, erstattete Anzeige – Monate nach dem Vorfall und erst, nachdem er erfahren hatte, dass es Videos gab, die den Vorgang belegten.

Auch da konnte die Staatsanwaltschaft dem Polizisten nicht mehr helfen, hatte es aber immerhin versucht: Doch vom Amtsgericht wurde der Beamte zu einer höheren Strafe verurteilt, als die Anklage gefordert hatte ...

Erschienen am 13. August 2014; Kontext:Wochenzeitung Ausgabe 176

ONLINE-KOMMENTARE

 # 13.08.2014, 13:14 G.H., Stuttgart: Wir, damals 53 und 63 Jahre alt, waren am 30.9. im Schlossgarten. Vieles, was hier berichtet wird, haben wir genauso erlebt und empfunden. Auch wir haben deshalb am 1.10.2010 Anzeige erstattet (Pfefferspray aus nächster Nähe, Wasserwerfer). Am 7.12.2012 wurde das Ermittlungsverfahren gegen Polizeibeamte wegen Körperverletzung eingestellt ("die Polizeibeamten...konnten nicht identifiziert werden").

 # 15.08.2014, 12:44 Louisiana: Ich war damals im Herbst 2010 bei fast allen Demonstrationen gegen S21 dabei. Ich habe von Demonstranten damals mehrfach den Ruf "Kinderschläger" gehört. Niemals dagegen – ich betone: nicht ein einziges Mal (!) habe ich "Kinderschänder" gehört. Ich habe diese Geschichte damals für absolut konstruiert gehalten – ich will jetzt hier nicht das böse Wort "Lüge" verwenden. Meiner Meinung nach ging es rein darum, die Demonstranten möglichst irgendwie zu kriminalisieren und ihnen von Seiten Polizei mit Hilfe Staatsanwaltschaft möglichst eine reinzuwürgen als Vergeltung für die schlechte Presse nach dem Schwarzen Donnerstag.

Wenn die Täter ermitteln

Warum waren am Schwarzen Donnerstag keine Rettungskräfte im Park?
Weil die Polizei angeblich einen „nicht komplizierten Einsatz" erwartet
hatte. Diese mehr als merkwürdige Begründung des ehemaligen Stuttgarter
Polizeipräsidenten Siegfried Stumpf hat ausgereicht, dass Ermittlungen
wegen unterlassener Hilfeleistung gar nicht erst aufgenommen wurden.
Entschuldigt hat sich bei den Opfern bis heute niemand.
Dafür werden noch immer die Verletztenzahlen runtergerechnet.

Stuttgart im (Spät-)Sommer 2010: Der Spaltpilz S 21 greift flächen-deckend um sich, teilt die Bürgerschaft in Befürworter und Gegner, keiner kommt dem Thema mehr aus. Ein halbes Jahr nach dem offizi-ellen Baustart, bei dem freilich nur symbolisch an einem Abstellgleis ein Prellbock versetzt wurde, wächst vor allem der Protest. Allwöchent-lich montags gehen mehr Menschen auf die Straße, weil immer klarer wird, dass der geplante Tiefbahnhof in Wahrheit keinen ver-kehrlichen Gewinn abwerfen wird, die dadurch möglich werdenden Immobiliengeschäfte aber Milliarden.

Der Protest bleibt friedlich – auch, als Ende August der Nordflü-gel des eigentlich unter Denkmalschutz stehenden Bahnhofs abgeris-sen wird, als Wink mit dem Zaunpfahl der Macht, ohne dass dafür eine bauliche Notwendigkeit besteht. Immer neue Formen des Wider-stands entwickeln sich, neben Gebäuden werden auch Bäume besetzt, neben herkömmlichen Sitzblockaden wird der Schlossgarten von einem Zeltdorf in Beschlag genommen. Innerhalb weniger Wochen tragen sich auf dem Internet-Portal „parkschuetzer.de" 28 000 Men-schen ein und bekunden auf einer vierstufigen Skala öffentlich, in welcher Intensitäts-Stufe sie sich gegen das Fällen der Bäume im Schlossgarten zur Wehr setzen werden. Am 10. September bildet sich eine Menschenkette um den Landtag. Die Veranstalter zählen 69 000 Teilnehmer, die Polizei schätzt 35 000.

Derweil gießt die Regierung Öl ins Feuer. Der erst seit einem hal-ben Jahr im Amt befindliche Ministerpäsident Stefan Mappus (CDU), der schlechte Umfragewerte hat, aber die Landtagswahl im März 2011 vor sich, macht den Streit zu seinem Wahlkampf-Schlager: Er nimmt „den Fehdehandschuh auf" und sieht am 26. September in einem „Focus"-Interview „Berufsdemonstranten" am Werk. Und die Bahn als Bauherrin spielt mit und pocht auf ihr Baurecht. Sobald als möglich, ab dem Ende der Vegetationsperiode am 30. September, will sie anfangen im Schlossgarten. Und abholzen. Auch das ohne bauliche Notwendigkeit zu diesem Zeitpunkt und ohne Genehmigung des Eisenbahnbundesamts.

Einschub: (Bis heute, bald vier Jahre danach, ist das Gelände Brachland.
Von 26 geplanten Baugruben nebeneinander ist eine einzige geöffnet.
Darin fanden sich prompt seltene alemannische und römische Siedlungs-
reste. Mit weiteren solchen Funden ist in allen Gruben, die quer durch die
engste Stelle des Talkessel verlaufen, zu rechnen. Eine offizielle Beiziehung
der Archäologen ist aber – selbst nach wertvollen Funden schon in
der ersten Grube – nicht vorgesehen. Im Gegenteil: Die Altertumsforscher
mussten sich ihren Zutritt zur Baustelle bei der Bahn erbetteln!)

Stumpf will es sogar besonders recht machen

Jedermann in der Stadt ist in diesen Spätsommertagen 2010 klar:
Wenn im Schlossgarten, einem der schönsten innerstädtischen Parks
Deutschlands, der erste dieser mehr als 200 Jahre alten Baumgiganten
fällt, dann werden die Emotionen überschwappen.

Jedem ist das klar, nur dem Polizeipräsidenten nicht?
Siegfried Stumpf, 59 damals, kommt aus der Schutzpolizei und ist ein
in vielen Großeinsätzen bewährter Einsatzleiter. Aber er ist auch ein
strammer Parteigänger der CDU und hat ihr viel zu verdanken:
Als Mensch ohne Abitur und als erster Nicht-Jurist hat er es auf den
Präsidentenstuhl der Stuttgarter Polizei geschafft. Dem Druck, den
Mappus macht, der bis zu seiner Regierungserklärung am 7. Oktober
den Schlossgarten geräumt sehen will, beugt sich Stumpf und will
es – entgegen der Empfehlung des Landespolizeipräsidenten – dann
auch noch besonders recht machen: Am 30. September will er den
Park räumen, also zum erstbesten Termin, damit ab 0 Uhr am
1. Oktober Bäume gefällt werden können.

So wird es auch kommen. Aber zu welchem Preis?
Stumpf setzt den Beginn des Einsatzes auf 15 Uhr an. Er weiß, dass
der Park bei schönem Wetter in dieser Jahreszeit von Passanten und
Müßiggängern gut besucht sein wird. Er weiß, dass die Parkschützer
Alarmierungsketten gebildet haben und in der Lage sind, über SMS,
Twitter und das Internet innerhalb kurzer Zeit Hunderte von Demon-
stranten auf die Beine zu bringen. Und er weiß, dass sich voraussicht-

lich eine vierstellige Zahl von Kindern und Jugendlichen um diese Zeit im Park befinden werden, die sich andernorts ab 10 Uhr zu einer Schüler-Demo gegen S 21 versammeln und von 12 bis 17 Uhr eine – angemeldete – Abschlusskundgebung im Park abhalten wollen.

Trotzdem wird Stumpf, der den Einsatz auch auf 4 Uhr morgens hätte terminieren können, hinterher behaupten, man habe „nicht mit einem komplizierten Einsatz rechnen müssen". Schließlich sei es ja nur darum gegangen, „eine Baustelle zu sichern".

Kurzfristige Vorverlegung, um „Überraschungsmoment" zu schaffen

Weil der 15-Uhr-Termin aus den eigenen Reihen kolportiert wird und schon am 29. September durchs Internet geistert, schmeißt Stumpf am späten Nachmittag dieses Tages den Plan nochmals um. Und verlegt den Einsatzbeginn vor auf 10 Uhr am nächsten Morgen, um der Polizei „durch das Überraschungsmoment Vorteil zu verschaffen". Damit dieser Plan geheim bleibt, weiht er nicht alle in seinem eigenen Führungsstab ein. Das Chaos dieses Abends und des frühen Morgens am 30.9. haben die beiden im Prozess angeklagten Einsatzabschnittsleiter Jürgen von M-B. und Andreas F. vor Gericht eindrücklich beschrieben.

Diese Aussagen Stumpfs, die er so auch vor dem ersten Untersuchungsausschuss des Landtags tätigte, sind nur als Schutzbehauptungen begreiflich. Und nur vor dem Hintergrund, dass der erfahrene Einsatzleiter – warum auch immer – versäumt hatte, Rettungskräfte zu bestellen oder diese auch nur vorzuwarnen. Nur die Hilfskrücke „kein komplizierter Einsatz" bringt ihn da aus der Verantwortung. Bis heute, denn zu CDU-Zeiten hat keiner nach den Verletzten des Schwarzen Donnerstags gefragt. Und in gut drei Jahren Grün-Rot auch niemand.

Verletzte gibt es aber schnell am Vormittag des 30.9, kaum dass die ersten Polizisten im Park eingetroffen sind. Überwiegend später als die Teilnehmer der Schüler-Demo, die auf ihren Handys gegen halb elf den Parkschützer-Alarm empfangen und sich stante pede auf den kurzen Weg in den Park machen. Der Alarm ist ausgelöst worden, weil Anwohner und Autofahrer gemeldet haben, dass sich aus allen Himmelsrichtungen Polizeikolonnen auf Stuttgart zubewegen. Und bei der Polizei geht schief, was nur schiefgehen kann: Der Sprechfunk funktioniert nicht, reichlich „Kräfte", vor allem die aus anderen Bundesländern, sind nicht zur Zeit vor Ort, weil sie im Berufsverkehr stecken bleiben, zu spät losgefahren sind oder mangels Ortskenntnis und falschen Kartenmaterials den Schlossgarten nicht finden. (!)

Die viel zu wenigen, die den Park räumen sollen, lassen dafür von Anfang an nicht mit sich spaßen. Ein Stoßtrupp der Böblinger Bereitschaftspolizei in Zivil, der den Auftrag hat, Bäume, die gefällt werden sollen, vor dem Besteigen durch Demonstranten zu schützen, rempelt Passanten an, provoziert Jugendliche. Der Trupp wird schnell „enttarnt und muss sich zurückziehen" (wörtlich der Angeklagte Jürgen von M-B.). Um 10.49 Uhr setzt ohne Not ein Hauptmeister der Bereitschaftspolizei Göppingen erstmals an diesem Tag den Schlagstock ein. Aber es hilft alles nichts: Die Polizei kriegt nichts auf die Reihe, der Techniktross ist von blockierenden Schülern gestoppt, der Einsatz kann nicht mehr gelingen.

Oder eben nur noch mit Gewalt.

Anstatt abzubrechen, wählt Stumpf die harte Tour

Um 11.53 Uhr bittet Andreas F. telefonisch bei der Einsatzleitung um die Freigabe von „unmittelbarem Zwang". Von da an nimmt die Polizei bewusst Verletzte in Kauf. Spätestens da hätten Rettungskräfte alarmiert werden müssen. Denn Siegfried Stumpf, der den Einsatz an dieser Stelle auch hätte abbrechen können, entscheidet sich für die harte Tour. Er ist in diesen Minuten auf dem Weg zu einer Pressekonferenz und will dort keine Pleite verkünden müssen. Später wird er aussagen, es habe keine Alternative gegeben, weil „der Einsatz zu einem späteren Zeitpunkt noch schwieriger geworden wäre".

Ein „nicht komplizierter Einsatz" „noch schwieriger"? Nach dem Widerspruch ist Stumpf nie gefragt worden, schon gar nicht von der Staatsanwaltschaft.

Wohlgemerkt: Am Schwarzen Donnerstag ist die Katastrophe von Duisburg, wo es bei der „Loveparade" wegen „fehlgeleiteter Besucherströme" zu Panikreaktionen kam mit der Folge von 21 Toten und 541 Verletzten, gerade mal zwei Monate her. Und das Schlachtfeld im Schlossgarten, in dem jetzt (mit Wasser) scharf geschossen wird, ist auf zwei Seiten von sechsspurigen Hauptverkehrsstraßen begrenzt. Trotzdem ist von da an – für die Polizei – alles erlaubt: Wasserstöße mit Maximaldruck von 16 bar reihenweise auch gegen Menschen, die bewusst abseits des Geschehens stehen, massenhaft wird Pfefferspray versprüht, wird der Schlagstock geschwungen. Vorschriften spielen keine Rolle mehr.

Und Verletzte auch nicht. Um 12.39 Uhr fragt die DRK-Leitzentrale von sich aus beim Polizeiführer vom Dienst an, ob Bedarf besteht. Um die Zeit übertragen mehrere Live-Cams aus dem Schlossgarten weltweit ins Internet, was dort los ist. Um 12.52 Uhr rückt das Rote Kreuz auf eigene Initiative hin aus, kommt aber gar nicht mehr durch bis in die Gefahrenzone, schlägt weitab vom Schuss ein Basislager auf – und versorgt dort im weiteren Verlauf 130 Verletzte, die es bis dorthin schaffen. Es werden die einzigen offiziell Verletzten des Schwarzen Donnerstag bleiben. (Abgesehen von 34 Polizisten, die ebenfalls verletzt worden sein sollen.)

An der Front versorgen derweil Freiwillige in einem nahe beim Biergarten eingerichteten Behelfs-Lazarett die Verletzten. Zu den „Demo-Sanitätern" stoßen im Verlauf des Tages Ärzte und Krankenschwestern, die teils zufällig im Park zugange sind, andernteils sich nach dem Parkschützer-Alarm oder aufgrund der Nachrichtenlage in Radio und Fernsehen hin auf den Weg zum Tatort gemacht haben. Bis zum späten Abend werden hier insgesamt 367 Personen behandelt, darunter

- 320 Patienten, die unter Augen-, Haut- und Schleimhautreizungen durch von der Polizei eingesetztes Pfefferspray litten;
- 32 Patienten mit Prellungen aller Art, verursacht durch Faust- und Knüppelschläge der Polizei;

- 12 Patienten mit Kopfplatzwunden, verursacht zumeist durch Knüppelschläge der Polizei;
- zwei Patienten mit Rippenbrüchen, verursacht durch den Wasserstrahl eines Wasserwerfers,
- ein Patient mit einer schweren Augenverletzung, deren Ursache unbekannt ist, da dieser Patient direkt an den öffentlichen Rettungsdienst übergeben wurde.

Mag sein, dass einige davon anschließend noch vom DRK behandelt werden. Andererseits gibt es viele, sogar Kopfverletzte, die jetzt im Prozess als Zeugen aussagen, die weder das eine noch das andere in Anspruch nehmen, sondern auf eigenen Beinen den Park verlassen, wo auch immer nach medizinischer Hilfe suchen und in keiner Statistik auftauchen.

Dass Rettungskräfte nicht bereitgehalten werden, ist das eine, dass ihnen Hilfe auch noch untersagt wird, das andere. Folgender Vorgang, der aus Funkprotokollen hervorgeht, die uns exklusiv vorliegen, belegt das eindrucksvoll:

Gegen 16 Uhr geht ein älterer Herr, der auf einer Wiese links von den vorrückenden Wasserwerfern steht, plötzlich auffällig in die Knie, bricht dann zusammen. Um 16.02 Uhr fordert ein Polizist aus Hessen deswegen den Notarzt an: Verdacht auf Herzinfarkt. Um 16.11 Uhr, nachdem nichts passiert ist, neuerlich die Anforderung: dringendst Notarztwagen! 16.13 Uhr treffen Feuerwehr-Sanitäter ein, ziehen sich aber sogleich wieder zurück. 16.18 Uhr, der Polizist ist mit dem Kranken wieder allein, neuerlich dringend die Bitte um einen Notarzt. Antwort: Das DRK dürfe nun mal nicht in den Gefahrenbereich. 16.21 Uhr: Funkspruch, nach Mitteilung des Führungsstabs sei der Notarzt unterwegs, verbunden mit der Klage „Alle weigern sich zu helfen!". 16.28 und 16.30 Uhr weitere Hilferufe des Polizisten nach einem Notarzt. Dann trifft tatsächlich ein Rettungswagen ein, ohne Notarzt. Um 16.37 Uhr wird der Mann schließlich abtransportiert.

Was aus ihm wird, ist bis heute unklar. Gerüchte, er sei im Krankenhaus verstorben, können nie verifiziert werden.

Für die Staatsanwaltschaft war die Versorgung gewährleistet

Wegen dieses Vorfalls erstattet der Mitverfasser Dieter Reicherter Tage später gegen die Verantwortlichen des Polizeipräsidiums Stuttgart und des Rettungsdiensts Stuttgart Anzeige wegen unterlassener Hilfeleistung. Oberstaatsanwalt Bernhard Häußler, damals Leiter der „politischen" Abteilung 1 der Staatsanwaltschaft Stuttgart, lehnt am 28.3.2011 die Aufnahme von Ermittlungen ab, weil kein Tatverdacht bestehe. Dies begründet er auch damit, dass wegen des Einsatzes eines Wasserwerfers im betreffenden Bereich der Notarzt nicht an den Ort habe gelangen können und sich die Sanitäter deswegen zurückgezogen hätten.

Zynischer geht's nicht.
Denn Anlass, wegen der dringend notwendigen Behandlung des Zusammengebrochenen, der in unmittelbarer Nähe liegt, die Wasserwerfer-Einsätze zumindest vorübergehend einzustellen, sieht niemand,

auch Häußler nicht, der fast den ganzen Tag bei der Einsatzleitung verbringt und das Geschehen zeitweise vom „Feldherrnhügel" aus beobachtet. Im Gegenteil, um 16.13 und um 16.22 Uhr werden zwei Menschen mit jeweils 16 bar am Kopf getroffen und erheblich verletzt. Trotzdem vertritt Häußler später die Auffassung, „dass weder die Einwirkung von Wasser noch von Pfeffer ohne Hinzutreten weiterer Umstände schwere Verletzungen i.S. von § 38 Abs. 1 StVO verursacht und deshalb Fahrten von Rettungsfahrzeugen unter Inanspruchnahme von Wegerecht mit dessen Anzeige durch blaues Blinklicht und Einsatzhorn nicht zulässig wären".

Und schlimmer noch: Durch das eigenmächtige Ausrücken des DRK um 12.52 Uhr „war ... die medizinische Versorgung verletzter Personen ausreichend organisiert und allgemein gewährleistet", behauptet der Staatsanwalt in einer seiner zahllosen Einstellungsverfügungen zu Anzeigen gegen Verantwortliche des Polizeieinsatzes.

Bis heutigen tags beten lokale wie überregionale Medien die „offiziellen" Zahlen des DRK und der Polizei nach und verfälschen mit der Formel 130:34 wissentlich die Tatsachen, zumal da umgekehrt die Polizei nie aufgeschlüsselt hat, wann, wobei, wodurch und wie schwer jene 34 Beamte verletzt worden sein sollen und von wem sie denn versorgt worden sind.

In der Verfügung der Staatsanwaltschaft Stuttgart vom 15. Dezember 2011, gegen Stumpf und andere kein Ermittlungsverfahren einzuleiten, heißt es dazu passend: „Die von den sog. ‚Demosanitätern' veröffentlichten Zahlen von über 400 verletzten Demonstranten konnten durch die Polizei nicht verifiziert werden."

Demnach sind auch neun von zehn bisher im Prozess gehörte Zeugen gar nicht verletzt worden am Schwarzen Donnerstag, auch Dietrich Wagner nicht. Denn der fast blind geschossene Mann, dessen Foto um die Welt ging, wurde auch nicht vom Roten Kreuz versorgt.

So ist das eben, wenn die Täter ermitteln.

Erschienen am 20. August 2014; Kontext:Wochenzeitung Ausgabe 177

ONLINE-KOMMENTARE

20.08.2014, 07:03 **FernDerHeimat:** Wieder ein sehr guter Artikel zu diesem Trauerspiel! Weiter so! Wäre nur auf STZ/STN ein solcher Artikel zu lesen – allein das darauf folgende Geschrei der „Üblichen Verdächtigen" aus Politik, Exekutive, Justiz und Verwaltung (inklusive der typischen dümmlich-beleidigenden Kommentare der Bezahltrolle auf den Webseiten) wäre einem schon – ausnahmsweise – den Kaufpreis einer Printausgabe wert!) Da dies aber wohl nie der Fall sein wird, freut man sich stattdessen schon auf die nächste Ausgabe der Kontext:Wochenzeitung.

20.08.2014, 13:30 **G. Hayduke:** Danke für diesen Artikel! Was passiert ist, muss ans Licht kommen. Auch ich war vormittags im Park und habe den Ziviltrupp gesehen. „Enttarnt" ist extrem übertrieben formuliert, denn diese fiesen Bürschchen verhielten sich so auffällig-unauffällig, dass das gar nicht nötig war. Ihre Verkleidung als „Demonstranten" war sehr lustig – gar nicht lustig war aber, dass einer von ihnen, als jemand sie fragte, was sie denn dort täten, ihm sofort ansatzlos mit dem blitzschnell aus der Tasche gezogenen Knüppel brutal auf die Brust schlug und sie dann sofort gemeinsam einen Kampfkreis bildeten und alle Umstehenden bedrohten. Es war offenslichtlich, dass sie sich über ihre „Enttarnung" sehr ärgerten und auf dem Rückzug wenigstens noch etwas Angst verbreiten wollten.

20.08.2014, 16:49 **Peter Boettel:** So ist das eben, wenn die Täter ermitteln. Und so war es auch in der Weimarer Republik oder auch später...

Den Freuden-stab drücken

und — schweigen

Der Steuerknüppel einer Wasserwerfer-Kanone heißt tatsächlich „Joystick". Um ihn möglichst effektiv zu bedienen, braucht es ein Händchen „mit viel Gefühl". Und noch eine Eigenschaft müssen Polizisten offenbar mitbringen, die den „Freudenstab" bedienen dürfen: Sie müssen schweigen können. Realsatiren aus dem Wasser-werfer-Prozess am Landgericht.

Georg Sch., 51, Polizeihauptkommissar bei der Bundespolizei in Sankt Augustin bei Bonn, hat fast sein ganzes Berufsleben lang mit Wasserwerfern zu tun gehabt, hat selber welche kommandiert, hat an ihrer Weiterentwicklung mitgearbeitet, aber auch an den Dienstvorschriften über die zu gewährleistende Verhältnismäßigkeit beim Einsatz.

Im Wasserwerfer-Prozess ist Sch. als Gutachter einbestellt und darf zunächst mal über Funktionsweise und Funktionen in der Kabine der bis zu 26 Tonnen schweren Fahrzeuge referieren. Fast anderthalb Stunden, ohne Punkt und Komma, redet Sch. wie ein Wasserfall. Und spricht vom „Joystick" und davon, dass jüngere Kollegen ein besseres Gefühl im Händchen haben, weil sie schon aufgewachsen sind mit solchen Sachen.

Die Spielekonsole als Berufsfindungs-Maßnahme; gewissermaßen.

Für die Zuhörer im Gerichtssaal, für die am Schwarzen Donnerstag von Wasserstößen verletzten Nebenkläger erst recht, ist das mal wieder schwer verdauliche Kost. Aber immerhin redet da endlich mal ein Polizist frei von der Leber weg und gibt sich dabei redlich Mühe, immer auch darauf hinzuweisen, dass Wasserwerfer gefährliche Geräte sind und ihr Einsatz von Vorschriften streng reglementiert wird.

Die sind allerdings von Bundesland zu Bundesland verschieden. In Baden-Württemberg ist mehr erlaubt als andernorts. Zum Beispiel auch das Mitführen von Reizgas. Sechs 20-Liter-Behälter dürfen an Bord sein. Zwei 20-Liter-Kanister „Spülmittel" müssen in dem Fall auch mitgeführt werden, um hinterher die Rohre wieder sauber zu kriegen.

Fragen gerade auch dazu hätte das Gericht, lieber als dem Gutachter, sicher jenen Beamten der Biberacher Wasserwerfer-Staffel gestellt, die am 30.9.2010 den Einsatz im Schlossgarten fuhren. Doch die wollen die Antworten schuldig bleiben: Acht von ihnen waren für diesen Verhandlungstag als Zeugen einbestellt, sieben hatten schon vor der Sommerpause beantragt, nicht aussagen zu müssen, der achte hat dieser Tage nachgezogen. Allerdings lehnte das Gericht dessen Antrag ab.

Verdacht auf Reizgas-Zusatz

Laut Gutachter Georg Sch. ist Reizgas in Deutschland zwar „seit 30 Jahren nicht mehr" eingesetzt worden, dennoch waren die Wasserwerfer am Schwarzen Donnerstag damit ausgerüstet. Und der Biberacher Staffelführer sah auch die Lage als gegeben an und beantragte bei der Einsatzleitung den Reizgas-Zusatz. Die beiden angeklagten Einsatzabschnittsleiter Andreas F. und Jürgen von M-B. haben vor Gericht bereits ausgesagt, sie hätten die Genehmigung ausdrücklich nicht erteilt. Dies entspricht auch der offiziellen Darstellung, die Chemikalie sei zwar mitgeführt worden, die Verpackungen seien aber hinterher unversehrt gewesen. Dennoch gibt es Zweifel. Zeugenaussagen und Videos, die im Prozess gezeigt wurden, nähren diese.

Wie nahezu alle Verletzten, die bisher ausführlich als Zeugen vernommen wurden, berichtet beispielsweise Alexander S. von kollektiven Hustenanfällen nach dem Einsatz von Wasserregen. Außerdem sei ihm übel geworden. Dass viele Menschen, die anfangs ja nur mit Wasser „benetzt" wurden, heftig husten mussten, ist auf Polizei-Videos im Gerichtssaal immer wieder zu sehen. Außerdem sind bei uns in den vergangenen Wochen neue Hinweise und Aussagen von Betroffenen eingegangen, die vielleicht noch eine Rolle spielen werden. Beispielhaft (auch in manch anderer Hinsicht) ein Auszug aus dem Schreiben von Petra H., die wie ihr Mann Christoph auch zu den bislang behördlich nicht erfassten Personen gehört, die am Kopf getroffen wurden:

„Als die Durchsage der Polizeilautsprecher uns aufforderte, die Straße freizumachen, kam ich dieser Aufforderung nach und stellte mich in einiger Entfernung auf die Wiese. Als ich nach meinem Mann schaute, traf mich ein wahnsinnig starker Strahl Wasser mitten ins Gesicht, so dass ich zurück taumelte. Ich war so erschrocken und wusste erst nicht, was mir da geschehen war; ich stand doch in der Wiese und war der Aufforderung nachgekommen! Meine Brille war weg. Ich fand sie dann völlig verbogen in der Wiese. Ich musste husten und stellte dann fest, dass die Menschen neben und hinter mir genauso husten mussten. Da wurde mir klar, dass sich im Wasser

Reizgas befunden hatte. Daher auch das Brennen meiner Augen. Ich bekam Angst und ging bis zum Biergarten zurück. Die Aufforderungen der Polizei, die Straße zu verlassen, gingen weiter, worauf mich jedoch der Strahl des Wassers immer noch am Rücken und am Hinterkopf traf. Der Wasserstrahl wurde also weiterhin gezielt auch auf die Menschen gerichtet, die die Straße verlassen hatten."

Notarzt erhebt schwere Vorwürfe

Auch Dr. med Markus D. hat sich bei uns gemeldet. Der Arbeitsmediziner ist für den Rettungsdienst ausgebildet und war einige Jahre als Notarzt tätig. Als er am 30.9.2010 gegen 14 Uhr im Internet den Aufruf las, dass im Schlossgarten dringend medizinische Hilfe benötigt werde, machte er sich mit seiner Notfallausrüstung auf den Weg. Ab etwa 14.30 Uhr behandelte er zunächst auf der Wiese „hinter der Linie" Verletzte, bis er selbst – obwohl an seiner Notarztjacke deutlich als Helfer erkennbar – unter Beschuss des Wasserwerfers geriet und seine Hilfeleistung in das Behelfs-Lazarett beim Biergarten verlegte.

In seiner ausführlichen Schilderung, die uns vorliegt, erhebt Markus D. schwere Vorwürfe, weil keine notfallmedizinische Versorgung organisiert war, und äußert die Vermutung, bei schneller und professioneller Hilfe hätten Verletzungsfolgen geringer ausfallen können, insbesondere bei schweren Augenverletzungen. D. ist überzeugt, dem Wasser der Wasserwerfer sei CS-Gas beigemischt worden. Auch hierzu verfüge er über frühere Erfahrungen. Als er selbst getroffen wurde, roch er Tränengas, verspürte ein brennendes Gefühl im Mund- und Rachenbereich und hatte tränende Augen.

Bei der Behandlung Verletzter konnte er zwei Gruppen deutlich unterscheiden: Opfer von Pfefferspray mit starker Reizwirkung im Bereich der Augen, die ohne Betäubung der Hornhaut kaum zu öffnen waren, dazu starke Rötungen im Bereich der getroffenen Hautpartien um Augen, Lider und Wangen. Hingegen seien bei CS-Gas-Beimischungen viele Verletzte gleichzeitig zur Behandlung gekommen mit Augenreizungen und Reizungen der Atemwege, jedoch ohne Hautrötungen im Augenbereich.

Der erste Untersuchungsausschuss fragte nicht nach

Dem Vorwurf, dass zumindest zeitweise Reizgas dem Wasser beigemischt gewesen sein könnte, wurde nie gründlich nachgegangen, obwohl er schon früh erhoben wurde. Zum Beispiel von Volker Lösch im ersten Untersuchungsausschuss des Landtags. Der Regisseur am Stuttgarter Staatsschauspiel, der als einer der wenigen Augenzeugen des Schwarzen Donnerstags im Ausschuss zu Wort kam, hatte ausführlich von ähnlichen Beobachtungen wie weiter oben beschrieben berichtet. Dies gab aber keinerlei Veranlassung zu Nachfragen.

Mitglieder der konservativen Ausschussmehrheit hatten stattdessen mit Volker Lösch wichtigere Fragen zu klären. Zum Beispiel entspann sich mit der CDU-Abgeordneten Nicole Razavi folgender Dialog, nachdem Lösch berichtet hatte, seine 14-jährige Tochter habe an der Schüler-Demo teilgenommen:

Razavi: Da frage ich mich: Was tut Ihre 14-jährige Tochter tagsüber im Park? Ist man mit 14 eigentlich nicht schulpflichtig?

Lösch: Das wissen Sie doch, was sie da getan hat. Es ist - -

Razavi: Ich stelle die Frage nur in den Raum. Ein 14-jähriges Mädchen und schulpflichtig ist - -

Lösch: Wahrscheinlich wären Sie als 14-Jährige nur hingegangen, wenn Ihnen das jemand gesagt hätte. Meine Tochter ist - -

Razavi: Nein, ich wäre als 14-Jährige gar nicht hingegangen, weil ich war damals, genauso wie Ihre Tochter, schulpflichtig. Deswegen wäre ich in der Schule gewesen. Andernfalls hätten mir meine Eltern etwas erzählt.

Lösch: Das haben Sie ja schon so dargelegt, dass Sie autoritär aufgewachsen sind.

Razavi: Aber ich habe Sie etwas gefragt - - Ich bin nicht autoritär aufgewachsen, sondern ich bin als guter Staatsbürger erzogen worden. Lassen wir mal die Fragestellung."

Kein Wunder, dass auch folgender Vorhalt des heutigen Kultusminis-
ters Andreas Stoch (SPD) während der Zeugenvernehmung des Polizeipräsidenten Stumpf ohne Konsequenzen in der Aufklärung blieb: „Es
gibt einen Punkt, an dem wurde Reizgas eingesetzt, und an dem wurde
Wasserwerfer unmittelbar gegen Personen eingesetzt. Es gibt Zitate
aus dem Funk. Beispiel: ‚Die schießen wir aus dem Baum.'
Das sind für mich Punkte, wo ich für mich nach meiner rechtlichen
Wertung nicht mehr die Deckung durch das, was Sie als Rechtsgrund-
lage im Polizeigesetz genannt haben, sehe."

Dazu im Wortprotokoll die aufschlussreiche (?) Antwort des Zeugen
Stumpf: „Dann die Frage Zitat aus dem Funk. Da wird noch darzulegen
sein, ob diese Funkaussage aus der Position derer, die diesen Funkspruch gemacht haben, überhaupt zu sehen war. Möglicherweise muss
man derer, ist man hier ohnehin im Ermittlungsverfahren – ich hab's
vorhin erwähnt – gegen die Wasserwerfer, und jetzt wird dann die
Frage sein: Was ergibt das Ermittlungsverfahren? War es so oder war
es nicht so, was aus der Position derer gekommen ist, die jetzt hier die
Funkdurchsage gemacht haben?"

Asthmakranke und Kontaktlinsenträger in großer Gefahr

Die Gesundheitsgefahren als Folge unterbliebener Notfallversorgung,
auf die Dr. Markus D. hinweist, werden – soweit es sich um den Einsatz von Pfefferspray handelt – durch die uns vorliegenden polizeilichen
Handhabungs-Hinweise bestätigt. Auf einige wurde bereits im Kapitel
„Fürsorglich geblendet" eingegangen. Am gefährlichsten sind Treffer
mit Pfefferspray jedoch für Kontaktlinsenträger. Bei denen besteht
die Gefahr, dass sie ihre Kontaktlinsen nicht mehr entfernen können.
Dann kann es zu einer irreversiblen Schädigung des Auges kommen.
Deshalb ist sofortiges Handeln erforderlich.

Auch in zahlreichen anderen Fällen der Anwendung von Pfefferspray ist nach der polizeilichen Vorschrift ein Rettungsdienst oder Notarzt erforderlich, zum Beispiel bei starker Atemnot sowie bei Asthma-
tikern und Allergikern, Kindern, Schwangeren, Alten, Betrunkenen,

unter Rauschgifteinwirkung Stehenden. Laut einer Internetveröffentlichung der „Lungenärzte im Netz" sind bis zu 30 Prozent der Bevölkerung asthmakrank. Das hieße, dass im Schlossgarten möglicherweise cirka 1000 Asthmatiker der Gefahr ausgesetzt waren, Pfefferspray – das auch in der Luft war – abzubekommen, und zwingend hätten medizinisch betreut werden müssen.

Chilisauce und Volksmusik

Der Volksmusikstar Stefan Mross lieferte erst kürzlich mit seinem spektakulären Zusammenbruch in seiner TV-Show ein Beispiel für die Gefahr eines Allergie-Schocks, nachdem er mehrere Chilisaucen getestet hatte. Dazu berichtete der SWR unter dem Titel „Brandanschlag auf den Gaumen", das in Chili enthaltene Capsaicin sei dafür verantwortlich, dass der Körper wie auf eine schwere Verbrennung reagiere. Die Schärfe werde in der Einheit Scoville gemessen. Peperoni wiesen 500, Tabasco 8500 und Polizei-Pfefferspray 5 000 000 Scoville auf. Als Folgen seien Kreislaufschocks, akuter Bluthochdruck und selbst Herzinfarkte beobachtet worden.

Gut für ihn, dass Stefan Mross kein Konzert im Schlossgarten gab.

Erschienen am 27. August 2014; Kontext:Wochenzeitung Ausgabe 178

ONLINE-KOMMENTARE

31.08.2014, 15:33 **hajomueller:** In Rheinland-Pfalz wird derzeit über die Kennzeichnungspflicht von Polizeibeamten diskutiert. Im SWR wird darüber berichtet. All die, die sich über diese Kennzeichnungspflicht erregen, u.a. die Polizeigewerkschaft und die CDU, sollten diese Berichte über den Schwarzen Donnerstag lesen. Für mich haben Polizei, Justiz und Parteien keinen Vertrauensvorschuss mehr.

31.08.2014, 16:48 **Hilde Glave:** Zwei Tage lang hatte ich Augenreizungen und gerötete Augen. Nur durch ständiges Auswaschen mit klarem Wasser wurde es dann besser. Wer von der Polizei behauptet, dass kein Reizgas in den Wasserwerfer-Tanks war, lügt oder leidet an kollektiver Amnesie. Ich vermute eher kollektive Schweigepflicht. Für alle, die an diesem Schwarzen Donnerstag durch den Polizeieinsatz verletzt wurden, ist dieser Prozess eine weitere Demütigung.

02.09.2014, 10:05 **Peter Illert:** Im Vergleich mit Wasserwerfer-Einsätzen an der Frankfurter Startbahn West (CN-Gas-Beimischung) und Wackersdorf (CS-Gas-Beimischung) hatte ich am 30.9.2010 den Eindruck, dass dem Wasser kein Reizstoff beigemischt war. Allerdings hatte das Wasser einen merkwürdigen Geruch, den ich mir nicht erklären konnte. So, als ob irgendwelche Beimischungen oder auch Rückstände im Tank gewesen wären. Mich wundert eigentlich bis heute, warum kein CS- oder CN-Gas beigemischt wurde. Das Zeug hat allerdings ein Verfallsdatum. Das Tränengas wurde meist bei sogenanntem Sprühregen benutzt, um eine Menschenmenge zu vertreiben. Bei gezieltem Einsatz gegen Personen oder Gruppen, wie im Schlossgarten geschehen, kommt es eher durch die Stärke des Wasserstrahls zur „Wirkung" – die schlimmen Folgen haben wir erlebt.

Die guten Tipps vom

Staatsanwalt Biehl

Bei der Wasserwerfer-Staffel der Bereitschaftspolizei Biberach muss immer gespart werden. An der Technik, am Personal, vor allem aber an Aus- und Fortbildung. Ein Glück dass, falls mal was schief geht – wie am Schwarzen Donnerstag in Stuttgart –, wenigstens die Rechtsberatung nichts kostet: Die leistet dann gratis die ermittelnde Staatsanwaltschaft Stuttgart; Tipps für künftige Einsätze inklusive.

Oliver H., 44, Polizeihauptkommissar bei der Bereitschaftspolizei
Biberach, ist nicht leicht zu verstehen im Saal 18 des Stuttgarter
Landgerichts: Der Mann spricht den strengen Dialekt seiner ober-
schwäbischen Heimat, vor allem aber redet er schnell und viel und –
den ganzen lieben langen Tag lang. Dabei hatte er gar nicht gewollt.
Doch die Strafkammer hat seinem Antrag, die Aussage verweigern
zu dürfen, nicht stattgegeben.

Oliver H. war am 30. September 2010, am Schwarzen Donnerstag,
der Staffelführer der vier im Stuttgarter Schlossgarten eingesetzten
Wasserwerfer, durch deren Wasserstöße neun Personen am Kopf
verletzt worden sind. Darum geht es in diesem Verfahren, nur darum.
Weil sie das nicht verhindert haben, sitzen die beiden Einsatzab-
schnittsleiter Andreas F. und Jürgen von M-B. auf der Anklagebank.
Weil es auch Oliver H. als Staffelführer nicht verhindert hat, hat das
Amtsgericht Stuttgart gegen ihn einen Strafbefehl erlassen: sieben
Monate Freiheitsstrafe auf Bewährung und 6000 Euro Geldauflage.
Hätte er diesen Strafbefehl nicht akzeptiert, säße er jetzt neben den
beiden Angeklagten.

So aber ist Oliver H. rechtskräftig verurteilt und kann sich durch
seine Zeugenaussage nicht selbst belasten, da er in derselben Sache
nicht nochmals angeklagt werden kann. De jure ist das so. De facto
ist das allerdings etwas anders: Was der Zeuge Oliver H. am bisher
längsten Prozesstag so alles aussagt, belastet vielleicht weniger ihn
selbst, einige andere dafür ganz erheblich. Sein Bericht über Planung,
Organisation und Ablauf des Einsatzes am Schwarzen Donnerstag ist,
einmal mehr in diesem Verfahren, eine Innensicht aus dem Auge des
Chaos.

Kein Geld da für die Ausbildung am Wasserwerfer

Da sind zum ersten die Zustände, die da in Biberach herrschen. Nein,
den Fortbildungslehrgang zum Staffelführer bei der Bundespolizei
hat Oliver H. nicht belegen dürfen, das war zu teuer. Nein, nicht alle
16 in den Wasserwerfern eingesetzten Beamten hatten die notwendige

Ausbildung dafür. Nein, Übungseinsätze wurden nicht im vorgeschriebenen monatlichen Rhythmus abgehalten. Nein, die Mann-
schaften vom Schwarzen Donnerstag waren keine eingespielten Teams,
sondern zusammengewürfelt nach dem, was der stets schmale
Dienstplan eben hergab. Nein, es gab keinen einzigen Ersatzmann
mehr, nachdem aus Stuttgart plötzlich vier anstatt nur zwei Wasserwerfer angefordert worden waren.

Ja, es muss gespart werden bei der Bereitschaftspolizei Biberach.
Ja, ein Kollege hat am Tag vor dem Einsatz remonstriert mit Hinweis
darauf, er sei ungenügend ausgebildet. Ja, die Einweisung dieses
Kollegen für den Job als Strahlrohrführer bestand darin, auf Medizinbälle zu schießen. Ja, der Kollege hat an dem Einsatz im Schlossgarten
dann doch teilgenommen. (Nach uns vorliegenden Informationen
übrigens deshalb, weil ihm ein Vorgesetzter bedeutet hat, die Weisung
komme „von ganz oben".)

Da sind zum zweiten all die Umstände vor dem Einsatz. Bei einer
Einsatzbesprechung am 28.9. in Stuttgart will H. darauf hingewiesen
haben, dass für sein Gefühl „zu wenig Kräfte vorgesehen" sind.
Seine Bedenken werden „weggewischt". Sie werden aber umso stärker,
als er spät am 29. erfährt, dass der Einsatz um fünf Stunden von 15
auf 10 Uhr vormittags vorverlegt wird. Oliver H. hängt sich ans Telefon,
informiert seine Kollegen. Da ist ihm schon klar: „Das kann nicht
reichen." Schließlich sind die tonnenschweren, voll betankten
Fahrzeuge keine Sportwagen und sie haben nicht nur die 150 Kilometer nach Stuttgart vor sich, sondern außerdem den Umweg in die
Polizeikaserne in Böblingen, wo sich die Wasserwerfer dem Polizei-
tross anschließen.

Prompt kommen sie zu spät und der Staffelführer H. kriegt von
der abschließenden Einsatzbesprechung „nur die letzten zehn Minuten
mit" und erfährt dabei „nichts Neues". Auch nichts von einer Schüler-
Demo, die zeitgleich stattfinden wird. Dass es vor allem Kinder
und Jugendliche sind, die sich später seinem Trupp in den Weg stellen
werden, hat sich ihm bis heute nicht erschlossen.

Keine Möglichkeit,
per Funk zu kommunizieren

So geht es, zum dritten, im Schlossgarten dann weiter. Keine Sprech-
funkkanäle sind bereitgestellt, um mit der Einsatzleitung zu kommu-
nizieren. In den Wasserwerfern funktionieren die uralten Kommuni-
kationsanlagen nicht; sie wurden nie erneuert – auch wieder aus
Geldmangel. Oliver H. wird so zum reitenden Boten, als Demonstranten die Straße blockieren, der Konvoi schnell steckenbleibt. Er hetzt
hin zur Einsatzleitung und her zu seinen Männern und wieder hin
zum „Feldherrnhügel", und umso öfter als sich dann – früh und uner-
wartet – auch noch der Auftrag ganz grundsätzlich ändert: Eigentlich
nur vorgesehen, um ab den Abendstunden das längst mit Gittern
gesicherte zukünftige Baufeld zusätzlich zu sichern, sollen die Wasserwerfer jetzt den Weg frei schießen, um überhaupt dorthin zu gelangen.
Und sie haben keinerlei Ausweichroute: In der Wiese würden die
Wasserwerfer versinken, sie müssen auf asphaltierten Wegen bleiben.
Es gibt aber nur einen.

Jetzt bewahrheiten sich auch die Bedenken des Staffelführers.
Viel zu wenig „Kräfte" sind da, um das Vorwärtskommen der Fahrzeuge zu sichern. Laut Vorschrift müssen Wasserwerfer im Einsatz an
beiden Seiten von jeweils acht Polizisten geschützt sein, denn der
Fahrer in der Kanzel kann aus seiner Position gar nicht sehen, was
unmittelbar hinter, neben und vor allem vor dem Fahrzeug passiert.
Als ein Demonstrant zunächst unbemerkt unter einen der Wasserwerfer klettert und dort liegen bleibt, zieht Oliver H. die Notbremse:
„Wir fahren keinen Meter mehr weiter!", teilt er der Einsatzleitung
mit. Erst danach wird der Geleitschutz gestellt.

Das ist am Schwarzen Donnerstag nur einer von vielen Verstößen
gegen die Polizeidienstvorschrift 122, die den Einsatz von Wasserwerfern eigentlich sehr streng reglementiert. Die Biberacher Staffel mit
ihrer Aushilftruppe wird an dem Tag noch gegen einige mehr verstoßen und auch nach dem Einsatz geht, zum vierten, wenig mit rechten
Dingen zu: Weder wurden von der Staffel die vorgeschriebenen Ein-
satzprotokolle und -tagebücher gefertigt, noch hat je in Biberach eine

inhaltliche Nachbereitung dieses Einsatzes stattgefunden. Dafür ist man sich dort seit Jahren über die Schuldfrage einig. Man rede immer mal wieder darüber, sagt der Zeuge Oliver H. vor Gericht, und dann sei das allen klar, weil es doch 53 Lautsprecher-Durchsagen gab. Die Leute hätten „doch bloß aus dem Weg gehen müssen".

Kein Wasser da: nachtanken unmöglich

Zunächst aber, am frühen Nachmittag des Schwarzen Donnerstag, ist Oliver H. auch eines ganz schnell klar, nämlich dass er schon wieder mal sparen muss. Jetzt mit Wasser. Denn so wenig der Stuttgarter Polizeipräsident Siegfried Stumpf als Planer und Leiter des Einsatzes im Vorfeld daran gedacht hat, Rettungskräfte in Alarmbereitschaft zu setzen, so wenig ist es ihm eingefallen, der Feuerwehr Bescheid zu sagen. Keine Tankwagen stehen bereit, Wasser-Nachschub ist also nicht.

So viel weiß freilich PHK Oliver H. auch ohne Fortbildungskurs bei der Bundespolizei: Macht er jetzt nur – wie angeblich von der Einsatzleitung lediglich freigegeben – Wasserregen als „mildeste" der drei Möglichkeiten, die er hat, dann sitzt er schneller auf dem Trockenen als ein Schwimmer in der Sahara: Wasserregen macht den 9000-Liter-Tank eines Wasserwerfers in weniger als fünf Minuten leer. Kaum zu fassen, aber wahr für denjenigen, der den Zeugen Oliver H. für glaubhaft hält: Nur um das wenige in den Tanks vorhandene Wasser zu sparen, sei auf die härtere Gangart umgestellt worden. Denn Wasserstöße mit 16 bar Druck verbrauchen weniger Wasser. Egal ob Medizinbälle das Ziel sind oder Menschen.

Ermittlungsansätze also zuhauf, allein aufgrund dieser Aussage, für eine Staatsanwaltschaft, die einen völlig misslungenen Polizeieinsatz aufklären soll? Möchte man meinen. Wer das meint, kennt aber die Staatsanwaltschaft Stuttgart schlecht.

Deren „politische Abteilung" unter Leitung von Oberstaatsanwalt Bernhard Häußler hat im Vorfeld, während des Einsatzes im Park und danach den Polizeiführer Siegfried Stumpf begleitet und beraten.

Ermittlungen gegen Autoren

„Verbotene Mitteilungen"

Der seit zwölf Wochen laufende Wasserwerfer-Prozess in Stuttgart zeigt exemplarisch die Grundsatzfragen in der Beziehung zwischen Behörden-apparat und Bevölkerung auf. Was tun die einen, was unterlassen sie lieber, wem gehorchen sie? Und was hat das noch mit den Interessen der anderen zu tun, die das mit ihren Steuergeldern finanzieren?

Im Stuttgarter Prozess kommt ans Tageslicht, mit jedem Verhand-lungstag mehr, wie befehlshörig die Polizei agiert, wie politikhörig die Staatsanwaltschaft ermittelt. Einem Stefan Mappus, den die CDU längst auf dem Müllhaufen der Parteigeschichte entsorgt hat, wird Jahre da-nach Sitzungstag für Sitzungstag Gefolgschaft geleistet: Alles war rechtmäßig, keiner der Großkopfeten hat Schuld, und wie viele verletzt worden sind, bestimmen wir auch noch!

Das geht durch unter Grün-Rot. Das geht auch durch in den Medien. Die zeigen kaum Präsenz im Gerichtssaal. Aber wenn mal was passiert, dann als ob es einen Boulevard gäbe in Stuttgart: Vergangene Woche, nach der Zeugenaussage des Führers der Wasserwerfer-Staffel, titelten „Stuttgarter Zeitung" und „Stuttgarter Nachrichten" – genauso wie „BILD" – dass es auch Tote hätte geben können am Schwarzen Donnerstag. Hätte es geben können. Hätte man aber seit demnächst vier Jahren schon drüber schreiben können.

Kontext:Wochenzeitung berichtet ausführlich, kontinuierlich und mit vielen exklusiven Informationen, die wir in jahrelanger Recherche zu-sammengetragen haben. Das sehen nicht alle gern. Die Staatsanwalt-schaft Stuttgart hat jetzt ein Ermittlungsverfahren eröffnet gegen die beiden Autoren Jürgen Bartle und Dieter Reicherter wegen „Verbotener Mitteilungen über Gerichtsverhandlungen". Anzeige hatte Dr. Olaf Hohmann erstattet, einer der Verteidiger im Wasserwerfer-Prozess.

Jene Erste Staatsanwältin aus der „politischen" Abteilung 1, die 2011 die Ermittlungen zum Schwarzen Donnerstag vorschnell eingestellt hatte, erkannte diesmal sofort den Anfangsverdacht und beauftragte die Kriminalpolizei mit den Ermittlungen. Die beiden Beschuldigten sehen dem Fortgang der Sache allerdings gelassen entgegen.

Und Justizminister Rainer Stickelberger (SPD) schaut dem Treiben dieser Staatsanwaltschaft seit bald dreieinhalb Jahren nicht nur zu, sondern heißt es immer, wenn gerade Bedarf ist, auch noch öffentlich gut.

Erschienen am 3. September 2014; Kontext:Wochenzeitung Ausgabe 179

Und sie hat ihn bereits im Dezember 2010 öffentlich von aller Schuld
freigesprochen: Keinen Hinweis darauf gebe es, dass an dem Polizeieinsatz irgendetwas unrechtmäßig gewesen sei, verlautbarte die Staatsanwaltschaft damals. Das sollte auch so bleiben. Bis sich die Behörde
genau ein Jahr später dann doch gezwungen sah, Ermittlungen
aufzunehmen.

Derweil erweckt der Staffelführer Oliver H. bei aller Gesprächig-
keit mit seiner Aussage wenig Vertrauen, weil er sich, wann immer
es wichtig wird, nicht mehr erinnern kann. Vor allem nicht an die
für das Verfahren entscheidenden Fragen: Wer die Freigabe erteilt hat,
von wem er über den neuen Auftrag erfuhr und so weiter? Das weiß
er alles nicht mehr, kann sich nicht erinnern, zu lang her.
Oliver H.: Ein 40jähriger Polizeihauptkommissar damals und ein
Einsatz, wie er ihn vorher und nachher nie erlebt hat. Ein Einsatz,
an dessen Details sich Tausende Stuttgarter bis heute zweifelsfrei
erinnern, vor allem in schlaflosen Nächten. Die bisherigen Aussagen
von Verletzten in diesem Verfahren haben das eindrucksvoll belegt.
Die haben nichts vergessen.

Keine Ermittlungen durch die „Anklagebehörde"

Oliver H. gibt das Paradebeispiel ab für das vielfach kritisierte Aussageverhalten von Polizisten in Strafprozessen, wenn die Beschuldigten
Kollegen sind. Aber einmal warm gelaufen und weil er halt nun
schon mal redet, und das seit Stunden, legt er doch noch – bestimmt
nicht mit Absicht – ein ganz faules Ei in das Nest Neckarstraße 145.
Daran kann er sich nämlich wiederum gut erinnern: Wie der Herr
Staatsanwalt Biehl die Wasserwerfer-Staffel in Biberach persönlich
besucht hat, den beschuldigten Beamten die Vorwürfe ausführlich
erklärt und einigen geraten hat, sich vielleicht besser Anwälte zu
nehmen.

Und noch eins hat er in petto, der Zeuge: Hätten sie nämlich dem
Wasser Reizgas zugesetzt, habe Biehl sie belehrt, würden sie jetzt gar
nicht als Beschuldigte geführt. Denn das wäre „rechtmäßig gewesen"

und hätte „weniger Verletzte" gefordert. Seither, sagt Oliver H.,
nehmen sie in Biberach ABC-Masken mit auf ihre Einsätze für den Fall,
dass sie Reizgas einsetzen dürfen. Und damit sie selbst davor geschützt
sind.

In dem Moment, zwei Meter rechts vom Zeugenstuhl, kriegt
einer Krämpfe. Ganz ohne Reizgas. Der Mann heißt Stefan Biehl, ist
Mitglied der „politischen Abteilung" 1 der Staatsanwaltschaft Stuttgart,
hat 16 Monate gebraucht, um die Anklageschrift für diesen Prozess zu
verfassen, und ist der Sitzungsvertreter der Anklagebehörde in diesem
Verfahren.

Erschienen am 3. September 2014; Kontext:Wochenzeitung Ausgabe 179

ONLINE-KOMMENTARE

04.09.2014,18:21 **Andreas W.:** Ich habe mir die Leserbriefe und den Artikel
in Ruhe durchgelesen. Was mir besonders auffiel, ist diese Passage.
„Und noch eins hat er in petto, der Zeuge: Hätten sie nämlich dem Wasser
Reizgas zugesetzt, habe Biehl sie belehrt, würden sie jetzt gar nicht
als Beschuldigte geführt. Denn das wäre „rechtmäßig gewesen" und hätte
„weniger Verletzte" gefordert." Ich frage mich da doch, ob neben dem
abgewählten MappusKabinett, der CDU und der FDP auch die Staatsanwaltschaft Stuttgart zu den Scharfmachern des Schwarzen Donners-
tages gehörte?

05.09.2014, 09:59 **SK:** Eine Schande das beklagte mangelnde Interesse
der lokalen Stuttgarter Blätter StZ und StN am Prozess und dessen
Merkwürdigkeiten. Das Fußballportal „FuPa" und Stimmungsmache in
Sachen Ukraine sind dort wichtiger – wo man auch ansonsten den Stiefel
der Rechtsabteilung der Deutschen Bahn AG noch im Nacken zu spüren
scheint wenn immer noch von „angeblichem" Rostwasser die Rede ist.
Umso willkommener und wichtiger die minutiösen Berichte und Aufzeichnungen der Herren Bartle und Reicherter.

Im Augen-schein des Feldherrn-hügels

Der Wasserwerfer-Prozess hält immer mal wieder Überraschungen parat. Verhandlungstag Nummer 15 bot bisher die meisten.

Obwohl, es beginnt wie nicht anders erwartet: Martin H., 52, stellvertretender Leiter der Biberacher Wasserwerfer-Staffel, wird als Zeuge
bereits nach zehn Minuten wieder entlassen; er macht von seinem
Recht Gebrauch, keine Angaben zu machen, um sich nicht selbst zu
belasten. Alles weitere aber macht Staunen. Es folgt eine Video-
vorführung. Die Strafkammer hat einiges an Material ausgewertet.
Nicht etwa, um zu belegen, was die beiden Angeklagten im Verlauf
des Polizeieinsatzes im Schlossgarten unternommen, wo sie sich aufgehalten haben und was sie sehen konnten. Nein, im Mittelpunkt
stehen zwei Verletzte, die schon vor der Sommerpause ausgesagt
haben. Nun wird minutiös analysiert, was sie vor den Volltreffern des
Wasserwerfers getrieben haben.

Karin U. hat sich, lange bevor sie erheblich verletzt wurde, einmal für zwei Minuten auf den Weg gesetzt und dann der Aufforderung
von Polizisten Folge geleistet, aufzustehen und wegzugehen. Genau
wie sie ausgesagt hatte. Um sie herum saßen einige andere Menschen,
Hunderte andere standen dabei. Blockiert wurde dabei niemand und
nichts. Die Menschen waren einfach da. Kein Beleg für eine strafbare
Nötigung, schon gar nicht wegen der geringen Dauer des Sitzens.

Aber vielleicht für die Einstellung, die man im Saal fast greifen
kann: Wer nicht weggegangen war, habe selbst Schuld an seinen Verletzungen?

Am Tatort: Richterin Haußmann ...

Danach regt die Verteidigung an, andere Videosequenzen vorzuführen. Zu welchem Zweck wird nicht klar. Zudem stimmen die Nummerierungen der polizeilichen Aufzeichnungen in verschiedenen Zusammenschnitten nicht überein, Verwirrung vorprogrammiert. Grund genug für einen Nebenklägervertreter, der Anregung entgegen zu treten und eine Begründung für den Wunsch der Verteidigung zu verlangen. Das führt zwar zu einem Geplänkel zwischen Vorsitzender, Verteidigern und Anwälten der Nebenkläger, nicht aber zu einer Klärung, ob eine Vorführung der Wahrheitsfindung dient.

Denn der Vorsitzenden fällt ein, dass man die nötige Stunde zur Videoschau gar nicht habe. Um 15 Uhr solle nämlich eine Ortsbesichtigung im Schlossgarten stattfinden, Treffpunkt Feldherrenhügel. Und die Zeit bis dahin brauche man zur Vorbereitung. Um 10.15 Uhr ist die Strafkammer entschwunden.

Flatterband und Nervenflattern

Große Verblüffung im Saal, da dem geplanten Ortstermin bis dahin keinerlei Ankündigung vorausgegangen war. Die zahlreichen Zuschauer im Saal wissen nichts über den Ablauf eines „Augenscheins", wie das in der Gerichtssprache heißt. Von Rechtskundigen werden sie aufgeklärt, dass ein Augenschein ebenso wie die Verhandlung im Saal öffentlich ist und sie daher im Schlossgarten teilnehmen können.

... Angeklagte von M-B. und F.

Rasend schnell verbreitet sich die Nachricht über Telefon, Internet, Facebook und Twitter.

Um 15 Uhr hat sich eine stattliche Menge von Zuschauern neben den Prozessbeteiligten, die von Polizei und Gerichtswachmeistern abgeschirmt werden, am Feldherrenhügel eingefunden. Fahnen werden geschwenkt, Plakate aufgehängt, Transparente gezeigt, Fotoapparate und Handys gezückt. Auch ein Fernsehteam ist erschienen. Die Prozessbeteiligten machen sich Punkt 15 Uhr an den Aufstieg auf den Hügel. Wachtmeister bilden unterhalb eine Absperrkette mit Flatterband, hinter dem sich die Zuschauer aufhalten dürfen. Das Band passt gut zu den Angeklagten, deren Nerven ersichtlich auch flattern. Die Kette bewegt sich synchron mit dem Gericht aufwärts, die Zuschauer hinter dem Band auch.

Zu Recht weist die Vorsitzende darauf hin, dass es sich um eine Gerichtsverhandlung handele und deshalb Fotografieren und Filmen verboten sei. Viel zu sehen ist ohnehin nicht. Selbst der Feldherrenhügel ist nicht mehr das, was er am Schwarzen Donnerstag einmal war, erst recht nicht der Schlossgarten, jetzt in unmittelbarer Nähe des Ortstermins nur noch Brache. Dennoch, dass man vom Hügel aus einen guten Überblick über das Geschehen im Park hatte, wird deutlich. Nach kurzer Zeit ist der Termin auch schon zu Ende, Fortsetzung folgt, dann wieder im Saal.

Objektive Ermittlungen Fehlanzeige?

Im Augenschein des Feldherrenhügels und vor allem des Videomaterials der Polizei hätte man von Anfang an Erkenntnisse für die Ermittlungen ziehen können. Schon unmittelbar nach dem misslungenen Polizeieinsatz gab es jede Menge Hinweise, dass manches nicht rechtmäßig gewesen sein könnte. Mit Hunderten von Strafanzeigen wurden das Geschehen insgesamt und die Verantwortung der Polizeiführung und der Politiker thematisiert.

Unbefangene Beobachter könnten nun meinen, diese und andere von Anfang an bekannte Umstände hätten die Staatsanwaltschaft zu Ermittlungen in alle Richtungen veranlassen müssen. Dazu ist sie nach Recht und Gesetz als „Organ der Rechtspflege" verpflichtet. So bestimmt Paragraph 160 der Strafprozessordnung: „Sobald die Staatsanwaltschaft durch eine Anzeige oder auf anderem Wege von dem Verdacht einer Straftat Kenntnis erhält, hat sie zu ihrer Entschließung darüber, ob die öffentliche Klage zu erheben ist, den Sachverhalt zu erforschen."

So weit, so schlecht. Denn die Staatsanwaltschaft Stuttgart hat – im Gegensatz zu vielen Anzeigeerstattern – keinen Verdacht einer Straftat entdeckt und also (von zwei Einzelfällen abgesehen) gar nicht ermittelt.

Oberstaatsanwalt Bernhard Häußler war es, der – selbst Augenzeuge des Einsatzes, den er dienstlich begleitete – am 4. Oktober 2010 sich persönlich als Sachbearbeiter ein Verfahren gegen Verantwortliche des Polizeipräsidiums Stuttgart wegen Körperverletzung im Amt zugeteilt hatte. Am selben Tag beauftragte er den Polizeipräsidenten, also just den Hauptbeschuldigten, mit der Durchführung der Ermittlungen.

Genau genommen sollte also Polizeipräsident Stumpf, verantwortlicher Polizeiführer am Schwarzen Donnerstag, prüfen, ob er selbst sich strafbar gemacht hatte. Sorgen deswegen musste Stumpf sich jedoch schon deswegen nicht machen, weil Chefermittler Häußler kurz nach diesem Ermittlungsauftrag bereits öffentlich in einem Zeitungsinterview verkündete, alles sei rechtmäßig verlaufen. Allerdings hatte Häußler beim Einsatz den Polizeiführer Stumpf und dessen Führungsstab begleitet, dabei nach der Version des Angeklagten Andreas F. sogar Stumpf beraten.

Staatsanwaltschaft als Herrin der Ermittlungen

Weit verbreitet ist die Meinung, die Staatsanwaltschaft habe eine Ermittlungsgruppe aus Polizeibeamten unter ihrer direkten Leitung installiert, um eine Einflussnahme der Polizeiführung auf ihre ermittelnden Untergebenen zu verhindern. Doch weit gefehlt: Stumpf war es, der das ihm unterstellte Dezernat 3.5 mit den Ermittlungen beauftragte (später als „EG Park" bekannt geworden). Immerhin verabredete Häußler mit dem stellvertretenden Polizeipräsidenten Walz, der selbst wegen seiner Beteiligung am Schwarzen Donnerstag in den Fokus geraten war, er werde mit dem Dezernatsleiter Dorer in regelmäßigem Kontakt stehen.

Als Konsequenz aus dem erwähnten Interview des Oberstaatsanwalts richteten Mitglieder der Landtagsfraktion der Grünen am 13. Dezember 2010 eine Anfrage an die Landesregierung und forderten, die Ermittlungen zu dem Polizeieinsatz einer anderen Staatsanwaltschaft zu übertragen. Diese Forderung wurde vom damaligen Justizminister Ulrich Goll (FDP) bereits am 7. Januar 2011 unter Hinweis auf eine Entscheidung des Stuttgarter Generalstaatsanwalts Klaus Pflieger vom 22.12.2010 abgelehnt. Pflieger hatte beschlossen, dass von der Beauftragung einer anderen Staatsanwaltschaft abgesehen werde. Zur Begründung hatte er ausgeführt: „Anhaltspunkte dafür, dass die Staatsanwaltschaft Stuttgart die entsprechenden Ermittlungen nicht objektiv und sachgerecht führen könnte, bestehen nicht."

Beschuldigte als Powerpointer

Im Nachhinein ist man schlauer: Ebenfalls am 22. Dezember 2010 forderte Häußler jenen Powerpoint-Vortrag als Grundlage für seine Ermittlungen an, den Stumpf und die jetzigen beiden Angeklagten gemeinsam vor dem Untersuchungsausschuss des Landtags gehalten und hierbei den Polizeieinsatz als rechtmäßig dargestellt hatten.

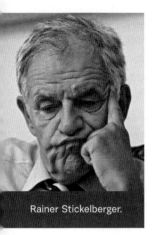

Rainer Stickelberger.

Objektiver und sachgerechter hätte die Staatsanwaltschaft also die Ermittlungen gar nicht führen können. Genau so objektiv und sachgerecht wie die Mehrheit im damaligen U-Ausschuss, deren späteres Votum Häußler zur Begründung seiner Einstellungsverfügungen heranziehen sollte.

Allerdings sahen das zwei Juristen anders: Mit Schreiben vom 25. September 2011 regte Dieter Reicherter, Mitverfasser dieses Buches, bei Justizminister Rainer Stickelberger (SPD) ebenfalls an, eine auswärtige Staatsanwaltschaft mit den Ermittlungen zu beauftragen. Stickelberger leitete das Schreiben an Generalstaatsanwalt Pflieger weiter, der darin eine Dienstaufsichtsbeschwerde sah und dem Verfasser am 31. Oktober 2011 mitteilte, zur Ablösung der Stuttgarter Staatsanwaltschaft sehe er keine Veranlassung.

Nicht besser erging es dem Freiburger Rechtsanwalt Frank-Ulrich Mann, der am 29. September 2011 namens eines Mandanten bei Stickelberger einen förmlichen Antrag auf Beauftragung einer anderen Staatsanwaltschaft gestellt hatte. Dieser Antrag wurde von Stickelberger am 15.11.2011 mit derselben Begründung förmlich zurück gewiesen.

Sicher ist es nur Zufall, dass die Staatsanwaltschaft Stuttgart nur einen Tag zuvor offiziell mitgeteilt hatte, sie habe nun doch Anhaltspunkte für unverhältnismäßige Wasserwerfer-Einsätze entdeckt und Ermittlungen gegen einzelne Polizeibeamte eingeleitet. Diese Ermittlungen führten dann zur Beantragung von Strafbefehlen gegen einzelne Mitglieder der Wasserwerfer-Staffel und zur Anklageerhebung beim Landgericht Stuttgart gegen Jürgen von M-B. und Andreas F.

Mit der Bekanntgabe, gegen einzelne Polizeibeamte werde wegen der Wasserwerfer-Einsätze ermittelt, war der Weg frei zum Persilschein für alles und alle anderen. Immerhin beurteilte nicht Häußler, der in die Kritik geraten war, sondern seine Untergebene Hiltrud H. die Rechtmäßigkeit des Polizeieinsatzes insgesamt. In ihrer Verfügung vom 15. Dezember 2011 fand die Erste Staatsanwältin nichts Verdächtiges an Art und Weise der Einsatzplanung und Durchführung. Auch den

Einsatz der Maßnahmen unmittelbaren Zwangs fand sie völlig in Ordnung, weshalb sie von der Einleitung eines förmlichen Ermittlungsverfahrens gegen Ex-Polizeipräsident Siegfried Stumpf, Ex-Ministerpräsident Stefan Mappus, Ex-Innenminister Heribert Rech, Ex-Umwelt- und Verkehrsministerin Tanja Gönner, OB Wolfgang Schuster (inzwischen auch Ex), Bahnchef Rüdiger Grube (noch im Amt), Ex-Projektleiter Hany Azer und weitere Personen absah.

Mit dem Einsatz von Wasserwerfern befasste sich die Staatsanwältin nur insoweit, als sie ausführte, Stumpf sei von möglicherweise unverhältnismäßigen einzelnen Einsätzen nicht unterrichtet gewesen und dafür nicht verantwortlich. Gegen einzelne Polizeibeamte werde deswegen getrennt ermittelt.

Unter den Teppich gekehrt

Damit hatte die Staatsanwaltschaft die Problematik anderer Rechtsverstöße und anderer Verantwortlicher vom Hals. Das änderte sich erst durch den jetzigen Prozess beim Landgericht. Doch das jahrelange Nichtstun rächt sich nun. Zwar kommen im Prozess immer mehr Merkwürdigkeiten zutage und bringen die Konstruktion der Anklage ins Wanken. Nicht die Staatsanwaltschaft spielt aber vor der Strafkammer die aufklärende Rolle. Nein, das Gericht, die Angeklagten mit ihren Verteidigern, die gehörten Zeugen wie jetzt auch Staffelführer H., die Nebenklägervertreter und jüngst der Sachverständige für Wasserwerfer bringen allmählich Licht ins Dunkel.

Aufschlussreich sind auch die vielen Stunden Bildmaterial, auf denen Staatsanwaltschaft und Ermittlungsgruppe der Polizei noch nicht einmal den Polizeipräsidenten und den Oberstaatsanwalt in traulicher Gemeinschaft erkannt hatten. Gefilmt zu einer Uhrzeit, als sie angeblich nicht im Park waren und vom „robusten Einsatz" deswegen nichts mitbekommen konnten. Wie weit sich das Dunkel jetzt noch aufhellen lässt angesichts der Erinnerungslücken, auf die sich Zeugen und Beteiligte berufen, ist unsicher.

Der jüngst vernommene Staffelführer H. konnte sich weder erinnern, wer den Einsatzbefehl für die Wasserwerfer erteilt hatte, noch an dessen Einzelheiten. Er wusste noch nicht einmal, wer überhaupt für diese Anordnung zuständig war. In seiner Gedächtnisleistung – sollten die massiven Ausfälle nicht nur vorgegeben sein – darf er sich freilich messen lassen mit Stumpf, der sich neulich als Zeuge vor dem Untersuchungsausschuss des Landtags nicht mehr erinnern konnte, wer die Mitglieder seines Führungsstabs waren.

Auf das Erinnerungsvermögen derartiger Zeugen wird man aber bei nachzuholenden Ermittlungen bauen müssen. Immerhin, das Bildmaterial und die Aussagen der Angeklagten in der Hauptverhandlung haben dazu geführt, dass nach bald vier Jahren gegen Stumpf ein Verfahren wegen Körperverletzung im Amt eingeleitet wurde.

Erschienen am 10. September 2014; Kontext:Wochenzeitung Ausgabe 180

ONLINE-KOMMENTARE

10.09.2014, 08:16 CharlotteRath: Das Recht auf Aussageverweigerung, welches in den Verhandlungen immer wieder von Polizeibeamten in Anspruch genommen wird, ist ein hohes Gut (Art. 3 GG „Alle Menschen sind vor dem Gesetz gleich"). Aber: Die Polizei ist doch von Staats wegen dafür eingesetzt, für die Einhaltung von Gesetzen zu sorgen, an der Wahrheitsfindung mitzuwirken, Tatverdächtige einem Prozess zuzuführen. Im Vertrauen darauf, dass derartige Pflichten verantwortungsvoll wahrgenommen werden, beruht ja wohl auch der Anonymitätsschutz, den unsere Politiker den Polizisten unverändert einräumen, oder das Maß an Glaubwürdigkeit, welches Gerichte den Aussagen von Polizeibeamten im Vergleich zu den Aussagen ‚einfacher' Zeugen zubilligen.

10.09.2014 13:43 Benno Mehring: Und nun? Stehen unsere Organe der Rechtspflege – von der nunmehr der Rechtsbeugung vielfach überführten Staatsanwaltschaft über Ex-Generalstaatsanwalt Pflieger bis zu Justizminister Stickelberger – samt unseren Ordnungshütern sowie inklusive der damaligen politischen Nomenklatura splitternackt da. Oder wie die drei Affen: nix gesehen, nix gehört und falls sie doch was gesagt haben, dann die glatte Lüge. Wer mistet diesen Augiasstall aus?

Tausend Mann...

Könnte gut sein, dass der Wasserwerfer-Prozess länger dauern wird als angenommen. Und dass noch manches mehr über die Geschehnisse am Schwarzen Donnerstag ans Licht kommt, was unter der schützenden Hand der Stuttgarter Staatsanwaltschaft ungeahndet geblieben wäre. Schon wieder ist die Anklagebehörde zum Nacharbeiten gezwungen.

und
kein Befehl

Die Besatzung eines Wasserwerfers besteht aus fünf Mann, wovon in seltenen Fällen auch einer mal eine Frau ist: Tanja G., inzwischen 35 und Polizeiobermeisterin bei der Bereitschaftspolizei Biberach, war am 30.9.2010 die einzige Frau in der Männerwelt der Staffel aus Oberschwaben. Sie saß im Wasserwerfer Nummer 4 und hatte den Job des „Beobachters". Der muss, wie der Name sagt, beobachten, dokumentieren und bedient die Videokamera. Weil er keinen Zugriff hat auf die Wasser-Kanonen, hat die Staatsanwaltschaft Stuttgart – so wenig wie gegen die Fahrer der Fahrzeuge – gegen einen der vier eingesetzten Beobachter ermittelt. Jetzt sitzt Tanja G. im Zeugenstand vor dem Stuttgarter Landgericht und – erlebt ihr blaues Wunder.

Denn anders als neun ihrer an diesem Tag als Zeugen geladenen Kollegen, soll sie die Aussage nicht verweigern dürfen. Das beantragt der Staatsanwalt, obwohl die Kammer zuvor zwei anderen Beobachtern das Aussageverweigerungs-Recht bereits zugestanden hatte – und schießt ein Eigentor. Seiner Argumentation, wonach sich ein Beobachter, anders als die Männer an den Kanonen und ihre Kommandanten, unmöglich selbst belasten könne, gibt die Strafkammer wiederum nicht statt. Um dann, nicht zum ersten Mal in bisher 16 Prozesstagen, dem Ankläger eine volle Breitseite zu verpassen: Auch Beobachter trügen sehr wohl Verantwortung für erfolgte Treffer und dadurch entstandene Verletzungen, ließ das Gericht wissen, schließlich sei es gerade ihre Aufgabe, für die Beachtung der Vorschriften zu sorgen und gefährliche Handhabungen zu verhindern. Zu diesem Zweck hätten sie sogar Zugriff auf einen Not-Aus-Knopf, um das Wasser stoppen zu können.

Mehr noch: Das Gericht verliest penibel alle im Funkprotokoll festgehaltenen Kommentare von Beobachtern, die im Zusammenhang mit Wasserstößen geäußert wurden, die zu jenen Kopftreffern führten, um die es in diesem Verfahren geht. Da wird allen klar: Diese Beobachter haben auf keine Vorschriften geachtet und gar nichts unterbunden. „So ist gut! So ist super!", jubelt etwa der 53jährige Beobachter Martin G. nach einem Treffer. Und noch mehr hat die Kammer in petto: Die Vorsitzende verliest die drastische Formulierung einer früheren Entscheidung des Oberlandesgerichts in diesem Verfahren, wonach sogar die Verfolgung eines Verbrechens in Betracht komme, nämlich wegen versuchter schwerer Körperverletzung.

Das Rosige weicht aus den Wangen des Staatsanwalts

Da verliert sogar Stefan Biehl vorübergehend seine sonst stets gesunde Gesichtsfarbe. Fast anderthalb Jahre hat der Staatsanwalt ermittelt und nirgendwo etwas anderes als fahrlässige Körperverletzung entdecken können. Jetzt wird er nicht umhin können, wie schon gegen den Polizeipräsidenten a.D. Siegfried Stumpf, nachträglich Ermittlungen auch gegen die Beobachter in den Wasserwerfern aufzunehmen.

Bleicher als Biehl ist Tanja G., die im Zeugenstand sichtlich mitgenommen wirkt. Noch weniger Farbe hat nur noch Freddy B., 56, Polizeioberkommissar und Kommandant des Wasserwerfers Nummer 2 am Schwarzen Donnerstag. Auch er muss aussagen, weil er einen Strafbefehl des Amtsgerichts Stuttgart akzeptiert und eine Geldstrafe in Höhe von 120 Tagessätzen bezahlt hat. Das ist rechtskräftig, ihm kann wegen der gleichen Sache kein neuer Strick mehr gedreht werden.

Was Freddy B. dann erzählt, fügt sich nahtlos in die bisherigen Schilderungen von Polizei-Zeugen über den chaotischen Ablauf des Einsatzes ein. Es lässt aber auch Rückschlüsse darauf zu, wie Polizeibeamte verheizt wurden und Vorgesetzte ihre Fürsorgepflicht verletzten. Denn der Zeuge berichtet, wie er sich als Folge des Einsatzes in die Behandlung eines Psychiaters begeben und das Trauma habe aufarbeiten müssen. Er leide noch immer unter den Folgen, obwohl er vieles verdrängt habe. Seiner Bitte, nicht mehr mit dem Wasserwerfer eingesetzt zu werden, sei von Vorgesetzten nicht entsprochen worden. Er sei gezwungen worden, beim nächsten Einsatz in Göppingen wieder mitzumachen, wenn auch nur als Fahrer.

Im Reich der Schatten

Mit seinen Emotionen kämpfend berichtet B., dass ihm am 28.9.2010 ein Einsatz angekündigt wurde, nicht aber der Einsatzort. Den habe man am 29.9. erfahren. Es habe Personalnot gegeben. Da vier Wasserwerfer eingesetzt werden sollten, habe man 20 Beamte gebraucht. Insgesamt habe die Biberacher Wasserwerfer-Staffel, die zum Einsatz kam, aber nur knapp 20 Leute umfasst, von denen zwei oder drei im Urlaub gewesen seien. Daher habe man auch auf externe Kollegen zurückgreifen müssen, so dass es sich nicht um eingespielte Teams gehandelt habe, zumal man zwei bis drei Jahre „nichts mehr gemacht" (keinen tatsächlichen Einsatz durchgeführt) habe. Man habe zwar im Vorfeld geübt. Der zugeteilte externe Rohrführer habe aber nicht immer Zeit dafür gehabt. Bei den Übungen seien alles „Schattenspiele" gewesen, beispielsweise „Einsteigen, Aussteigen, Befüllen des Tanks". Dennoch, so der Zeuge: „Theoretisch konnte man es".

Theoretisch hätte man auch wissen sollen, wie die Einsatzformulare auszufüllen waren. Aber nur theoretisch, räumte B. ein. Es sei zu wenig Zeit gewesen. Er habe nur Stichworte notieren können. Und direkt nach dem Einsatz seien ihm die schriftlichen Unterlagen von der Beweisdokumentations-Gruppe abgenommen worden. Auch treffe zu, dass er mit der Abkürzung „PF" in der einen Spalte den Polizeiführer Stumpf gemeint habe, in der anderen jedoch den Angeklagten von M-B. Die eigentlich vorgeschriebene Eintragung von Druckverminderungen habe er noch nie vorgenommen. Interne Nachbesprechungen in Biberach hat es nach seiner Erinnerung gegeben, Einzelheiten weiß er aber nicht mehr. Doch so viel schon noch: Der Einsatz sei von den Vorgesetzten gelobt worden („Das habt ihr gut gemacht"), Kritik habe es keine gegeben. Umso überraschender sei für ihn zwei Jahre später die Einleitung eines Ermittlungsverfahrens gekommen.

„Für mich war Chaos"

Was Freddy B. sonst berichtet, klingt seltsam vertraut: „Für mich war Chaos". Es sei auch „keine normale Demo" gewesen, so wie er es von seinen Einsätzen bei Krawallen gekannt habe. Einen Einsatz wie in

Stuttgart habe er noch nie erlebt. Es sei anders als sonst gewesen. Davor habe er unter anderem Erfahrungen gesammelt bei Einsätzen in Davos, Berlin, Rostock. In Berlin und Davos habe man auch Reizgas eingesetzt. Allerdings habe man Einsätze mit Reizgas nie geübt.

Ja, es treffe zu, dass er zu den Kollegen der Wasserwerfer-Staffel über Funk in Bezug auf eine lange Einsatzbesprechung der Verantwortlichen vor Ort, darunter die beiden Angeklagten, geäußert habe: „Die wissen selber nicht, was sie wollen".

Der stellvertretende Staffelkommandant sei immer weg gewesen, weil er den Auftrag gehabt habe, eine Wasserleitung zu legen zum Nachtanken. Allerdings erfolglos: Als der Wasserwerfer 1 leer gewesen sei, habe man diesen aus dem nicht eingesetzten Wasserwerfer 3 betankt. Der von ihm befehligte Wasserwerfer 2, der den leeren Wasserwerfer 1 abgelöst habe, sei stehen geblieben, als sein Tank leer gewesen sei, seinerseits abgelöst von Wasserwerfer 4.

Schon zu Anfang des Einsatzes sei, so B., irgendwann nichts mehr gegangen. Menschen seien vor seinem Wasserwerfer gestanden, aber es gab keine Kräfte zur Absicherung. Den Weg habe er nicht

„Nichts ging mehr..."

mehr sehen können, da dieser „total voll" gewesen sei. Bei sich habe
er gedacht: „Wenn einer hinfällt, wird er zertrampelt." Erst als man
unter seinem Wasserwerfer einen Menschen entdeckt habe, der fast
überfahren worden sei, habe er Begleitkräfte erhalten. Gegen Plastikplanen, unter denen Demonstranten Schutz suchten, zu schießen, wie
man es getan habe, sei schwierig und gefährlich.

Eindeutige Aussagen macht B. dazu, dass nicht auf Menschen auf
Bäumen geschossen worden und in seinem Wasserwerfer auch keine
Reizstoffe zugesetzt gewesen seien. Eine Freigabe der Wasserabgabe
zu Beginn habe er nicht mitbekommen. Plötzlich habe Wasserwerfer 1
gespritzt. Hingegen sei später für ihn die Wasserabgabe frei gegeben
worden, und zwar „ohne irgendeine Einschränkung". Klar auch
die Äußerung des Zeugen, er habe nie jemanden verletzen wollen, und
glaubhaft der Satz: „Es tut mir leid, wenn jemand verletzt wurde."

Nebenkläger beantragt Kretschmann als Zeugen

Ansonsten war der 16. Verhandlungtag derjenige des Frank-Ulrich
Mann. Der Freiburger Anwalt, der den Nebenkläger Dietrich Wagner
vertritt, stellte eine Reihe von Beweisanträgen, die Spannung verhei-
ßen. Darunter den bereits angekündigten, auch Baden-Württembergs
Ministerpräsidenten Winfried Kretschmann als Zeugen zu vernehmen.
Kretschmann – damals Fraktionsvorsitzender der oppositionellen
Landtags-Grünen – war am Schwarzen Donnerstag im Schlossgarten
und hatte vergeblich versucht, telefonisch den damaligen Innenminister Heribert Rech (CDU) zu einem Abbruch des „robusten" Einsatzes
zu veranlassen. Und er hatte in einem Interview die Unverhältnismäßigkeit des Einsatzes angeprangert und bekundet, er habe im
Schlossgarten nur friedliche Menschen gesehen. (Übrigens im Gegensatz zu seinem jetzigen Innenminister Reinhold Gall (SPD), der die
Schuld an der Eskalation bis heute bei angeblich unfriedlichen
Demonstranten verortet.)

Mit seinem Antrag will Rechtsanwalt Mann nachweisen, dass
die Angeklagten sowohl von Kretschmann, aber auch – gemäß einer

Verabredung zwischen diesem und Rech – von der Polizeiführung darüber informiert worden sein müssen, dass es durch den Wasserwerfer-Einsatz Verletzte gegeben hatte. Beide Angeklagte behaupten, sie hätten von Verletzten erst spät abends erfahren.

Wer wusste vom Baumfällverbot?

Und auch Mann hatte noch mehr Munition im Köcher. Er will sämtliche Protokolle des Einsatzzentrums im baden-württembergischen Innenministerium für den Schlossgarten-Einsatz beiziehen und somit nachweisen, dass dem Ministerium die verursachten Verletzungen bekannt waren und auch die Polizeiführung informiert wurde. Pikante Details: Zur Veranschaulichung fügte Mann gleich noch zwei Protokolle bei, wonach das Lagezentrum auch über das vom Eisenbahnbundesamt verfügte Baumfällverbot informiert wurde. Die Unterlagen könnten brisant werden, denn der Polizeieinsatz diente dazu, das Gelände für die noch in derselben Nacht durchgeführten Baumfällungen frei zu machen. Wenn das Fällen aber gar nicht zulässig war, dann gab es auch keine Rechtfertigung für den Polizeieinsatz. Spannend zu erfahren, wer wann davon wusste.

Mann verlangte außerdem auch die Beiziehung eines internen Berichts von hohen Beamten des Innenministeriums zu dem Polizeieinsatz. Über dessen Existenz war bis vor kurzem nichts bekannt. Erstmals hatte der pensionierte Polizeipräsident Siegfried Stumpf in seiner Vernehmung vor dem Untersuchungsausschuss des Landtags „Schlossgarten II" vor wenigen Wochen diesen erwähnt.

Und schließlich will der Freiburger Anwalt mittels Beiziehung eines Gutachtens nachweisen, dass die Angeklagten während ihrer Ausbildung an der Polizeihochschule (der Angeklagte Jürgen von M-B. hat dort inzwischen selbst eine hohe Funktion) über die Gefährlichkeit von Wasserwerfern unterrichtet worden seien. Im Unterricht soll das polizeiinterne Gutachten verwendet worden sein, das bereits 1985 erstellt und unter Verschluss gehalten wurde. Darin soll die Gefahr schwerer Verletzungen beschrieben sein.

Ob all diese Unterlagen Eingang in den Prozess finden werden, muss die Strafkammer nun ebenso entscheiden wie auch, ob sie Winfried Kretschmann als Zeugen einbestellt. Wenn das Gericht weiterhin Lust hat, so wie bei den Beobachtern in den Wasserwerfern, nachträglich den Job der Staatsanwaltschaft zu machen, dann wird es den Anträgen stattgeben.

Erschienen am 17. September 2014; Kontext:Wochenzeitung Ausgabe 181

ONLINE-KOMMENTARE

18.09.2014 22:57 **Lemongras:** Spannender könnte keine Geschichte sein. Vielleicht schreiben Sie mal ein Buch, Herr Bartle und Herr Reicherter. Gut, dass Kontext wöchentlich über diesen Real-Politthriller berichtet. Denn für Tausende, die es erlebt haben, ist dieses Drama bitterer Ernst.

20.09.2014 23:35 **Manfred Fischer:** Von der Polizeiführung war es geplante Absicht, ohne das Rote Kreuz in den Einsatz mit den gefährlichen Wasserwerfern zu gehen. Nun kann die Polizei nämlich so tun, als ob sie sowohl von der Gefährlichkeit der Wasserwerfer als auch von der Standhaftigkeit der S 21-Gegner überrascht worden wäre. Es war aber sowohl aus den vorausgehenden Aussagen der Politiker, (z.B. Mappus und Rech) als auch an der Ausrüstung der Polizei (z.B. vier Wasserwerfer und martialisch ausgerüstete Polizeihundertschaften mit Pfefferspray und Schlagstöcken) leicht ablesbar, womit Politik und Polizei beim Einsatz am 30.9.2010 selbst gerechnet haben. Es wäre somit die professionelle Aufgabe der Polizei gewesen, das Rote Kreuz mitzunehmen und auch eigene Beobachter abzuordnen, mit der Aufgabe, die Wirkung der Wasserwerfer und des Pfeffersprays der Polizeileitung zeitnah mitzuteilen.

Auf dem Feldherrnhügel: Stumpf und Häußler und die Angeklagten F. und von M-B.

Der späte Mut, den Mund aufzumachen

Das war im Wasserwerfer-Prozess ein Zeuge wie keiner bisher: Ein Polizist, der sagt, was er denkt! Und damit reihenweise die eigenen Leute in die Bredouille bringt: den Polizeipräsidenten a.D. Siegfried Stumpf ganz besonders, den Oberstaatsanwalt Bernhard Häußler nicht minder, einen der beiden Angeklagten außerdem. Sich selbst allerdings auch.

Thomas E., 57, Polizeioberrat, ist ein gestandenes Mannsbild von knapp unter hundert Kilo, das – zumal in Uniform – Respekt einflößt, weil man sich vorstellen kann, dass nicht mehr so viel Gras wächst, wo der Mann hinlangt. Er leitet das Revier Bad Cannstatt, hat eine dreistellige Zahl von Beamten unter sich und sowohl den VfB mit aller Hooligan-Problematik als auch Frühlings- und vor allem Volksfest in seinem Beritt. Dort allein passieren 2000 Straftaten in zwei Wochen. Da ist Thomas E. gern und aus Überzeugung mittendrin: Führung, sagt er, heiße nach seinem Verständnis, dass der Chef mit ganz vorn dabei ist.

Thomas E. ist kein Feigling, jedenfalls kein großer, obwohl er sich später noch als einen solchen bezeichnen wird. Als Zeuge geladen vor der 18. Großen Strafkammer, belehrt ihn die Vorsitzende Richterin ausführlich darüber, dass er nicht aussagen muss, wenn er das Gefühl hat, sich womöglich dadurch selber zu belasten. Es vergehen bange Sekunden im Gerichtssaal, dann sagt der Zeuge, er werde reden. Der erste Polizist vom Schwarzen Donnerstag, der reden will!

Der gebürtige Stuttgarter hatte es zum Chef der Heidenheimer Schutzpolizei gebracht, ehe er heimkehrte, um jahrelang das berühmte 1. Revier zu übernehmen: die Hauptstätter Straße, die Altstadt, eben alles, was eine Großstadt von Taschendieben über Drogen bis Prostitution so im Angebot hat. Doch dann kam der Karriereknick, und der hieß Siegfried Stumpf: Der damals neue Stuttgarter Polizeipräsident empfand den Revierführer E. als den falschen Mann und versetzte ihn ins Revier Ostendstraße. Thomas E. klagte dagegen. Und bekam irgendwann Recht. Das Verhältnis zwischen beiden aber war hinüber.

Vor lauter Hektik in die Radarfalle gerast

Der 30. September 2010, der zum Schwarzen Donnerstag werden sollte, morgens um 8 Uhr: Thomas E. fährt später als gewöhnlich zur Arbeit, denn er weiß, dass es ein langer Tag werden wird. Um 15 Uhr soll der Einsatz zur Räumung des Schlossgartens beginnen, er selber wird den Einsatzabschnitt 2 leiten, der den Landtag sichert. Thomas E. ist zwar der dienstälteste und erfahrenste Einsatzleiter, den der Polizeipräsident zur Verfügung hätte, aber er genießt halt nicht dessen Vertrauen. Am Abend zuvor hat Siegfried Stumpf beschlossen, den Einsatzbeginn auf 10 Uhr vorzuziehen, und nur wenige Männer eingeweiht. Als E. bei der Einsatzbesprechung im Präsidium endlich auch davon erfährt, hat er noch eine Stunde und gibt anschließend so viel Gas, dass er unterwegs sogar geblitzt wird.

Vor dem Landtag ist freilich gar nichts los, als E. dann kurz vor 11 Uhr, also schon eine Stunde im Verzug, dort das Regiment übernimmt. Der Punk geht drüben im Park ab, und schnell muss E. die Einsatzhundertschaft aus Karlsruhe, die das Parlament schützen soll, abgeben und persönlich in den Schlossgarten überführen. Als er zurückkommt, sieht er vor dem Landtag geparkt ein Auto, das er kennt: das Polizeipräsidenten-Fahrzeug.

Ob er erkennen konnte, wer alles da drin saß, fragt ihn die Richterin, und ob ihm der Oberstaatsanwalt Bernhard Häußler bekannt sei. Ja, sagt Thomas E., aber bei allem, was er noch so alles bezeugen wird an dem Tag: Häußler im Fond der Limousine hat er nicht erkannt. Dass der Chef der politischen Abteilung 1 der Staatsanwaltschaft Stuttgart genau dort gesessen hatte, geht allerdings aus den Gerichtsakten hervor.

In der Not ist Thomas E. plötzlich der Richtige

Der Polizeiführer Stumpf parkt vor dem Landtag, weil Innenminister Heribert Rech (CDU) für 12 Uhr zu einer Pressekonferenz geladen hat, bei der Stumpf, der im Gebäude keinen Funk hat und sein Handy ausschaltet, erklärt, die Polizei habe alles im Griff. Dass die Wirklichkeit 500 Meter weiter östlich ganz, ganz anders aussieht, ist Stumpf offenbar trotzdem klar, als er den Landtag verlässt, denn da erscheint ihm ein Mann wie Thomas E. plötzlich als der Richtige: Er kommandiert ihn ab hinüber in den Schlossgarten, als „Führungsunterstützung" für die beiden Abschnittsleiter dort, also für die beiden Angeklagten im Prozess.

Ob ihm Stumpf erklärt habe, was damit gemeint sei, fragt die Richterin. Nein, sagt Thomas E., Stumpf habe befohlen „und wandte sich ab". Das sei ganz normal gewesen: „Die Gespräche mit Stumpf waren immer kurz." Drüben im Park findet „Führungsunterstützer" E. eine Situation vor, die er sich nie und nimmer vorgestellt hätte. Unter anderem diejenige, dass sich zwei Kollegen die Verantwortung teilen, die beiden Angeklagten Andreas F. und Jürgen von M-B. Für Thomas E. grundsätzlich ein Unding: „Hierarchie muss sein", benennt er seine Führungsmaxime und legt nach: „So waren es zwei Alphatiere. Das gibt Reibungsverluste."

Wovon auch noch eines geschwächelt habe: Andreas F., damals 38, aber schon Leiter des Reviers Wolframstraße, habe mitten im Einsatz den Bettel hinschmeißen wollen. „Ich kann des net, ich krieg des net hin", habe ihm der Kollege mitten im Kampfgetümmel gebeichtet, worauf ihm der hartgesottene Ältere erklärt haben will, dass so was gar nicht geht und dass er im Zweifel den Polizeiführer Stumpf zu informieren habe. Ob es dazu kam, weiß der Zeuge nicht zu sagen. Und ob er seinem angeklagten Kollegen mit dieser Aussage einen Gefallen getan hat, wird sich noch weisen.

12 Uhr mittags am 30.9.2010: „Die Polizei hat alles im Griff"
(Pressekonferenz im Landtag mit den damaligen Ministern Rech und Gönner, Stumpf sowie den damaligen S 21-Sprechern Andriof und Dietrich.)

Dann aber öffnet Thomas E. überhaupt erst die Büchse der Pandora. Heraus kommt eine Fundamentalkritik an der Einsatzleitung, an Stumpf. Weit im Vorfeld des Einsatzes sei die Rede davon gewesen, die benötigten Polizeikräfte per Sonderzug in den Hauptbahnhof einzufahren. Das hätte Sinn ergeben. Ebenso den Einsatz nachts zu machen. Aber jetzt, vorgezogen und zeitgleich mit der Schüler-Demo? Davor hätten er und andere gewarnt und empfohlen, den Zugang zum Park vom Bahnhof her (Klett-Passage) als Erstes zu sperren. Die Traute, den Mund wirklich aufzumachen, hatten sie freilich alle nicht. Die Kritik an Stumpf, an dessen Geheimniskrämerei, verblieb in informellen Gesprächen während Kaffee- oder Zigarettenpausen, denn allen sei klar gewesen: „Wir haben keinen Einfluss." Trotz massiver Bedenken habe er dann auch am Schwarzen Donnerstag nicht remonstriert. Warum nicht, fragt ihn die Richterin. Da lässt Thomas E. die Hosen runter: „Aus Feigheit."

Die Chefs führten lieber von hinten

Abkommandiert in den Park und mitten drin im Geschehen, ist Thomas E. am Schwarzen Donnerstag dann aber doch noch in seinem Element. Kurz bespricht er sich mit den beiden Einsatzabschnittsleitern, denen er ja lediglich zur Unterstützung zugeteilt ist, und übernimmt dann keineswegs nur Assistenten-Jobs: Fortan ist es E., der über Sprechfunk die Kommunikation mit der Polizeiführung aufrechterhält und der im Getümmel mithilft, die Gitterlinie zu stellen. Wohl sind von da an eher drei als nur zwei „Alphatiere" zugange, denn Andreas F. und Jürgen von M.-B. verlassen kaum den sogenannten Feldherrenhügel und führen eher von hinten.

Nur einmal noch im weiteren Verlauf findet sich auch Thomas E. auf der Anhöhe ein, um mit den beiden Angeklagten das weitere Vorgehen zu besprechen. Da trifft er auch Siegfried Stumpf und Bernhard Häußler wieder. Beide machen auf ihn einen betroffenen Eindruck, erinnert sich der Zeuge, beide erscheinen ihm „unangenehm überrascht". Ein „sprachloser" Polizeipräsident und ein Oberstaatsanwalt, der nur ein Wort herausbringt: „Entsetzlich."

Was Häußler entsetzlich fand, ob Polizei oder Demonstranten, ist eine der spannenden Fragen, die ihm sicher gestellt werden werden, wenn er dann im Zeugenstand auch den Mut hat auszusagen.

Thomas E. spricht mit leiser, aber fester Stimme und denkt vor jedem Satz, den er sagt, geraume Zeit nach. Auch, als es für ihn selber dann ans Eingemachte geht. Denn ja, „de facto sei er den beiden Abschnittsleitern unterstellt gewesen", sagt der Zeuge E., „in der Praxis" aber „habe ich das selbstständig gemacht".

„Das wird ein sehr harter Einsatz"

Alsbald ist er in häufigem Funkkontakt mit Stumpf, trifft mit diesem – ohne die Angeklagten – Absprachen und lässt sich Anweisungen geben, schildert die Lage aus seiner Sicht. Beispielsweise um 13.16 Uhr, dass man circa 1400 Personen „wegräumen" müsse. Auf die Nachfrage von Stumpf, ob das unter der Androhung eines Wasserwerfer-Einsatzes möglich sei, die knappe Antwort: „Er spritzt schon." Und dann die Klarstellung: „Er spritzt nicht, er sprüht." Was E. damit – abseits der Definitionen in den dienstlichen Wasserwerfer-Vorschriften – meinte, vermag er dann nicht so recht zu erklären. Die Antwort von Stumpf: „Ja, aber er soll Wirkung erzielen", spricht dagegen für sich, ebenso die folgende Klarstellung des Zeugen im Funk: „Das wird sehr rustikal, ein sehr harter Einsatz."

Dann schlägt E. dem Polizeiführer um 14.00 Uhr einen weiteren Wasserwerfer-Einsatz gegen etwa tausend auf dem Weg befindliche Personen vor. Dazu Stumpf: „Ja, auf jeden Fall." Sieben Minuten später wieder E.: „Wir ziehen den Wasserwerfer vor, treiben sie vor uns her." Nach seiner Beschreibung wurde „nicht gesprüht, sondern richtig gestrahlt". Er sei direkt dabei gewesen, habe auch beobachtet, wie der Wasserwerfer Kollegen aus Bayern ins Genick gespritzt habe.

Anweisungen ohne Befugnis

So geistert Thomas E. durch zahlreiche polizeiliche Videoaufzeichnungen, von denen während seiner ganztägigen Vernehmung eine Auswahl gezeigt wird. Dokumentiert in Bild und Ton ist auch seine

Anweisung an die Wasserwerfer-Besatzung, sitzende Blockierer mittels eines Wasserstrahls vom Boden hochzuheben und abzudrängen. Ein mit bis zu 16 Bar ausgeführter Angriff mit erheblichen Gefahren für Leib und Leben der Sitzenden: Eine Person, von der Wucht des Strahls getroffen, kippt unkontrolliert seitlich weg, entgeht nur knapp einem Kopftreffer.

Mutmaßlich ist das ein – von der Staatsanwaltschaft bisher nicht verfolgter – schwerer Verstoß gegen die Bestimmungen über den Einsatz von Wasserwerfern. Der Zeuge war auch zu Anweisungen an die Wasserwerfer-Besatzung nicht befugt. Dafür gab es den Staffelführer der Wasserwerfer, der seinerseits den Befehlen des Polizeiführers Stumpf unterstellt war. Auch nach der internen Aufgabenverteilung hatte E. für diese Anweisung keinerlei Kompetenz, mit Wasserwerfern hatte er bis dahin bei keinem Einsatz etwas zu tun gehabt. Lediglich als junger Beamter bei einem Einsatz in Brokdorf hatte er Wasserwerfer zumindest einmal gesehen.

Damals und danach noch einige Male habe er schon viel schlimmere gewalttätige Auseinandersetzungen erlebt, und dennoch sei es am Schwarzen Donnerstag schiefgegangen. Weil man den zu erwartenden Widerstand falsch eingeschätzt habe, sagt der alte Haudegen Thomas E., und weil man zu leichtsinnig war. Vor allem aber, und dann kriegt der Polizeipräsident a.D. noch mal eine Watschen, weil „uns die Vorverlegung jegliche Chance gekostet hat".

Das wird ein anderer Zeuge, der gleich für zwei Tage einbestellt ist (15. und 22. Oktober), vermutlich ganz anders sehen. Dann soll Siegfried Stumpf aussagen.

Erschienen am 24. September 2014; Kontext:Wochenzeitung Ausgabe 182

ONLINE-KOMMENTARE

24.09.2014 11:27 Hermann Jack: Interessantes Psychogramm eines Mannes (Stumpf), der niemals hätte Polizeipräsident werden dürfen, mit diesen fragwürdigen menschlichen und fachlichen „Eigenschaften". Interessantes und Erschütterndes auch aus der Führungsebene der

Stuttgarter Polizei. Muß ich mein Urteil, das ich bereits am Schwarzen Donnerstag gefällt hatte, revidieren? War das eine „Räumung" um jeden Preis, eine vorsätzlich rechtswidrige (bekanntes Fällverbot des EBA), eine Räumung mit allen brutalen Mitteln, eine Räumung ohne Rücksicht auf die Gesundheit oder das Leben von Bürgern, die Grundrechte wahrgenommen haben?

Wer auch nur marginale Grundkenntnisse juristischer und politischer Art hat, kennt die Antwort. Erschütternd ist, daß auch Staatsanwälte der Stuttgarter Staatsanwaltschaft darin mutmaßlich tief verstrickt sind.

Wann handelt Stickelberger da endlich?

24.09.2014 11:33 **Alfred Walter:** Der hartgesottene ältere und erfahrene Revierleiter bekennt „feige" gewesen zu sein. Das war er als Zeuge nicht. Bei der Frage ob er Verletzte gesehen hat musste er allerdings passen. Er war mehrere Stunden nahe der Wasserwerfer auf der Straße vor dem Biergarten und hat die Hunderten von Verletzten im Notlazarett direkt neben und hinter dem Biergarten wirklich nicht wahrgenommen? Vom Führungsstab hat er wirklich nichts über Verletzungen und Notrufe während seines Einsatzes erfahren?

27.09.2014 22:27 **Thymus vulgaris:** Was auch immer seine Motive gewesen sein mögen, trotz Zeugnisverweigerungs-Recht auszusagen, dazu gehört Courage und enorme Selbstsicherheit. Was nützt es dem Zeugen, welches Risiko ging er damit ein? In jedem Fall beweist er damit Kooperationswillen zur Aufklärung. Und daran sollten allen Beteiligten interessiert sein. Wünschenswert, besonders im Hinblick auf die Opfer ist, dass der Prozess der Wahrheitsfindung dienen möge. Diese hätte sicher befriedendere Wirkung als Schuld nachzuweisen oder Klagen einzustellen. Die größte Skrupellosigkeit bis heute, stellt m.E. nicht der dramatische Einsatz vom 30.09. dar, sondern die Mauer des kollektiven Schweigens danach, seitens Polizei und anderen Involvierten. Dadurch wird Unrecht gedeckt, fortgeführt und jeglicher Mangel an Bedauern oder Respekt gegenüber den Opfern, einfachen, auch mutigen Mitbürgern verweigert! Sich dann nach dem Regierungswechsel als bürger(nahe) Polizei darstellen zu wollen, ist blanker Hohn.

Lauter

Polizisten, möchte man meinen, müssten von
Berufs wegen aufmerksame Beobachter sein.
Von denjenigen Polizisten, die bisher als Zeugen
im Wasserwerfer-Prozess ausgesagt haben,
lässt sich das nicht ohne Weiteres behaupten:
Keiner von ihnen will bemerkt haben, dass es am
Schwarzen Donnerstag Verletzte gegeben hat.

Blinde

Reiner F., 52, Polizeihauptmeister, tut seit 1986 Dienst bei der baden-württembergischen Wasserwerfer-Staffel in Biberach. Seit 1988 gibt er im Wasserwerfer die Kommandos, 2006 hat ihn sein Arbeitgeber nach Bayreuth geschickt, damit er den dafür vorgeschriebenen Lehrgang absolviert. Reiner F. hat Einsätze mitgemacht in Berlin, zweimal in der Schweiz, in Friedrichshafen und – am 30. September 2010 im Stuttgarter Schlossgarten.

Reiner F. will, wie alle Beamten der Biberacher Staffel, lieber nicht aussagen vor der 18. Großen Strafkammer des Landgerichts, und wie alle seine Kollegen wird er von einem Professor der Polizeihochschule Villingen-Schwenningen begleitet, der als Zeugenbeistand das Aussageverweigerungs-Recht des Zeugen F. reklamiert. Vergebens. Wie zuvor schon bei zwei seiner Kollegen besteht das Gericht auch bei Reiner F. darauf, dass er aussagt, denn er ist bereits rechtskräftig verurteilt und kann für sein Verhalten am Schwarzen Donnerstag nicht nochmals belangt werden. Weil er nicht verhindert hat, dass durch Wasserstöße aus seinem Fahrzeug Menschen am Kopf verletzt worden sind, ist er – per Strafbefehl – zu sieben Monaten Freiheitsstrafe auf Bewährung verurteilt worden.

Dass er diesen Strafbefehl angenommen hat, verwundert zum einen, wenn man ihn dann reden hört im Zeugenstand, denn bis heute ist er der Ansicht, dass eigentlich alles nach Recht und Gesetz gelaufen ist. Und schließlich seien die Herren vom Landespolizeipräsidium, die einige Zeit nach dem Einsatz einen Besuch in Biberach machten, auch voll des Lobes gewesen.

Der Deal mit Biehl spart drei Monate

Es verwundert zum anderen dann aber nicht mehr, als Reiner F. später in seiner insgesamt vierstündigen Befragung erzählt, wie der ermittelnde Stuttgarter Staatsanwalt Stefan Biehl nach Biberach kam, übrigens in Begleitung des Kripobeamten Andreas D., der die „Ermittlungsgruppe Park" der Stuttgarter Polizei leitete, und ihnen eröffnet habe, dass gegen sie ermittelt werde. Zehn Monate habe Biehl ihm angedroht und sich dann mit seiner Anwältin auf sieben geeinigt. Ein Deal, von dem der Amtsrichter, der den Strafbefehl erlassen hat, vermutlich nichts erfuhr ...

Und über den jetzt die Strafkammer mehr offenbar gar nichts wissen will, denn die Nachfrage der Nebenklage, welche weiteren Absprachen dabei getroffen worden sind, unterbindet Manuela Haußmann: Über eigene prozesstaktische Überlegungen müsse der Zeuge nicht aussagen, befindet die Vorsitzende Richterin. Immerhin wäre ja denkbar, dass auch über Disziplinarmaßnahmen, Zeugenaussagen oder Beweismittel gesprochen wurde.

Von den guten Tipps des Staatsanwalts Biehl hatte auch schon F.s Kollege Oliver H. berichtet, und überhaupt gleichen sich die Aussagen der Biberacher Beamten in weiten Teilen wie ein Ei dem anderen. Auch Reiner F. erzählt ausführlich vom Chaos, das im Vorfeld des Einsatzes herrschte, von der Personalnot, die in seinem Fall dazu führte, dass er zwei „Fremdkräfte" in seinem Fahrzeug sitzen hatte, und zwar ausgerechnet als Rohrführer. Dagegen hatte Reiner F. bei seinem Vorgesetzten remonstriert, sich dann aber doch einsatzbereit gemeldet, nachdem sich die beiden Neulinge bei einer Übung am Tag vor dem Schlossgarten-Einsatz ganz ordentlich angestellt hatten. Beim Zielschießen auf Pylone und Medizinbälle.

Von Beschränkung auf Wasserregen nie gehört

Und wie gehabt auch Reiner F.s Aussagen zur Befehlslage im Park: Laut Mitteilung seines Staffelführers habe der jetzige Angeklagte Jürgen von M-B. den Einsatz geleitet, die Vorgaben seien vom Staffelführer und dessen Stellvertreter gekommen, und von einer Beschränkung der Wasserabgabe auf Wasserregen sei nie die Rede gewesen. Bemerkenswert indessen: Staffelführer und Stellvertreter hätten sich bei der Einsatzleitung auf dem sogenannten Feldherrnhügel aufgehalten und per Funk durchgegeben: „Wir sehen alles."

Dass es Verletzte gegeben hat durch die Wasserstöße, hat freilich keiner der bisher befragten Polizisten gesehen, die beiden Angeklagten

Nur auf Video

Völlig sinnfreier Einsatzplan

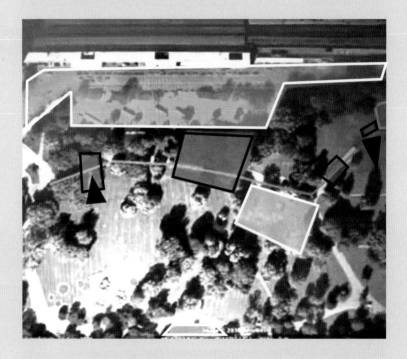

Besser als der bekannte Stuttgarter Fotograf Josh von Staudach hat noch niemand das Versagen der Polizei-Strategen bei der Einsatzplanung für den 30.9.2010 auf den Punkt gebracht. Und Staudach brauchte dafür gerade mal vier Tage, denn sein Video hat er bereits am 4.10.2010 auf Youtube veröffentlicht. Sie finden es hier:

https://www.youtube.com/watch?v=v_WnV9HCwiI

so wenig wie Reiner F., der davon erst abends im Hotel erfahren haben will. Zwar seien im Park Menschen mit einem Foto zum Wasserwerfer gekommen. Er habe jedoch nichts darauf erkannt und keinen Bezug zum Einsatz des Wasserwerfers hergestellt. Heute wisse er, dass dies das Foto des schwer verletzten Dietrich Wagner gewesen sei, der als Folge eines Treffers fast vollständig erblindete.

Immerhin, an Kinder vor dem Wasserwerfer kann sich Reiner F. erinnern. Die habe er aber über Lautsprecher aufgefordert, sich zur eigenen Sicherheit zu entfernen, genauso wie andere Unbeteiligte. Weg waren die beim ersten Einsatz jedoch nicht, denn um 12.49 Uhr erfolgte die interne Durchsage „Aufpassen auf die Kinder". Vorausgegangen war um 12.46 Uhr ein Funkspruch: „Wir haben ein paar Kinder vor unserem Werfer. Die haben die extra hingestellt."

So kleine Kinder?

Ob man bei der Wasserabgabe um die Kinder herum einen Bogen schlagen wollte oder wie sie ausgespart werden sollten, bleibt unbeantwortet. Gemeint war laut F., dass man den Kindern „besonders rücksichtsvoll begegnet". Das heißt nach seiner Version, nur Wasserregen einzusetzen – „so wie wir ihn abgegeben haben". Ohnehin seien es eher Jugendliche und Heranwachsende gewesen. Dann allerdings, nach dem Abspielen eines Videos: „So kleine Kinder sehe ich zum ersten Mal."

Besonders rücksichtsvoll war Reiner F. ansonsten aber nicht drauf. Von ihm stammt die Durchsage „Dia rennet wie d'Hasa!" über flüchtende „Störer", und auch den Begriff „Kopfhöhe" verwendet er in einem der im Gerichtssaal abgespielten Funksprüche. Ein Versprecher, behauptet der Zeuge F., der sich Kopfverletzungen eh nicht erklären kann, denn „normalerweise drehen die Leute das Gesicht weg". Ähnlich überzeugend seine Begründung, warum auf Menschen gezielt wurde, die sich unter Planen vor dem Wasser schützen wollten: Auf Planen habe man gezielt Wasser abgegeben, denn unter Planen würden „häufig Straftaten vorbereitet".

Neue Version zum
Auftrag der Wasserwerfer

Und noch eine andere Neuigkeit ist der Aussage des Reiner F. zu entnehmen: Aufgabe des Wasserwerfers sei ausschließlich gewesen, den zur Klett-Passage führenden Weg freizumachen, um dorthin für den Abend und die Nacht die Wasserwerfer vorziehen zu können. Ziel sei gewesen, „dass alle zum Arnulf-Klett-Platz durchkommen". Hierzu habe man „die Bodenkräfte" unterstützt. Deshalb auch die jeweiligen Lautsprecher-Durchsagen, man solle die „Straße" frei machen.

Damit entfiele jedoch plötzlich die bisherige Prozessversion der Angeklagten und früherer Zeugen, der Wasserwerfer-Einsatz habe dazu gedient, das zu den Baumfällungen benötigte Gelände zu räumen. Die Version von F. ist durchaus plausibel. Tatsächlich räumten Polizeikräfte mit Schlagstock und flächenmäßig verteiltem Pfefferspray das Gelände links und rechts des von den Wasserwerfern benutzen asphaltierten Wegs und stellten durch die Wiesen Absperrgitter auf. Womit die Frage immer dringlicher wird, welchen Zweck dann überhaupt Wasserabgaben auf Menschen abseits des Wegs verfolgten, insbesondere beim letzten Einsatz, als die Gitterlinie bereits aufgestellt war.

Und ebenso bedarf die Frage der Klärung, warum kein Polizist bemerkt haben will, dass in weniger als hundert Meter Entfernung vom Feldherrnhügel ein Behelfslazarett betrieben wurde, in dem freiwillige Helfer im Verlauf des Nachmittags fast 400 Verletzte versorgten. Zwar gab es keine direkte Sichtverbindung vom erhöhten Standort der Einsatzleitung aus dorthin, denn es lagen die Gebäude der Biergarten-Gastronomie dazwischen, aber zum einen belegen Videos und Fotos tausendfach, wie Verletzte aus dem Sichtbereich der Polizeiführung dorthin geleitet oder transportiert wurden. Und zum anderen waren Polizisten in vierstelliger Zahl überall im Park unterwegs. Waren das etwa lauter Blinde?

Insofern ist eine (noch nicht terminierte) Zeugenaussage mit besonderer Spannung zu erwarten, nämlich diejenige des Leiters des Führungsstabs im Führungs- und Lagezentrum der Stuttgarter Polizei in der Hahnemannstraße. Dort soll eben jenes Foto von Dietrich Wagner, auf dem Reiner F. in seinem Wasserwerfer nichts erkennen konnte, an der Wand gehangen haben, kaum dass es veröffentlicht worden war. Womöglich stellt sich danach auch jene Frage neu, ob die Staatsanwaltschaft nicht hätte ermitteln müssen – wegen unterlassener Hilfeleistung.

Erschienen am 1. Oktober 2014; Kontext:Wochenzeitung Ausgabe 183

ONLINE-KOMMENTARE

02.10.2014 18:50 Ulrich **Frank**: Interessant und gleichzeitig bedrückend – obwohl man es hier mittlerweile gewohnt sein sollte – einmal mehr vom Gemauschel hinter der Plane der Rechtsstaatlichkeit zu erfahren. Effektiv mit Beihilfe der Richterin. Denn Wahrheitsfindung darf ruhig Stromlinie haben. Und vom vielfach eingewachsenen polizeilichen Blick auf die Bürger. „Dia rennet wie d'Hasa!". „Dia da", die „Störer". Das sind nur „Störer" – sonst gehen „dia da" uns nichts an. – Vor der Kimme sieht man sie dann schon, wenn auch sonst nicht. Hallali!

Beifall verboten

Dass Gerichtsverhandlungen öffentlich zugänglich sind, hat gute Gründe. Darüber, wie leicht oder aber schwer der Öffentlichkeit der Zugang gemacht wird, dürfen Richter bestimmen. Der Vorsitzenden Richterin im Wasserwerfer-Prozess wäre es offenbar am liebsten, wenn die Öffentlichkeit gleich ganz draußen bliebe.

Der Prozess vor der 18. Großen Strafkammer des Landgerichts, der am 24. Juni begann, macht wieder mal Pause. Drei Wochen Herbstferien hat die Kammer anberaumt, nachdem bereits im August starke drei Wochen Sommerpause waren. In den 16 Wochen seit dem Prozessauftakt gab es 18 Verhandlungstage, etliche davon lediglich auf Vor- oder auf Nachmittage anberaumt. Von ein, zwei Ausnahmen abgesehen, waren auch die „ganzen" Verhandlungstage am späten Nachmittag beendet. Den Vorwurf, ein wichtiges Verfahren im Schnellwaschgang durchzuschleudern, wird Manuela Haußmann, 41, also niemand machen können.

Eher wundern sich einige über die sparsame Terminierung der Vorsitzenden Richterin, die bei maximal anderthalb Verhandlungstagen pro Woche zunächst bis Weihnachten terminiert hatte. Inzwischen wurde zwar bis Mitte März verlängert, aber auch das wird sicher nicht reichen, denn bis jetzt haben weder die Verteidiger, noch – von einer Ausnahme abgesehen – die Anwälte der Nebenkläger beantragt, wen sie noch alles im Zeugenstand hören wollen. Erfahrene Juristen wagen deshalb bereits die Prognose: Wenn es in dem Tempo weitergehe, könne das leicht zwei Jahre dauern.

15 Monate ließ das Gericht einfach so verstreichen

Aber eilig hatte es das Landgericht mit diesem Verfahren ja von Anfang an nicht. Ganz im Gegenteil: Obwohl sich der Schwarze Donnerstag und damit die Wasserwerfer-Einsätze im Schlossgarten, um die es hier geht, dieser Tage bereits zum vierten Mal gejährt haben und obwohl die Staatsanwaltschaft Stuttgart viel Zeit für ihre Ermittlungen brauchte, aber immerhin im März 2013 ihre Anklageschrift vorlegte, ließ das Landgericht danach 15 Monate verstreichen, bis endlich der Prozess begann. Eine überzeugende Erklärung für eine derartige Verzögerung – des für Stuttgart vielleicht wichtigsten Verfahrens der letzten Jahrzehnte – ist das Landgericht übrigens bis heute schuldig geblieben. Vom bekannten Lamento abgesehen, dass man in Arbeit ersticke ...

Beigetragen zur Verzögerung hat mit Sicherheit der überraschende Wechsel an der Spitze eben jener 18. Großen Strafkammer, bei der das Verfahren gelandet ist. Seit Jahresbeginn führt dort Manuela Haußmann den Vorsitz, nachdem ihr Vorgänger Reiner Skujat auf eigenen Wunsch und nach achtmonatiger Prozessvorarbeit fortan lieber eine Kleine Strafkammer führen wollte. Haußmann hat bis dato eine Justizkarriere im Senkrechtstart hingelegt: erst Amtsrichterin in Bad Cannstatt, dann als Präsidialrichterin rechte Hand des Landgerichtspräsidenten, dann abgeordnet zum Bundesgerichtshof und dann, mit 40, Vorsitzende Richterin. Genau dieser Kammer mit genau diesem Prozess vor der Brust.

Manuela Haußmann, groß, blondiert und stets um einen freundlichen Umgangston mit Prozessbeteiligten und vor allem den Zeugen bemüht, muss ja eine taffe Frau sein bei der Karriere und sie muss eigentlich auch Kondition haben. Trotzdem zeigt sie gern auch menschliche Regungen: Pausen beraumt sie schnell und öfter mit Hinweis darauf an, dass ihre eigene „Konzentrationsfähigkeit bereits nachlässt", und als es im Saal 18 nach einem Gewitter durch die Decke tröpfelt und ein Wassereimer aufgestellt wird, entschuldigt sie sich für „die Zustände hier".

Wer zuhören will, muss sich nackt machen

Die Zustände allerdings, die jenseits des mit Bändern abgeteilten Gerichtsbereichs bei den Prozessbesuchern herrschen, die hat Manuela Haußmann selber herbeigeführt. Wer dort sitzt, hat nicht mehr bei sich als Kleidung und Schmuck, die er am Leib trägt, seinen Personalausweis und vielleicht noch Schreibzeug. Sogar das war anfangs verboten und musste, wie alles andere auch, vor Betreten des Gerichtssaals abgegeben werden: Geldbeutel, Autoschlüssel, Hausschlüssel, Handy, Kamm, Kastanie und was einer sonst so im Hosensack hat. Einfach alles. Sogar Medikamente. Gegen ein Pfandmärkle zu übergeben nicht etwa in Schließfächer, sondern in Plastikbehälter, die stundenlang offen herumstehen – unter Bewachung von Justizwachtmeistern.

Wer diesen Prozess besuchen will, muss also viel Vertrauen aufbringen in diese Justiz. Dabei hat eben diese Justiz seit eben diesem Schwarzen Donnerstag allerhand Vertrauensvorschuss verloren.

Vor allem bei denen, die den Tag am 30. September 2010 im Schlossgarten selber erlebt haben und seither darauf warten, dass der Gerechtigkeit Genüge getan wird. Die dabei sein wollen, wenn – endlich – mutmaßliche Täter angeklagt und vielleicht verurteilt werden. Die es deshalb auf sich nehmen, schärfer als an jedem Flughafen gefilzt zu werden und ziemlich intime Gegenstände wie Geldbeutel und Hausschlüssel uniformierten Fremden anzuvertrauen. Und die manchmal, wenn sie dann drin sind im Gerichtssaal, einen Muckser nicht bei sich behalten können, wenn wieder mal ein Polizist nichts gesehen hat, sich nicht erinnern kann oder behauptet, die Gewalt am Schwarzen Donnerstag sei von den Menschen im Park ausgegangen.

Wenn alle Freundlichkeit von der Vorsitzenden abfällt

Dann fällt alles vordergründig Freundliche von Manuela Haußmann ab. Dann wird sie so rigide, wie es ihre Verfügungen zur „Aufrechterhaltung der Sicherheit und Ordnung" im Gerichtssaal seit je her sind. Rigide und, so sehen es viele, einigermaßen lächerlich.

Das begann mit ihrer Verfügung vom 8. Mai 2014, die einzig auf der Homepage des Landgerichts veröffentlicht wurde, wonach sich Medienvertreter, die vom Prozess berichten wollten, im Zeitraum vom 21. Mai, 10 Uhr, bis zum 23. Mai, 15 Uhr, akkreditieren und damit um einen von insgesamt höchstens 25 Presseplätzen bewerben können. Da hatte man wohl beim Landgericht mit großem Medieninteresse gerechnet und sich verrechnet: Nicht mal ein Dutzend Akkreditierungswünsche gingen ein, sehr wahrscheinlich weil halt wenige aus Langeweile regelmäßig auf der Homepage des Landgerichts surfen …

Die Anfrage der Kontext:Wochenzeitung, nachträglich akkreditiert zu werden, wurde übrigens abgeschlagen. Dafür haben wir in den 16 Wochen seit Prozessbeginn 16 Mal ziemlich ausführlich berichtet.

Es ging weiter mit der Verfügung vom 17. Juni 2014, die zum Betreten des Gerichtssaals praktisch alles ausschließt außer, dass einer Klamotten anhat:

„Als Zuhörer wird nur eingelassen, wer a) sich am Eingang für Zuhörer mit einem zur Feststellung seiner Identität geeigneten Personalausweis oder Reisepass ausweist, b) sich einer Durchsuchung unterzieht, wobei Frauen von weiblichen Bediensteten kontrolliert werden, c) keine Gegenstände bei sich führt, die geeignet sind, die Hauptverhandlung zu gefährden oder zu stören, d) nicht zuvor aus sitzungspolizeilichen Gründen von der Verhandlung ausgeschlossen wurde. Die Durchsuchung erstreckt sich auf Gegenstände im Sinne der Ziffer 4.c. Dazu gehören auch Zeitungen, Zeitschriften, Bücher, Handarbeitsmittel, Plakate, Trillerpfeifen, Mobilfunktelefone, Laptops u.ä., weil das Zuhören allein dem Zweck dient, der Hauptverhandlung zu folgen."

Kein Witz: Nicht mal das Grundgesetz darf mitgenommen werden in den Gerichtssaal.

Zwar entsprechen die Anordnungen durchaus denen, die bei Prozessen gegen Schwerkriminelle getroffen werden, zum Beispiel in derzeitigen Großverfahren des Landgerichts Stuttgart gegen Rockerbanden oder Rechtsradikale. Allerdings ist die Frage erlaubt, ob im Wasserwerfer-Prozess ein ähnliches Gefährdungspotenzial besteht. Für die Angeklagten und ihre Unterstützer, die in anderen Prozessen Anlass für derartige Maßnahmen geben, darf man eine derartige Gefahr getrost verneinen. Schließlich sind in diesem Prozess zwei Polizisten angeklagt. Bleibt also nur das Publikum als Verursacher. Die sogenannte Sitzungspolizeiliche Verfügung lässt freilich jegliche Begründung hierfür vermissen.

Dabei hat das Bundesverfassungsgericht gerade erst in einem anderen Verfahren entschieden – dort zu Einschränkungen der Presse – : „Da Anordnungen des Vorsitzenden nach § 176 GVG [...] Eingriffe in den Schutzbereich der Pressefreiheit aus Art. 5 Abs. 1 Satz 2 Grundgesetz darstellen, bedarf es konkreter, auf Gesichtspunkte der Sitzungsleitung bezogener Gründe zum Schutz des Angeklagten und der sonstigen Verfahrensbeteiligten, eines ungestörten Verlaufs der Sitzung oder der Bedingungen für eine ungestörte Wahrheits- und Rechtsfindung." Und weiter setzt das höchste Gericht voraus, „dass der Vorsitzende die für seine Entscheidung maßgebenden Gründe offenlegt und dadurch für die Betroffenen erkennen lässt, dass in die Abwägung alle dafür erheblichen Umstände eingestellt worden sind."

Für nicht Rechtskundige: Da Sitzungspolizeiliche Verfügungen immer in die Grundrechte der dadurch Betroffenen eingreifen, müssen sie notwendig sein und erkennen lassen, dass die verschiedenen Rechtsgüter abgewogen wurden und was die wichtigsten Gründe für die getroffene Entscheidung waren. Das allerdings lässt sich den Anordnungen für den Wasserwerfer-Prozess nicht unbedingt entnehmen. Es lässt sich nur erahnen, dass die Prozessbesucher für so gefährlich gehalten werden, wie dies in Prozessen gegen Schwerkriminelle unterstellt wird.

„Schärfere" Kontrollen als im Münchner NSU-Prozess

Wahrscheinlich sind sie noch gefährlicher als die glatzköpfigen Sympathisanten, die am NSU-Prozess beim Oberlandesgericht München teilnehmen. Denn dort sind nach der Anordnung des Senatsvorsitzenden vom 4. März 2013 Besucher lediglich „auf Waffen und Gegenstände zu durchsuchen, die geeignet sind, zur Störung der Hauptverhandlung verwendet zu werden". Dafür dürfen Journalisten dort – selbstverständlich! – Handys und Laptops mit in den Gerichtssaal nehmen und zumindest offline arbeiten.

Auch wird in München nur die Kleidung abgetastet. Und nur bei begründetem Verdacht der ganze Körper. In Stuttgart gibt es dagegen mehrere Prozessbesucher, die aussagen, Justizwachtmeister hätten sehr genau sogar ihre Genitalien überprüft, ob dort nicht Waffen versteckt wären. Eine Prozessbesucherin musste ein daumennagelgroßes Amulett, das sie um den Hals trug, öffnen; eine andere eine Ein-Euro-Münze abgeben, die nicht im Geldbeutel war, sondern versehentlich in der Jackettasche. Begründung: „Könnte ja sein, dass Sie mit dem Geld jemanden da drin bestechen wollen."

Während Block und Bleistift inzwischen mitgenommen werden dürfen, was die Vorsitzende übrigens als „missverständliche Formulierung" abtat, nachdem in der Lokalpresse vor allem in Kommentaren und Leserbriefen daran Kritik laut geworden war, hat Manuela Haußmann andere Vorschriften sogar noch verschärft. Mittlerweile müssen sich Besucher nicht nur ausweisen können, sondern von jedem Personalausweis werden Kopien gezogen, bevor er zurückgegeben wird. So sollen „Störer" in der Verhandlung identifiziert werden können.

Tatsächlich wird aber die Verhandlung gestört, denn wann immer jemand später den Saal betrit und sich in den Zuschauerreihen niederlässt, dauert es drei Minuten, bis ein Justizwachtmeister einmal quer durch den Saal läuft, um der Vorsitzenden die Kopie des Personalausweises des Nachzüglers vorzulegen.

Manuela Haußmann, die Rigide, ist in diesen Momenten sehr nah am Sich-lächerlich-Machen. Und dann staucht sie noch einen Zuhörer zusammen, der sich tatsächlich nicht im Zaum hält und ständig dazwischenquatscht. Dafür kriegt sie – zum ersten Mal seit dem 24. Juni – Beifall von den billigen Plätzen. Und muss schon wieder die Zuhörer wegen ihres „ungebührlichen Verhaltens" rügen.

Denn Beifallskundgebungen hat sie ja auch verboten.

Persönliche Bemerkung des Mitautors Jürgen Bartle: Ich bin 56 Jahre alt, seit 32 Jahren Journalist, habe vier Kontinente bereist und über 40 Länder. Nirgendwo habe ich je zum Besuch einer öffentlichen Veranstaltung meinen Geldbeutel und meinen Hausschlüssel abgeben müssen.

Im vergangenen März habe ich Israel besucht und die Palästinensergebiete. Noch war kein Krieg zu dieser Zeit, aber sowohl von Syrien als auch vom Gazastreifen aus gab es mehrmals Raketenangriffe. Insgesamt sechs Mal habe ich die Grenze von Israel ins Westjordanland und umgekehrt überquert. Weder an den jeweiligen Grenzübergängen noch bei Ankunft

oder Abflug am Flughafen Ben Gurion bin ich auch nur annähernd
so „gründlich" durchsucht und abgetastet worden wie jedes Mal, wenn
ich seit Juni den Wasserwerferprozess am Stuttgarter Landgericht
besucht habe.
  Ich frage mich dann allerdings jedes Mal, in welchem Land ich lebe.

Erschienen am 8. Oktober 2014; Kontext:Wochenzeitung Ausgabe 184

ONLINE-KOMMENTARE

08.10.2014 07:30 FernDerHeimat: Die systematische Prozessverschlep-
pung und der immer offener „gewünschte" Ausschluss der Öffentlichkeit
fallen zwischenzeitlich sogar schon weniger kritischen Publikationen auf.
Und leider kann man daraus schon heute Schlüsse auf den Ausgang des
Verfahrens ziehen.

08.10.2014 10:25 Rainer Stieber:
Wer regelmäßig die Entscheidungen des Bundesverfassungsgerichtes
zu den im Artikel aufgeworfenen Fragen liest, weiß, dass das Gericht in
hohem Masse gegen die Verfassung verstößt. Allein die lange Dauer der
Ermittlungen und der Eröffnung des Prozesses, mit der Begründung man
habe Arbeit, ist nach Auffassung der Richter in Karlsruhe nicht zulässig.
Die Beschränkungen der Besucherzugangs übrigens auch nicht.

09.10.2014 16:19 Andi: Karrieristen fragen nicht nach Sinn oder Unsinn
von dem was sie für ihren Arbeitgeber tun. „Steile" Karrieristen schon
dreimal nicht. Mit 41 Jahren und als vorsitzender Richter hat man vermutlich Besoldungsgruppe R2, Stufe 8. Dies macht Netto rd. 4000 €
(Lohnsteuerklasse 1). Mit Lohnsteuerklasse III sind es rd. 4700 € Netto.
Sollte leitender Staatsanwält angestrebt werden wären Netto rd. 5000 €
bzw. 5800 € mehr drin (Besoldungsgruppe R4). Warum 1000 € Netto
mehr oder ein beschauliches Arbeitsleben aufs Spiel setzen, indem man
über den Tellerrand hinausblickt nur weil sich ein paar Chaoten/Fort-
schrittsverweigerer/Wutbürger/Antidemokraten/Berufsdemonstranten
von der Polizei schlecht behandelt fühlen.

Weder Zeichen

...noch Wunder

Geschehen noch Zeichen und Wunder in der Justiz des Landes? Es hatte den Anschein: Im Auftrag des Justizministers hat die Staatsanwaltschaft Heidelberg geprüft, ob gegen den ehemaligen Stuttgarter Oberstaatsanwalt Bernhard Häußler im Zusammenhang mit dessen Anwesenheit im Schlossgarten am Schwarzen Donnerstag ein Anfangsverdacht besteht. Es hatte aber eben nur den Anschein. Keine drei Wochen brauchten die Heidelberger, um den Verdacht zu verneinen.

Nach vertraulichen Informationen, die uns exklusiv vorliegen, hat der für Württemberg zuständige Generalstaatsanwalt Achim Brauneisen dem Justizministerium mit Schreiben vom 15. Juli 2014 vorgeschlagen, eine Staatsanwaltschaft in Baden mit der Prüfung eines Anfangsverdachts gegen den umstrittenen ehemaligen Leiter der politischen Abteilung 1 der Staatsanwaltschaft Stuttgart zu beauftragen. Anlass dafür sei unter anderem „öffentliches Interesse", heißt es in dem Schreiben an Justizminister Rainer Stickelberger (SPD).

Der befolgte – anders als in der Vergangenheit, als er mehrfach öffentlich aufgefordert wurde, die Ermittlungen zum Polizeieinsatz vom 30. September 2010 an eine andere Staatsanwaltschaft zu übergeben – diesmal den Ratschlag seines „Generals". Und veranlasste, dass die Staatsanwaltschaft Heidelberg überprüfte, ob gegen Häußler ein Anfangsverdacht auf das Begehen von Straftaten im Zusammenhang mit dessen Anwesenheit (und dessen möglicherweise „beratender" Rolle gegenüber der Polizeiführung) beim Polizeieinsatz am Schwarzen Donnerstag im Schlossgarten besteht.

Im Prozess zu neuen Erkenntnissen gelangt

Das von Brauneisen identifizierte öffentliche Interesse geht zurück auf die Berichterstattung über den Wasserwerfer-Prozess, der seit Juni einige neue Erkenntnisse erbracht oder zumindest öffentlich gemacht hat. Darunter auch Ermittlungspannen. So wird seit dem 18. Juli bei der Staatsanwaltschaft Stuttgart gegen den ehemaligen Polizeipräsidenten Siegfried Stumpf wegen des Verdachts auf fahrlässige Körperverletzung im Amt ermittelt, nachdem die beiden Angeklagten am 8. Juli im Prozess ausgesagt hatten, Stumpf sei entgegen seiner bisherigen Darstellung sehr wohl zu Zeiten der heftigsten Wasserwerfer-Angriffe im Park gewesen und müsse das mit eigenen Augen gesehen haben.

Für die Lügenvorwürfe der beiden angeklagten Einsatzabschnittsleiter gegenüber dem Polizeiführer fanden sich auch Belege:
Zum einen zeigt ein von der Kontext:Wochenzeitung am 16. Juli ver-

öffentlichtes Privatfoto Stumpf zum Zeitpunkt 14.11 Uhr am Schwarzen Donnerstag zusammen mit den Angeklagten auf dem sogenannten Feldherrnhügel, von dem aus die Polizeiführer den Einsatz beobachteten und befehligten. Zum anderen fanden sich weitere Bild- und Videobelege dafür auch in den Gerichtsakten. Diese waren während der 16-monatigen Ermittlungen sowohl bei der Staatsanwaltschaft als auch bei der Stuttgarter Kriminalpolizei angeblich „übersehen" worden.

Der unbekannte Polizeipräsident

Mit anderen Worten: Die Beamten der „Ermittlungsgruppe Park" kannten ihren eigenen Chef nicht. Sie waren offenbar auch nicht in der Lage, durch Befragungen des Verdächtigen und von Zeugen zu klären, wann Stumpf sich am Schwarzen Donnerstag wo aufhielt. Ein Ermittlungsgrundsatz, der in normalen Kriminalfällen (hat der Verdächtige ein Alibi?) zum kleinen Einmaleins polizeilicher Arbeit gehört. Um einen Normalfall handelt es sich indes hier nicht, denn Stumpf war von Oberstaatsanwalt Häußler beauftragt worden, die Ermittlungen gegen sich selbst zu führen, und hatte seinen eigenen Untergebenen den Auftrag weitergereicht.

Doch nicht nur Stumpf, der sich 60-jährig vier Wochen nach dem Regierungswechsel im Frühjahr 2011 aus gesundheitlichen Gründen in den vorzeitigen Ruhestand versetzen ließ, ist auf jenen Bildbeweisen zu entdecken, sondern eben auch Häußler. Auch den hatten weder die Kripobeamten identifizieren können – oder wollen – noch jene Kollegen seiner eigenen Abteilung, unter deren Leitung die Ermittlungen liefen. Auch für ihn müsste also gelten, was die Staatsanwaltschaft Stuttgart in ihrer Presseerklärung vom 18. Juli Stumpf vorhält:

„Am 30.9.2010 kam es gegen 14.10 Uhr im Bereich des sog. Feldherrnhügels im Schlossgarten durch den Wasserwerfer 2 zu Wasserstößen in Richtung von Demonstranten. Es besteht der Verdacht, dass sich Polizeipräsident a.D. Stumpf bereits zu diesem Zeitpunkt dort aufgehalten und dies wahrgenommen hat. Es hätte ihm somit zumindest ab diesem Zeitpunkt wegen seiner Funktion als polizeilicher Leiter des Einsatzes am

30.9.2010 die Pflicht oblegen, darauf hinzuwirken, dass die ihm unter-
stellten Polizeikräfte die Regelungen der PDV 122 beachten, wonach bei
Wasserstößen darauf zu achten ist, dass diese nicht auf Kopfhöhe von
Demonstranten abgegeben werden."

Doch so weit, die Abteilung 1 der Staatsanwaltschaft Stuttgart nicht
nur ein zweites Mal gegen Stumpf ermitteln zu lassen (nachdem sie bei
ersten Ermittlungen bis Dezember 2011 keine Anhaltspunkte für
strafbares Verhalten hatte erkennen können), sondern auch gegen
deren ehemaligen Abteilungsleiter Häußler, wollte zumindest der
Generalstaatsanwalt Achim Brauneisen nicht gehen. Und schlug vor,
eine andere Staatsanwaltschaft einzuspannen.

Der vorgesehene Weg ist keine Selbstverständlichkeit

Das ist zwar genau der für solche Fälle vorgesehene Weg, trotzdem
aber keine Selbstverständlichkeit. Eine Strafanzeige gegen Häußler
aus dem Jahr 2011, in der es um die nämlichen Vorwürfe ging, wurde
nämlich sehr wohl noch von der Staatsanwaltschaft Stuttgart bearbeitet und sogar noch von jener politischen Abteilung, deren Chef
Häußler damals war. (Siehe dazu Kapitel 6 „Wasser Marsch! Im
Gerichtssaal"). Prompt wurde eingestellt. Ihr Vorgesetzter, schrieb
eine Untergebene Häußlers in ihrer Verfügung, habe sich am
30.9.2010 nur vorsorglich vor Ort aufgehalten, falls strafprozessuale
Entscheidungen oder Anordnungen zu unmittelbarem Zwang nötig
würden. In polizeiliche Entscheidungen sei er nicht eingebunden
gewesen. Daher habe er auch keine Verpflichtung zum Eingreifen
gehabt.

Inzwischen sind Hinweise und Belege auf Häußlers „Einbindung"
in polizeiliche Entscheidungen – nicht zuletzt durch unsere Berichterstattung – öffentlich geworden, und auch der Prozess hat solche ans
Licht gebracht. Mag sein, dass Brauneisen eben darin jenes „öffentliche
Interesse" entdeckt hat, das ihn nun bewog, besser selber die Finger
von der Sache zu lassen. Mag aber auch sein, dass der erst seit einem

Jahr im Amt befindliche Generalstaatsanwalt ein besseres Gefühl für juristische Hygiene hat als sein Vorgänger Klaus Pflieger, der stets alles durchwinkte und gern auch noch öffentlich guthieß, was aus Häußlers Abteilung auf seinen Schreibtisch kam.

Spielt ein peinliches Gerücht eine Rolle?

Mag drittens aber auch sein, dass Achim Brauneisen vor allem eines wollte: nicht schon wieder mit dem Namen Häußler in Verbindung gebracht werden. Das läge weniger daran, dass Brauneisen in den frühen 90er-Jahren selbst Mitglied war in der seit jeher als Elitetruppe firmierenden politischen Abteilung 1 der Staatsanwaltschaft Stuttgart, deren Leiter Häußler später wurde. Viel mehr läge es an einem Gerücht, das im Sommer vergangenen Jahres im Umlauf war, als es um Brauneisens Beförderung ging.

Der war damals Leiter der Abteilung „Strafrecht und Gnadenrecht" im Justizministerium und der (haus-)eigene Kandidat des Ministers. Allerdings hatte Rainer Stickelberger eine Kleinigkeit in Brauneisens ansonsten glänzender Juristen-Vita übersehen, weil sie halt nicht in der Personalakte stand: Der heute 56-Jährige hatte sich vor Jahren schon und vor allem öffentlich als bekennender Befürworter des Bahnprojekts Stuttgart 21 geoutet. Ausgerechnet so jemanden der Staatsanwaltschaft Stuttgart, die seit Jahren wegen ihres parteiischen Umgangs

Beim Stabwechsel: Brauneisen, Minister Stickelberger, Vorgänger Pflieger.

mit S-21-Verfahren in der Kritik steht, als „General" überzuordnen, empfanden vor allem einige Grüne in der Landesregierung als schweren politischen Fauxpas. Und machten angeblich Druck hinter den Kulissen.

Heraus kam – dem Gerücht zufolge – dieser Deal: Um den Minister nicht zu beschädigen, wird Brauneisen befördert, und als Gegengeschäft wird endlich der seit Jahren – und keineswegs nur in Sachen S 21 – umstrittene Oberstaatsanwalt Häußler aus dem Verkehr gezogen. Wohlgemerkt: ein Gerücht. Fakt ist, dass Brauneisens Beförderung ungewöhnlicherweise gleich mehrfach Gremien der grün-roten Landesregierung beschäftigt hat. Und Fakt ist, dass Bernhard Häußler, damals 63, im Sommer vergangenen Jahres überraschend in den vorzeitigen Ruhestand trat – aus privaten Gründen.

Schnelles Ermittlungsergebnis aus Heidelberg

Wie dem auch (gewesen) sei, nun lag die Sache Häußler bei der Staatsanwaltschaft Heidelberg. Eine gründliche Prüfung des Sachverhalts aber kann der Justizminister dort nicht in Auftrag gegeben haben, denn schon am 8. August legte die Behörde das Ergebnis ihrer Ermittlungen vor: Gegen Häußler liege kein Verdacht vor, heißt es in der knapp gehaltenen Einstellungsverfügung, er sei nur für die Verfolgung von Straftaten zuständig gewesen, nicht aber für die polizeiliche Umsetzung eines ausgesprochenen Platzverweises. Insoweit habe er die Polizei auch nicht beraten.

Was alles oder was überhaupt Häußlers Heidelberger Kollegen in der Kürze der Zeit, die sie sich genommen haben, geprüft haben, geht aus der Verfügung nicht hervor. Weder wird darin auf die Angaben der Angeklagten im Prozess eingegangen, wonach Stumpf von Häußler sehr wohl beraten worden sei, zum Beispiel bei der Frage, wann strafbare Nötigungen vorliegen oder ob Wasserstöße gegen Planen auch dann nur unmittelbarer Zwang gegen Sachen seien, wenn sich Menschen darunter befinden. Ebenso wenig wird beleuchtet, dass Häußler auch bei Straftaten von Polizisten hätte tätig werden müssen.

Früheren Einlassungen zufolge hat Häußler, der den Polizeieinsatz von 10 Uhr morgens am 30.9. bis 3.40 Uhr am 1.10.2010 begleitete, von Augenverletzungen nichts mitbekommen und den Wasserwerfer-Einsätzen keine größere Beachtung geschenkt.

Da reiht sich Häußler wiederum nahtlos ein in die Riege sämtlicher am Schwarzen Donnerstag am Einsatz beteiligten hoch- und höherrangigen Polizisten, von denen keiner bemerkt haben will, dass es Verletzte gegeben hat. Auch wird sich Häußler fragen lassen müssen, wem er während seines vielstündigen Dabeiseins sonst mit „größerer Beachtung" begegnet ist, wenn nicht den ersten Wasserwerfer-Einsätzen, die es nach Jahrzehnten in Stuttgart gab?

Wird Häußler als Zeuge aussagen?

Das aufzuklären, was wiederholt Aufgabe diverser Ermittlungsbehörden gewesen wäre, obliegt nun wieder mal der 18. Großen Strafkammer des Landgerichts Stuttgart. Im Prozess ist Häußler für den 29. Oktober (9 Uhr) als Zeuge geladen. Ob er allerdings aussagen wird, wird sich dann erst erweisen, wenn ihn das Gericht über seine Rechte belehrt hat. Denn auch für einen Oberstaatsanwalt a.D. gilt der Paragraf 55 der Strafprozessordnung: „Absatz I: Jeder Zeuge kann die Auskunft auf solche Fragen verweigern, deren Beantwortung ihm selbst oder einem der in § 52 Abs. 1 bezeichneten Angehörigen die Gefahr zuziehen würde, wegen einer Straftat oder einer Ordnungswidrigkeit verfolgt zu werden. Absatz II: Der Zeuge ist über sein Recht zur Verweigerung der Auskunft zu belehren."

Wie für Häußler galt das zuvor noch für Siegfried Stumpf. Der Polizeipräsident a.D. war gleich für zwei volle Verhandlungstage in den Zeugenstand geladen. Doch sein Auftritt war nach drei Minuten beendet: Stumpf berief sich auf Paragraph 55 und wurde wieder entlassen. Das Gericht allerdings machte danach nicht gleich Feierabend, sondern sah sich noch Videosequenzen und Fotos an, die eindeutig belegen, dass Stumpf im Park anwesend war und dass genau zu jener Zeit schwere Wasserwerfer-Angriffe stattfanden. Überdies wurde beschlossen, Stumpfs ingesamt drei Auftritte in den beiden Untersuchungsausschüssen des Landtags zum Schwarzen Donnerstag als Wortprotokolle in den Prozess einfließen zu lassen.

Erschienen am 15. Oktober 2014; Kontext:Wochenzeitung Ausgabe 185

ONLINE-KOMMENTARE

15.10.2014, 11:36 **Walter Steiger:** Mehr als gerüchteweiser Hintergrund zum vermuteten, politisch opportunen Kuhhandel A. Brauneisen / B. Häußler: http://www.parkschuetzer.de/statements/157946 Ohne diese Rochade wäre Brauneisen, trotz allgemeiner Wertschätzung und aller behaupteten fachlichen Kompetenz, nicht durchzusetzen gewesen, und der höchst durchschnittliche Justizminister wäre angezählt vom Platz gegangen.

15.10.2014, 15:28 **Dr. Dierk Helmken:** Hier haben wir wieder mal ein Beispiel für einen eklatanten Strukturmangel unseres Rechtsstaats. Man kann die Ermittlungen gegen einen Staatsanwalt nicht einem Staatsanwalt überlassen. Statt eines Wechsels der örtlichen Zuständigkeit (hier Heidelberg statt Stuttgart) bedarf es eines Wechsels des Ermittlungsorgans. Zu denken wäre an einen Senat des OLG im anderen Landesteil (in diesem Fall das OLG Karlsruhe). Noch objektiver und auch als Ermittlungsorgan gegen Richter zu verwenden wäre ein neu zu schaffendes Gremium, das aus einem Staatsanwalt, einem Richter und einem Strafrechtsordinarius besteht, die alle drei durch das Parlament zu berufen wären.

Nichts mitge-kriegt vom

Katastrophen alarm

Wenn es am Schwarzen Donnerstag in der damaligen Führungsriege der Stuttgarter Polizei tatsächlich so zugegangen ist, wie es deren Chefs heute glauben machen wollen, dann verwundert es nicht, dass der Einsatz derartig danebenging. Verwundern muss aber umso mehr, dass all dies bis heute für keinen der Verantwortlichen persönliche Konsequenzen hatte.

Norbert Walz, 58, sagt im Zeugenstand vor der 18. Großen Strafkammer des Landgerichts, als ihn die Vorsitzende Richterin nach
seinen Personalien befragt, er sei Polizeibeamter. Das ist auf den ersten
Blick erkennbar, denn Walz hat Uniform angelegt, obwohl er das
nicht muss. Er ist Kriminaldirektor vom Rang und stellvertretender
Präsident der Stuttgarter Polizei. Das war er schon unter Siegfried
Stumpf, und das ist er, zwei Polizeipräsidenten später, immer noch.
Erstaunlich eigentlich, wenn man ihm stundenlang zuhört, wie er
seinen Arbeitstag am Schwarzen Donnerstag so schildert.

Norbert Walz war möglicherweise derjenige, der am 30. September 2010 den Einsatz von polizeilichen Mitteln des „unmittelbaren
Zwangs" (UZW) – also Schlagstock und Pfefferspray – freigegeben
und die Wasserwerfer in Gang gesetzt hat. Mehr als 400 Verletzte waren
die Folge davon. Möglicherweise war Walz derjenige aber auch nicht:
Nach drei Aussagen vor zwei verschiedenen Untersuchungsausschüssen
des baden-württembergischen Landtags, nach einer staatsanwaltlichen Vernehmung, aus der ihm Richter, Verteidiger und Nebenkläger-
anwälte Vorhaltungen machen, und am Ende der Zeugenvernehmung
des Norbert Walz im Wasserwerfer-Prozess ist das noch immer nicht
endgültig geklärt.

Weil die rechte Hand nicht wusste, was die linke macht.

11.53 Uhr an jenem Tag, der Stuttgart verändert und die Gesellschaft
dieser Stadt bis heutigen tags tief gespalten hat: Andreas F., der Einsatzabschnittsleiter im Park und jetzige Angeklagte, erbittet über
Funk an „Halde 100", an den Polizeiführer also, die „Freigabe UZW".

Zu dieser Minute ist Andreas F. und seinem mitangeklagten
Kollegen Jürgen von M-B. drunten im Park längst klar, dass der Einsatz scheitern wird, wenn die Polizei nicht zu anderen, zu härteren
Mitteln greift. Der Fahrzeugtross ist blockiert, und die Zahl derer, die
in den Park strömen, um sich der Polizei in den Weg zu stellen, nimmt
beständig zu.

Zu dieser Minute ist Siegfried Stumpf, der Polizeipräsident und Einsatzleiter an diesem Tag, drüben vor dem Landtag gerade seinem Dienstfahrzeug entstiegen und auf dem Weg zu einer Pressekonferenz des Innenministers, auf der er erklären wird, dass die Polizei alles im Griff hat.

Zu dieser Minute ist Norbert Walz, der laut Rahmenbefehl zum Einsatz vom 30.9.2010 in den späten Abendstunden Stumpf als Polizeiführer ablösen soll, wenn das Einsatzziel längst erreicht und Ruhe eingekehrt ist, nicht etwa zu Hause, um für die bevorstehende Nachtschicht vorzuschlafen. Seit 8 Uhr ist er am Arbeitsplatz, obwohl es spät geworden ist am Abend vorher mit all dem Chaos im Vorfeld des erst abends am 29.9. um fünf Stunden vorverlegten Einsatzes.

Zu dieser Minute, um 11.53 Uhr, sitzt Norbert Walz im Lagezentrum der Stuttgarter Polizei, droben auf dem Pragsattel, und meint, er wär jetzt der Chef!

Keine der fraglichen Entscheidungen ist dokumentiert

Ja, Walz wusste von dem Termin Stumpfs im Landtag. Aber nein, es hat keine förmliche Übergabe gegeben. Nein, Walz hat weder im Lagezentrum kommuniziert, dass er jetzt übernimmt, noch hat er das Stumpf mitgeteilt. Ja, er hat erst Stumpf angerufen und dann Andreas F., um die Freigabe des Schlagstock-Einsatzes wieder zurückzunehmen. Nein, er wusste nicht, dass Stumpf Befehl erteilt hatte, er sei auch während der Pressekonferenz erreichbar und deswegen weiterhin Polizeiführer. Ja, ihm sei erst mit dem Funkspruch und der Bitte um UZW-Freigabe klar geworden, dass es nicht nach Plan laufe vor Ort. Nein, er wusste nicht, dass drunten im Park der analoge Funk nicht funktionierte. Nein, er hat leider keine der wichtigen Entscheidungen, die er traf (oder auch nicht), dokumentieren lassen. Das, sagt Norbert Walz, „war ein Versäumnis von mir".

Wie Walz war auch Siegfried Stumpf bis 11.53 Uhr – angeblich – nicht klar, dass nicht alles nach Plan läuft im Schlossgarten. Das Gegenteil war dort der Fall: Gar nichts lief nach Plan. Der Zeuge Stumpf, der

mittlerweile Beschuldigter in selber Angelegenheit ist, hat vor
Gericht die Aussage verweigert. Vor dem Staatsanwalt Stefan Biehl,
der im Prozess die Anklage vertritt, hat er am 21. August 2012 ausgesagt. So kam der Sitzungsvertreter der Staatsanwaltschaft in den
Zeugenstand.

Und Biehl, über dessen seltsame Ermittlungsmethoden sogar
einige in der Staatsanwaltschaft Stuttgart inzwischen den Kopf schüt-
teln, betete brav nach, was Stumpf ihm erzählt hat. Und bot, befragt,
wie die Vernehmung ablief, das Bild eines staatsanwaltlichen Ermitt-
lers, das halt nur Polizisten kennen: Die dürfen selber am Tonband
auf Start drücken, kriegen ihre verschriftete Aussage mit freundlichem
Begleitbrief zugeschickt, dürfen korrigieren und können sich wochen-
lang Zeit lassen, bis sie das Ergebnis zurückschicken.

Vorzugsbehandlung für Polizisten

So hat es Biehl mit Stumpf gehalten, mit Walz und mit Andreas St.,
der am Schwarzen Donnerstag Chef des Führungsstabs war und der
eigentliche Stellvertreter des Einsatzleiters Stumpf, hätte sich nicht
Walz plötzlich eingemischt. Alle drei hat Biehl innerhalb von zehn
Tagen auf diese – völlig ungewöhnliche Weise – vernommen. Alle drei
ließen sich für ihre Korrekturen gut Zeit und schickten das Ergebnis
nahezu zeitgleich ab.

Das brachte im Prozess sogar die Verteidigung auf: Ob da womöglich eine zuvor der Staatsanwaltschaft bekannte Verteidigererklärung
mit eingeflossen sei? Und überhaupt: Da deute doch einiges auf
Absprache hin! „Vorzugsbehandlung für Polizisten" nennen das aber
auch Anwälte, die schon mal angeklagte S-21-Gegner vertreten haben
und „Kopfstände machen mussten", um bei der Staatsanwaltschaft
an Vernehmungsprotokolle ihrer Mandanten zu kommen.

Nein, sagt Norbert Walz im Zeugenstand, er habe kein anderes
Vernehmungsprotokoll gesehen. Ob er telefoniert hat in der Sache,
danach fragt ihn niemand. Es glaubt ihm auch niemand.

So wenig, wie Walz zu glauben ist, dass er den Videos, die im mit
zwei Großbildschirmen ausgestatteten Lagezentrum frühzeitig liefen,

„keine Beachtung geschenkt" haben will. Er sagt, weil ihm die Informationen, die von den eigenen Kräften kamen, als zuverlässiger erschienen, obwohl die Polizei selber in den ersten Stunden des Einsatzes – angeblich – keine Live-Bilder ins Lagezentrum senden konnte. Wer aber damals „CamS21" oder „Flügel-TV" im Internet anschaute, wusste vor Mittag, was da abgeht im Park. Und diese Übertragungen liefen auch live im Lagezentrum.

Das Wagner-Foto
hing an der Wand

Immerhin gibt Walz zu, dass er irgendwann – aber er weiß nicht mehr, wann – im Lagezentrum an der Wand ein Foto hat hängen sehen. Das berühmte, das Foto schlechthin vom Schwarzen Donnerstag: Dietrich Wagner, wie er mit blutenden Augen, die schon fast blind sind, von zwei jungen Männern aus dem Park geführt wird.

Wagner wurde um 13.47 Uhr vom Wasserwerfer getroffen. Bis das Foto um die Welt ging, dauerte es keine Stunde. Spätestens um 15 Uhr, das geht aus mehreren Aussagen hervor, hing es im Lagezentrum der Stuttgarter Polizei an der Wand. Unter anderem ist das belegt in einer „dienstlichen Erklärung" des Oberstaatsanwalts Bernhard Häußler, der den Polizeieinsatz von Beginn bis 3.40 Uhr am nächsten Morgen verantwortlich begleitet und die meiste Zeit davon in unmittelbarer

Feuerwehr vor Ort. Sie löste den Katastrophenalarm aus.

Nähe (und im Dienstfahrzeug) des Polizeipräsidenten Stumpf verbracht hat. Laut Häußlers Einlassung habe das Foto dort an der Wand gehangen, als Stumpf und er aus der Mittagspause zurück ins Lagezentrum kamen.

Während Häußler die auf dem Foto ersichtlichen Verletzungen nicht mit Wasserwerfer-Einsätzen in Verbindung gebracht haben will, war das wiederum für Norbert Walz klar: Er habe sich nur gewundert, sagt er vor Gericht aus, dass Wasserwerfer solche Verletzungen verursachen können. Aber leider kann er sich nicht mehr daran erinnern, wann er sich gewundert hat.

Walz, die Wundertüte

Norbert Walz ist damit trotzdem der erste und bisher einzige Stuttgarter Polizist, der öffentlich eingeräumt hat, dass Wasserwerfer überhaupt Menschen verletzen können und dass er mitgekriegt hat, dass genau das passiert ist am Schwarzen Donnerstag. Allerdings, sagt Norbert Walz vor Gericht aus, sei er ja praktisch in dem Moment außen vor gewesen, als Stumpf aus der Pressekonferenz zurückkam. Danach sei er, bis sich auch Stumpf am frühen Morgen zurückgezogen habe, nur Zuschauer gewesen. Geredet hätten sie, der Chef und er als Stellvertreter, ohnehin so gut wie nie.

Walz, die Wundertüte, bestätigt auch, was zwei Verhandlungstage zuvor der Zeuge Ralph Sch. ausgesagt hat. Der 39-Jährige ist inzwischen Rettungsdienstleiter des DRK-Kreisverbands Göppingen, damals war er der Diensthabende in Stuttgart. Ralph Sch. erzählt die bekannte Geschichte, wonach sich das Rote Kreuz ab 12.39 Uhr letztlich selber in Gang gesetzt hat, und erhebt schwere Vorwürfe gegen die Polizei: Es sei ohne jedes Beispiel, dass die Rettungskräfte im Vorfeld eines solch großen Einsatzes nicht eingebunden waren und noch nicht einmal zu Beginn des Einsatzes informiert worden sind!

Früher dran als die nicht mal einen Kilometer vom Geschehen entfernt beheimatet DRK-Leitstelle war übrigens die Stuttgarter Feuerwehr. Die meldete bereits um 12.30 Uhr Verletzte. Um 12.54 Uhr reagierte sogar die Polizei und forderte, wie in solchen Lagen üblich, einen Verbindungsmann an. Der traf um 13.13 Uhr im Präsidium in der Hahnemannstraße ein und wurde von da an zeitnah von Ralph Sch., der den Einsatz im Park persönlich leitete, auf dem Laufenden gehalten. Auch über Dietrich Wagner und andere Schwerverletzte.

Nein, sagt Norbert Walz, davon habe er nichts mitbekommen. Vielleicht, kann ja sein, hat das Rote Kreuz einen Taubstummen als Verbindungsmann ins Lagezentrum geschickt.

Erst auf Nachfrage: Ja, es gab Katastrophenalarm

Und dann, bockig und unwillig und erst auf Nachfrage einer Nebenklägeranwältin, räumt Ralph Sch. etwas ein, was bis dato auch niemand wusste: Am Schwarzen Donnerstag ist der sogenannte MANV-Fall ausgerufen worden! Aber nicht etwa vom Roten Kreuz, das nach der Schilderung seines Einsatzleiters von der ersten Minute und über Stunden völlig überfordert war, sondern wiederum von der Stuttgarter Feuerwehr. MANV-Fall? Auf Deutsch: Massenanfall von Verletzten. Auf gut Deutsch: Katastrophenalarm.

Dafür, was in einem solchen Fall zu passieren hat, gibt es – wie es sich gehört bei uns in Baden-Württemberg – eine Vorschrift, die 53 Seiten umfasst. Wir haben sie gründlich studiert und festgestellt, dass am Schwarzen Donnerstag nahezu nichts so gelaufen ist wie in einem MANV-Fall eigentlich vorgesehen. Die Information gelangte – angeblich und nach offiziellen Angaben des Innenministeriums – noch nicht einmal ins Führungs- und Lagezentrum des Innenministeriums, wo sonst jeder mittelschwere Verkehrsunfall interessiert zur Kenntnis genommen wird.

Und bis heute hat das alles keine Konsequenzen gezeitigt. Nicht im Ministerium, das – angeblich – erst durch unsere Anfrage vom damaligen Katastrophenalarm erfuhr. Nicht bei der Polizei, die noch zu Zeiten der Mappus-Regierung sich selber prüfen durfte und zum Ergebnis kam, es sei niemandem ein Vorwurf zu machen. Und auch nicht beim DRK.

Damals wie heute fungiert dort als verantwortlicher Rettungsleiter Wilfried Klenk. Auf unsere Anfrage, ob er sich jemals bei der

Polizei oder sonstwo beschwert hat darüber, nicht im Vorfeld in diesen Großeinsatz eingebunden worden zu sein, hat Klenk nicht geantwortet. Kein wirkliches Wunder: Klenk ist nebenher Landtagsabgeordneter der CDU für den Wahlkreis Backnang. Und soll sogar neuer Landtagspräsident werden.

Erschienen am 29. Oktober 2010; Kontext:Wochenzeitung Ausgabe 187

ONLINE-KOMMENTARE

29.10.2014, 06:43 doctorwho: Je älter ich werde, desto wütender werde ich ...

29.10.2014, 06:57 Louisiana: Die Aussagen dieser Polizeibeamten sind in einem solchen Maß unglaub-bar, dass es wirklich unglaublich ist. Bloßes Radiohören hat an jenem Tag anscheinend schon genügt, um besser informiert zu sein als die Herren aus der Einsatzzentrale.

29.10.2014, 09:26 Karl Heinz Siber Wenn Baden-Württemberg in zwei Jahren endlich wieder ein CDU-Staat ist (mit der dann 15-Prozent-Partei SPD als Juniorpartnerin), werden all jene, die am 30.9.2010 so jämmerlich versagt haben, endlich wieder ruhig schlafen und darauf anstoßen können, dass letzten Endes für sie doch alles ganz gut ausgegangen und keinem der Kopf abgerissen worden ist.

30.10.2014, 17:00 Rolf Steiner: Bisher dachte ich, ich würde in einer Demokratie leben. Doch jetzt muss ich mein Baden-Württemberg-Bild korrigieren. Danke für diese schmerzliche Aufklärungsarbeit.

01.11.2014, 18:54 peter stellwag: Mindestens 150 S21-Gegner und ich selbst haben den MANV-Fall im Innenministerium am 30.SEPTEMBER gemeldet und nichts hat sich getan! – spitzen Artikel.

Häußler sagt aus

Für die einen ist er die Hassfigur schlechthin, für andere das Opfer einer Hetzkampagne. Bernhard Häußler, Oberstaatsanwalt a.D. und langjähriger Leiter der politischen Abteilung 1 der Staatsanwaltschaft Stuttgart, ist deshalb selbst bei mildester Wortwahl als umstritten zu bezeichnen. Sein ganztägiger Auftritt als Zeuge im Wasserwerfer-Prozess hat allerdings klar die Kritiker bestärkt.

„Melden

macht frei!"

Nein, Bernhard Häußler, 64, seit September 2013 im vorgezogenen Ruhestand, kommt nicht aus dem fröhlichen Unruhestand zurück an alte Wirkungsstätten, als er kurz nach 9 Uhr morgens in den Zeugenstand der 18. Großen Strafkammer gerufen wird. Graugesichtig und schmal geworden wirkt er, genervt ist er, denn er spürt den Feind im Rücken: Nein, er könne nicht lauter reden, wehrt er pampig Zurufe aus dem Publikum ab, dabei müsste er nur das Mikrofon näher zu sich heranziehen. Dafür sattelt er, ohne jede Not, gleich noch oben drauf: Er habe halt seine „Fantruppe" dabei, er sei „das gewohnt", aber das Gericht müsse das schon entschuldigen. Da hat Häußler seine Duftmarke gesetzt.

Das rügt die Vorsitzende Richterin nicht, die zuvor, als ein leises Murmeln aus den gut gefüllten Zuschauerreihen den Zeugen begrüßt, sofort ihr ganzes Waffenarsenal auspackt: Sie werde jedes Mal, wenn der Zeuge durch Unmutsäußerungen unterbrochen werde, die Sitzung unterbrechen und den Saal räumen lassen, droht Manuela Haußmann. Nur um dann, als es fortan ruhig bleibt und Häußler beinah zwei Stunden am Stück auf die Frage antwortet, wie er den 30. September 2010 erlebt hat, den Zeugen immer wieder selber zu unterbrechen.

Akribisch auf die Aussage vorbereitet

Bernhard Häußler ist auch als Zeuge ein beflissener Mensch. Der braunen Aktentasche, die bessere Zeiten gesehen hat und damit bestens zum Erscheinungsbild ihres Besitzers passt, entnimmt Häußler einen Haufen Papier und sagt, bevor er loslegt, dass er sich vorbereitet hat auf diese Aussage, sogar extra einen Aktenvermerk angefertigt hat, aus dem er vorlesen möchte. Da unterbricht ihn Manuela Haußmann erstmals: Aus dem Gedächtnis soll er erzählen, nicht aus den Akten.

Und sie fährt dazwischen, wenn Häußler abschweift und ausführlich von anderen Polizeieinsätzen als dem am Schwarzen Donnerstag berichtet. Wenn unklar wird, ob er das, worüber er gerade berichtet, selber gesehen hat oder den Sachverhalt aus den nachfolgenden Ermittlungen weiß, die er geleitet hat. Und wenn klar wird, dass er nicht mehr berichtet, sondern wertet. Das, hält ihm die Richterin vor, möge er bitte dem Gericht überlassen.

Auch Haußmann hat sich vorbereitet auf diese Aussage. Kein polizeilicher Zeuge, den sie im bisherigen Prozessverlauf nicht nach Häußler gefragt hätte, ob man ihn kenne, ob man ihn gesehen habe an dem Tag, ob er sich geäußert habe und wenn ja, wie. Aber Häußler, der akribische Arbeiter, hat genau ausgetüftelt, was er sagt: Stunde um Stunde im Zeugenstand, bis in den späten Nachmittag hinein, sagt er gewiss überwiegend die Wahrheit, aber vor allem das aus, was sein eigenes Handeln an diesem Tag und danach rechtfertigt.

Und dabei darf vor allem verwundern, worüber sich ein so erfahrener Mann wie Häußler im Vorfeld des bis dahin größten und wichtigsten Polizeieinsatzes in Stuttgart gewundert hat. Und worüber nicht.

Nicht gewundert hat ihn beispielsweise, dass er von dem Einsatz nur durch Zufall am 28.9. erfuhr, dass es anders als üblich keine gemeinsame Vorbesprechung mit anderen am Einsatz beteiligten Behörden und Einrichtungen gab oder dass er von der Vorverlegung auf 10 Uhr erst gegen 20.30 Uhr am Vorabend erfuhr durch einen Anruf des Polizeipräsidenten Stumpf weit nach Feierabend. Das alles, sagt Häußler, war rechtens und der gebotenen Geheimhaltung geschuldet.

Keine Unterlagen über den Einsatz

Schon eher gewundert hat sich Häußler darüber, dass ihm nichts Schriftliches vorgelegt wurde, als er am nächsten Morgen kurz vor 10 Uhr im Polizeipräsidium eintraf, kein Einsatzbefehl, keine Leitlinie des Polizeiführers, kein Kommunikationsmodell, kein Bedo-Trupp (Beweis und Dokumentation) der Polizei frühzeitig vor Ort, kein Hinweis darauf, dass zeitgleich unweit des Schlossgartens eine genehmigte Schüler-Demo stattfindet. Und dass kein Vertreter des städtischen Amts für öffentliche Ordnung, also der zuständigen Versammlungsbehörde, anwesend war, weder im Lagezentrum noch im Führungsfahrzeug, das ab 10.30 Uhr den Polizeipräsidenten Stumpf, dessen Führungsgehilfen und ihn hinunter in die Stadt brachte.

Nicht gewundert hat Häußler, dass Stumpf das Führungsfahrzeug, einen „zum Büro umgebauten" und mit modernsten Kommunikationsmitteln ausgestatteten Mercedes-Van, den Schlosspark nur umrunden ließ und dass von außen nicht zu sehen war, welches Chaos drinnen um diese Zeit bereits herrschte. Das ging auch weder aus „dem spärlichen Funkverkehr" hervor, den sie im Auto mithörten, noch habe jemand zu dieser Zeit „die Brisanz von Funkmeldungen über Verspätungen auswärtiger Polizeieinheiten erkannt".

Wirklich gewundert, behauptet Bernhard Häußler vor Gericht, habe ihn – bis dahin – eigentlich nur eines: dass Siegfried Stumpf den Einsatz selber leiten wollte. Das habe, in Jahrzehnten, noch nie ein Polizeipräsident getan, und genau daraus habe sich – rechtlich gesehen – eine Sondersituation ergeben: Weil der Chef der Polizei ein Verwaltungs- und kein Vollzugsbeamter ist, kann er im Einsatz auch kein Ermittlungsbeamter der Staatsanwaltschaft sein, wie es Polizisten und auch Polizeiführer ansonsten sind. Deswegen sei die (ohnehin übliche) einsatzbegleitende Anwesenheit der Staatsanwaltschaft, also seine, in diesem Fall sogar „nachgerade zwingend" gewesen.

Sehr wahrscheinlich hat sich außer Häußler bis heute sonst niemand darüber gewundert, dass Stumpf genau diesen Einsatz selber leiten wollte. Schließlich hatte es der gelernte Schutzpolizist Stumpf als erster Nichtjurist auf den Präsidentensessel der Stuttgarter Polizei vor allem deswegen gebracht, weil er sich als Polizeiführer in sogenannten Großlagen dutzendfach bewährt hatte. Für den Oberstaatsanwalt a.D. ist freilich das der Knackpunkt an der Sache. In eigener Sache. Und spätestens ab 11.53 Uhr.

Die nächste Version, die dritte inzwischen

Da sitzt Häußler im vor dem Landtag geparkten Führungsfahrzeug und hört über Funk die Meldung des im Prozess angeklagten Einsatzabschnittsleiters Andreas F., der die Freigabe des unmittelbaren Zwangs erbittet, den Einsatz von Schlagstöcken und Wasserwerfern. Der Zeuge liefert die mittlerweile dritte Version dazu, wer diese Frei-

gabe erteilt hat: Laut Häußler war es Polizeihauptkommissar Sch.,
der Führungsgehilfe des Polizeipräsidenten. Denn Stumpf hatte Sekunden zuvor das Auto verlassen und sich in den Landtag begeben, um an
einer Pressekonferenz des Innenministeriums teilzunehmen. Nein,
nachgefragt, ob das sein kann, dass ein Führungsgehilfe eine solche
Freigabe erteilt, hat Häußler nicht.

Alles, was in den entscheidenden Minuten danach passierte, will
Häußler nicht mitgekriegt haben, denn die Kommunikation lief von da
an nicht mehr über Funk, sondern übers Handy: Norbert Walz, der
stellvertretende Polizeipräsident, übernahm vom Präsidium aus die
Führung, telefonierte mit Stumpf, nahm die Freigabe in Teilen zurück,
gab Andreas F. Bescheid, beschränkte den Einsatz der Wasserwerfer
auf Wasserregen. Oder will das zumindest getan haben. Dokumentiert
ist es nirgends. Wäre es ein Funkspruch gewesen, wäre es dokumentiert. „Melden macht frei", sagt – ohne rot zu werden – dazu der Zeuge
Bernhard Häußler, „melden ist eine Bringschuld."

Häußler erkennt
seine „blöde Situation"

Deshalb greift er selber zum Handy und ruft in der Staatsanwaltschaft
an. Nicht den Chef, aber den stellvertretenden Behördenleiter Götz
kriegt er ans Telefon. Und teilt mit, was ihm schlagartig klar geworden
ist: Die Polizei hat die Kontrolle über diesen Einsatz verloren, es wird
Verletzte geben, umfangreiche Ermittlungen der Staatsanwaltschaft,
vielleicht auch gegen Polizeibeamte, werden die Folge sein. Und er,
Häußler, ist ab sofort nicht mehr nur Staatsanwalt, sondern auch
Zeuge. Er sieht sich plötzlich „in einer blöden Situation" und bietet
seinem Vorgesetzten an, sich rauszunehmen aus dem Einsatz, weist
aber darauf hin, dass sich dadurch die Staatsanwaltschaft ihrer Aufgabe
entziehe. Oberstaatsanwalt Hansjörg Götz folgt Häußlers Vorschlägen,
belässt ihn selber vor Ort und ordert zwei weitere Staatsanwälte ab in
den Einsatzabschnitt 6, ins Polizeipräsidium also, um dort eventuelle
Festnahmefälle bearbeiten zu können.

Von da an, behauptet Bernhard Häußler vor Gericht, sei der Einsatz am Schwarzen Donnerstag für ihn ein anderer gewesen: Von da an bis zum nächsten Morgen um 3.40 Uhr, als er endlich Feierabend machte, habe er zwar weiterhin „wie eine Klette" am Polizeipräsidenten Stumpf gehangen, aber „nicht mehr zugehört, wenn über polizeitaktische Dinge gesprochen wurde". Sogar extra „weggehört" und räumlichen Abstand gehalten hat er in solchen Fällen. Zum Beispiel später auf dem Feldherrnhügel im Park, als Stumpf mit dem heute angeklagten Andreas F. sprach.

Und genau hingeschaut hat er auch nicht. Weder auf die Uhr, denn Videos und Fotos belegen seine Anwesenheit im Park zu einem Zeitpunkt, der wenigstens eine halbe Stunde vor demjenigen lag, den er selber in seinen Aktenvermerken zu Protokoll gab. Noch auf die persönliche Umgebung, denn dass der vermisste Vertreter des Amts für öffentliche Ordnung dort auf dem Feldherrnhügel drei Meter von ihm entfernt stand, hat Häußler „erst jetzt durch Fotos im Internet bemerkt". (Auf Deutsch: durch unsere Berichterstattung.) Noch hat er erkennen können, dass die Wasserwerfer zum Zeitpunkt seiner Anwesenheit auf dem Feldherrnhügel etwas anderes als Wasserregen von sich gaben, obwohl die Polizeivideos anderes zeigen: brutale Wasserstöße auf Menschen, die in nächster Nähe vor dem Wasserwerfer auf dem Boden sitzen und eine Plane über ihre Köpfe gezogen haben.

Immer wieder dieses Foto. Diesmal: Häußler und der (nur von ihm!) vermisste Mann von Ordnungsamt.

Das, sagt Bernhard Häußler ohne jede Emotion, habe ihn nicht besonders interessiert, denn Wasserstöße auf Planen seien ja nur „Gewalt gegen Sachen". Zuvor hat er ausgesagt, dass er im März 2009 als Beobachter an einer Übung von Wasserwerfer-Einsätzen teilgenommen und dabei beobachtet hat, wie ein Wasserstoß einen schutzbekleideten Polizeifreiwilligen „einfach umgeworfen" hat.

Durchs Gebüsch auf den Feldherrnhügel gekrochen

Hinein ins Geschehen hatte sich der Polizeiführer Stumpf kurz nach 14 Uhr endlich begeben, durch ein Loch im Zaun mussten sie kriechen, dann durchs Gebüsch, und dort auf dem Hügel hat Häußler weg-, aber auch hingehört: Übel beschimpft habe man sie, ihn selber habe man als „Roland Freisler" beleidigt. Wie schräg dieser Vergleich auch sein mag, eines ist auch Häußler: Überzeugungstäter. Denn da ist es wieder: dieses blanke Unverständnis dafür, dass ihm als Person, seinem Fleiß, seinem Juristenverstand, seiner Lebensleistung, mit dermaßenen Vorbehalten begegnet wird.

Und dann sorgt er sofort selber für den nächsten, als Manuela Haußmann eine dreiviertelstündige Mittagspause ausruft. Unglaublich, aber wahr: Häußler trifft sich zum Cappuccino im Caffé dolce in der Urbanstraße mit dem Sitzungsvertreter der Staatsanwaltschaft, der bis vor einem Jahr sein Untergebener war. Das ist durch die Strafprozessordnung zwar nicht verboten, aber es ist guter Brauch in der Justiz, dass Richter, Staatsanwälte und Verteidiger Abstand zu Zeugen halten, deren Vernehmung noch läuft. Um den Verdacht von Absprachen gar nicht erst aufkommen zu lassen.

Über die seltsamen Methoden des Staatsanwalts Stefan Biehl, der in Häußlers Auftrag die Ermittlungen in diesem Verfahren geführt und die Anklage formuliert hat, haben wir schon mehrfach berichtet. Und als das Duo am Stehtisch im Café fotografiert wird, macht Biehl tatsächlich Anstalten, dem Fotografen das Handy abzunehmen. Doch der ist schneller.

Dafür weiß Stefan Biehl danach, als die Richter mit der Befragung des Zeugen dann irgendwann durch sind, ganz anders als die Verteidiger und die Nebenklägeranwälte, offenbar schon alles, denn die Staatsanwaltschaft hat an den Zeugen Häußler „keine Fragen".

Warum wurde das Verfahren Häußler nicht entzogen?

Dabei bleiben am Ende einer fast sechsstündigen Aussage viele Fragen offen, darunter zwei wichtige.

Zum Ersten: Wenn der Vertreter der Staatsanwaltschaft im Vorfeld eines solchen Einsatzes „nicht informiert" ist und deswegen aber „auch nichts vermisst" hat, wenn er im Einsatz über weite Strecken „außen vor" ist und „nichts mitkriegt", wenn er an entscheidenden Stellen „nicht nachfragt" und für den Rest des Tages dann „bewusst weghört" – wohlgemerkt: alles Häußler-Zitate! –, entzieht sich dann nicht die Ermittlungsbehörde tatsächlich ihrer Aufgabe, allerdings durch eigenes Verschulden? Und hätte sie nicht ihren eigenen Vertreter, der sich so verhält, auf den Prüfstand zu stellen? Zumal ihn, diesen lange vor Stuttgart 21 schon – und aus guten Gründen – umstrittenen Häußler?

Und zum Zweiten: Wie konnte es sein, dass genau dieser Mann, also dieser Zeuge, dann die Verantwortung für die Ermittlungen zum Schwarzen Donnerstag bei sich behalten und in seiner Abteilung delegieren durfte? Und damit bestimmen konnte.

Denn § 146 des Gerichtsverfassungs-Gesetzes schreibt nun mal vor: „Die Beamten der Staatsanwaltschaft haben den dienstlichen Anweisungen ihres Vorgesetzten nachzukommen."

Erschienen am 12. November 2014; Kontext:Wochenzeitung Ausgabe 189

ONLINE-KOMMENTARE

12.11.2014 09:55 Peter S.: An welche Zeitperiode erinnert mich dieser furchtbare Jurist? Dieses unglaubliche Springen zwischen Rollen um jeweils nichts verantworten zu müssen? Diese Fähigkeit, offensichtliches nicht gesehen zu

haben? Die unglaubliche Gabe, die Ohren auf Befehl und ohne Benutzung der Hände verschliessen zu können? Diese volle Überzeugung immer und alles richtig gemacht zu haben bzw entsprechende Anweisungen korrekt befolgt zu haben?

12.11.2014 16:31 **Eberhard W.:** Ich verstehe den Justizminister Stickelberger von der SPD nicht. Solche Zustände in einer Staatsanwaltschaft darf man nicht dulden.

12.11.2014 23:48 **Reinhard A.:** Ich habe diesen Artikel jetzt mehrmals gelesen und die Einlassungen von OStA i.R. Häußler machen mir mehr und mehr eine bodenlose Angst vor dem inneren Zustand unserer staatlichen Exekutivorgane.

14.11.2014 13:25 **Benno Mehring:** Seit Monaten fördern die Autoren Bartle und Reicherter im Zusammenhang mit dem Schwarzen Donnerstag Sachverhalte bei Staatsanwaltschaft, Landespolizei und der vormaligen Landesregierung zutage, die den Verdacht einer kriminellen Vereinigung zwecks Vertuschung schwerer Straftaten begründen. Und was folgt daraus? Nach wochenlanger Bedenkzeit die Eröffnung eines Ermittlungsverfahrens gegen den ehemaligen Polizeipräsidenten Stumpf „wegen des Verdachts der fahrlässigen Körperverletzung im Amt durch Unterlassen". Folgenlos blieb bisher hingegen, dass er – ebenso wie der Oberstaatsanwalt a. D. Häußler – vor Gericht und im Untersuchungsausschuss des Landtags gleich mehrfach falsch ausgesagt hat. Ganz zu schweigen von den unglaublichen Handlungen und Unterlassungen des letztgenannten furchtbaren Juristen in seiner Eigenschaft als Abteilungsleiter bei StA Stuttgart bei der Aufbereitung der Geschehnisse rund um den 30. September 2010. Dem Kartell des Schweigens über die himmelschreienden Missstände innerhalb der baden-württembergischen Justiz, die mit dem Begriff schwarzer Filz geradezu beschönigt werden, muss sich neben dem Leiter der StA Stuttgart, Mahler, Generalstaatsanwalt Brauneisen und Vorgänger Pflieger sowie Justizminister Stickelberger auch Ministerpräsident Kretschmann zurechnen lassen, der diesen Rufschaden für unser Bundesland offenbar billigend in Kauf nimmt.

Billiger

Deal

Pressekonferenz der Nebenkläger vor dem
Gerichtsgebäude: „Kein faires Verfahren".

Der Wasserwerfer-Prozess ist plötzlich und
unbefriedigend zu Ende gegangen:
Die 18. Große Strafkammer am Landgericht
Stuttgart hat das Verfahren gegen Zahlung von
3000 Euro für die beiden Angeklagten eingestellt. Bei der Verlesung des Beschlusses kam
es zu Unmutsäußerungen, worauf die Richterin
den Saal räumen ließ.

Die brisante Nachricht einer möglichen Einstellung des Verfahrens ging um 19.09 Uhr am vergangenen Donnerstag (20.11.) online: Die 18. Große Strafkammer unter Vorsitz von Manuela Haußmann beabsichtige, das Verfahren gegen die beiden angeklagten Einsatz-abschnittsleiter Jürgen von M-B. und Andreas F. wegen geringer Schuld gemäß § 153 a der Strafprozessordnung gegen Zahlung einer Geldauf-lage von jeweils 3000 Euro einzustellen, meldete die „Stuttgarter Zei-tung" exklusiv in ihrem Internet-Portal.

Und löste helle Empörung aus: In der Protestbewegung gegen Stuttgart 21, unter all denen, für die der Polizeieinsatz am 30.9.2010 im Schlossgarten unvergesslich bleiben wird, vor allem aber bei jenen Opfern von Polizeigewalt, die im Prozess als Nebenkläger auftreten. Denn auch sie erfuhren die niederschmetternde Neuigkeit aus den Medien.

Gegen 17.15 Uhr an jenem Donnerstag hatte die Strafkammer die vier Nebenklägervertreter per Telefax über den Deal informiert, über den bereits seit Tagen hinter dem Rücken der Nebenklage verhandelt worden war. Zu dieser Uhrzeit befand sich freilich nur der Freiburger Rechtsanwalt Frank-Ulrich Mann noch am Schreibtisch seiner Kanzlei. Die übrigen Anwälte wie auch ihre Mandanten wurden deshalb von der nicht einmal zwei Stunden später veröffentlichten Zeitungs-meldung, die sich wie ein Lauffeuer verbreitete, mehr als unange-nehm überrascht. Da Mann beteuert, die Neuigkeit nicht an die Medien gegeben zu haben, muss der Tipp anderswoher gekommen sein. Womöglich aus dem Landgericht selber.

Zwischenberatungen schon seit Anfang November

Nach unseren Informationen hat Manuela Haußmann die Verhand-lungen mit Staatsanwaltschaft und Verteidigern wegen der Verfahrens-einstellung schon geraume Zeit geführt. Denn bereits am Montag, 3.11.2014, nach der Vernehmung des Leiters des polizeilichen Führungs-stabs, Andreas St. (ausgerechnet der Zeuge, der von akribischer Vorbe-reitung des Einsatzes gesprochen hatte), und am Mittwoch, 5.11.2014, nach der Vernehmung von Oberstaatsanwalt Bernhard Häußler (der auch bekundet hatte, er habe sich während des Einsatzes von den Verantwortlichen der Polizei entfernt gehalten und nicht hingehört, um später keine Zeugenaussage machen zu müssen) führte die Strafkammer Zwischenberatungen zum Verfahrensstand durch.

Hierbei kamen die drei Berufsrichter und die beiden Schöffen zum Ergebnis, bei den Angeklagten liege nach vorläufiger Wertung nur eine geringe Schuld vor. Das Gericht ging abweichend von der Anklageschrift der Staatsanwaltschaft nicht davon aus, die Polizeiführung habe den Wasserwerfer-Einsatz auf Wasserregen beschränkt. Zumindest aber sei von nachträglicher Billigung der unbeschränkten Wasserabgabe (also auch Wasserstöße gegen Menschen) durch den damaligen Polizeipräsidenten Siegfried Stumpf auszugehen. Auch hätten die beiden Angeklagten keinen Einfluss auf die Vorbereitung des Einsatzes gehabt.

Als Folge dieses Zwischenergebnisses nahm die Vorsitzende im Beisein der Berichterstatterin Anna Müller-Nies am Freitag, 7.11.2014, telefonisch Kontakt mit Staatsanwalt Stefan Biehl auf und regte die besagte Verfahrenseinstellung an. Nach diesem Telefonat informierte Manuela Haußmann telefonisch die Vorgesetzte Biehls, Oberstaatsanwältin Christiane Arndt, über den Vorschlag zur Einstellung. Üblicherweise wird in besonders bedeutenden Fällen mit öffentlichem Interesse nicht nur der Behördenleiter der Staatsanwaltschaft (Siegfried Mahler), sondern auch der Generalstaatsanwalt (Achim Brauneisen) und das Justizministerium (Justizminister Rainer Stickelberger) einbezogen. Sehr wahrscheinlich, dass auch in diesem Fall so verfahren wurde.

Wie auch immer, am Montag, 17.11.2014, teilte Staatsanwalt Biehl der Vorsitzenden telefonisch die Zustimmung der Staatsanwaltschaft mit. Anschließend informierte Manuela Haußmann telefonisch die Wahlverteidiger der beiden Angeklagten, die den Vorschlag mit ihren Mandanten besprechen wollten. Am selben Tag hob Manuela Haußmann „aus dienstlichen Gründen" ohne weitere Erklärung den für den übernächsten Tag (Mittwoch, 19.11.2014) angesetzten Verhandlungstermin auf, an dem ein Polizeibeamter hätte vernommen werden sollen. In einem weiteren Telefonat an diesem Mittwoch, 19.11.2014, mit einem Verteidiger wurde der Empfänger der Bußgeldzahlungen bestimmt – die Deutsche Kinderkrebsstiftung in Bonn – und eine Entscheidung über eine Zustimmung der Angeklagten bis zum Folgetag besprochen. Die schriftlichen Zustimmungserklärungen beider Verteidiger sowie der Staatsanwaltschaft gingen dann tatsächlich am Donnerstag, 20.11.2014, beim Landgericht ein, das am Abend die Nebenkläger wie beschrieben informierte und ihnen Gelegenheit zur Stellungnahme bis Montag, 24. November 2014, 16.00 Uhr, einräumte.

Zustimmung der Nebenkläger nicht erforderlich

Nach § 153 a StPO kann das Gericht mit Zustimmung der Staatsanwaltschaft und der Angeklagten das Verfahren gegen Auflagen und Weisungen vorläufig einstellen, wenn „diese geeignet sind, das öffentliche Interesse an der Strafverfolgung zu beseitigen, und die Schwere der Schuld nicht entgegensteht". Als Auflagen und Weisungen kommen Geldzahlungen, aber auch Schadenswiedergutmachung und ein Ausgleich mit Verletzten in Betracht. Die Zustimmung von Nebenklägern ist nicht erforderlich. Allerdings gesteht die Strafprozessordnung Nebenklägern zahlreiche Verfahrensrechte zu. Der verfassungsrechtliche Grundsatz des fairen Verfahrens gebietet, dass Nebenkläger vor Entscheidungen gehört werden müssen, auch wenn ihre Zustimmung zu diesen nicht erforderlich ist. Dahinter steht die Erwägung, Nebenkläger könnten durch sachliche Argumente die Verfahrensbeteiligten, die entscheiden oder zustimmen müssen, von ihrer Meinung überzeugen und eine ihren Interessen widersprechende Entscheidung verhindern. Hier hätte also die theoretische Möglichkeit eingeräumt werden sollen, die Staatsanwaltschaft von einer Zustimmung zu einer Einstellung abzuhalten oder das Gericht zu überzeugen, trotz Zustimmung von Staatsanwaltschaft und Angeklagten die Einstellung abzulehnen. Eine Konstellation, die in der Praxis durchaus vorkommt. Hier aber wohl nicht mehr gewünscht war.

So sehen es auch die Nebenklägervertreter. Sie entschlossen sich deshalb, alle Mitglieder der Strafkammer wegen Besorgnis der Befangenheit abzulehnen, was sie öffentlichkeitswirksam im Rahmen einer Pressekonferenz vor dem Landgericht am vergangenen Sonntag mit dem Einwurf ihrer Schriftsätze in den Gerichtsbriefkasten umsetzten. Ihre Argumente, die sie auf der Pressekonferenz erläuterten, wiegen schwer: Die Zwischenberatungen der Strafkammer hätten keine ausreichende Grundlage gehabt, denn der Sachverhalt sei noch nicht genügend aufgeklärt worden. Weder hätten die Nebenkläger Gelegenheit gehabt, zu den Aussagen der am 3. und 5.11. vernommenen Zeugen Stellung zu nehmen, noch seien die vom Gericht selbst bereits geladenen Zeugen und Sachverständigen, die zur weiteren Aufklärung erforderlich gewesen wären, angehört worden. Auch seien Zeugenaussagen falsch gewertet worden. Zudem sei die Schuld der beiden Angeklagten keineswegs gering.

Verstoß gegen das Gebot eines fairen Verfahrens

Insbesondere aber rügen die Nebenklagevertreter, sie seien bei den Gesprächen zwischen Gericht, Staatsanwaltschaft und Verteidiger weder einbezogen noch auch nur informiert, vielmehr vor vollendete Tatsachen gestellt worden. Und dies, obwohl über ihre bereits vor Monaten zur Sachaufklärung gestellten Beweisanträge – bis hin zur Zeugenvernehmung des Ministerpräsidenten Winfried Kretschmann – immer noch nicht entschieden worden sei. Die Anwälte nennen die Vorgehensweise des Gerichts willkürlich und dem Gebot eines fairen Verfahrens widersprechend.

Schließlich besteht auch noch die Möglichkeit, dass die Strafkammer bei der endgültigen Verfahrenseinstellung (nach Erfüllung der Auflage aus der vorläufigen Einstellung) den Angeklagten nicht die Auslagen der Nebenkläger auferlegt, diese also vor allem auf ihren Anwaltskosten sitzen bleiben. Die Strafprozessordnung schreibt übrigens vor, dass bei einer Verfahrenseinstellung die Staatskasse die Kosten des Verfahrens (die Auslagen für Zeugen und Sachverständige) trägt, während die Angeklagten ihre eigenen notwendigen Auslagen, insbesondere ihre Anwaltskosten, selbst tragen müssen. Die Angeklagten können allerdings darauf hoffen, dass ihr Dienstherr die Rechnungen der Verteidiger übernimmt.

Die Befangenheitsanträge wirbelten die Terminplanung der Strafkammer nur scheinbar durcheinander, denn die damit befassten Richterkollegen arbeiteten schnell, so dass die Kammer wie gewünscht am Mittwoch (26.11.) – anstatt morgens um 9 Uhr nachmittags um 14 Uhr – die Einstellung verkünden konnte.

Mal wieder der Vorwurf, mit zweierlei Maß zu messen

Und es wurde kein guter Tag für die Stuttgarter Justiz. Nach der auf Biegen und Brechen durchgedrückten Einstellung wird sie sich dem Vorwurf ausgesetzt sehen, einmal mehr mit zweierlei Maß gemessen zu haben. Denn bei Verfahren gegen S-21-Gegner ist man nicht so zimperlich. Oft werden Minimalvorwürfe durch alle Instanzen verfolgt oder Einstellungen bei weit geringeren Vorwürfen als denjenigen, die den beiden Angeklagten gemacht werden, mit saftigen Geldauflagen verbunden. Mehrere Nebenklägeranwälte berichteten am Sonntag von anderen Verfahren, in denen ihre jeweiligen Mandanten bei weitem keine so billigen Deals bekamen wie Andreas F. und Jürgen von M-B.

Wie dem auch sei, die Nachricht von der geplanten Verfahrenseinstellung sorgt für erhebliche Unruhe in den Kreisen der Bewegung gegen Stuttgart 21, wie die vergangene Montagsdemo mit vielen Transparenten eindrücklich zeigte. Inzwischen gibt es eine Unterschriftensammlung, mit der Justizminister Rainer Stickelberger aufgefordert wird, für eine Fortsetzung des Prozesses zu sorgen. Dies ist allerdings rechtlich nicht mehr möglich, weil die bereits erteilte Zustimmung der Staatsanwaltschaft zur Einstellung bindend ist und Stickelberger dem unabhängigen Gericht keine Weisungen erteilen kann.

Bedrückende Neuigkeiten auch aus den Reihen der Nebenkläger: Nach uns vorliegenden Informationen hat die überraschende Nachricht von der bevorstehenden Verfahrenseinstellung bei einigen

Nebenklägern für erneute psychische Belastungen gesorgt. Es erscheint unsicher, ob diese Verletzten psychisch in der Lage sein werden, an einem weiteren Gerichtstermin teilzunehmen. Inzwischen wurde auch das Kopf-hoch-Team der Parkschützer, welches Opfer des Polizeieinsatzes betreut, wieder aktiv und bietet Hilfestellung für Betroffene an – eine Aufgabe, die nach dem MANV-Konzept (Unglücksfall mit einer Vielzahl von Verletzten) eigentlich Sache der Behörden und der Kirchen wäre. Und zwar seit über vier Jahren schon.

Und noch ein eingestelltes Verfahren

Gemäß Paragrafen 153 der Strafprozessordnung hat die Staatsanwaltschaft Stuttgart am 13. November auch das Ermittlungsverfahren gegen die beiden Autoren Jürgen Bartle und Dieter Reicherter eingestellt. Ihnen war vorgeworfen worden, am 23. Juli in ihrem Artikel „Aufpassen auf die Laterne" „auszugsweise wörtlich" aus einem nicht öffentlichen Gerichtsbeschluss zitiert und sich damit „verbotener Mitteilungen über Gerichtsverhandlungen" schuldig gemacht zu haben. Angezeigt hatte den Vorgang der Verteidiger des Angeklagten Andreas F.

Die beiden „nicht vorbestraften Beschuldigten" seien zwar „hinreichend verdächtig", sich strafbar gemacht zu haben, heißt es in der Einstellungsverfügung der Staatsanwaltschaft, jedoch läge ihre Schuld „im unteren Bereich des Strafrahmens" und die verursachten Folgen seien „als gering anzusehen". Überdies bestehe kein öffentliches Interesse an der Strafverfolgung.

Ein solches könnte im aktuellen Fall allerdings sehr wohl bestehen: Wer auch immer der „Stuttgarter Zeitung" den Tipp in Sachen Verfahrenseinstellung gegeben hat, dürfte sich wegen „verbotener Mitteilungen über Gerichtsverhandlungen" ebenso strafbar gemacht haben wie die Autorin des Textes. Jürgen Bartle und Dieter Reicherter sind sehr gespannt, ob die Staatsanwaltschaft Stuttgart in dieser Sache Ermittlungen aufnimmt.

Erschienen am 26. November 2014; Kontext:Wochenzeitung Ausgabe 191

ONLINE-KOMMENTARE

26.11.2014 01:22 **Bruno Bienzle:** Einstellung des Verfahrens nebst Befangenheitsantrag der Nebenkläger hin oder her: Schon jetzt darf man vom Skandal im Skandal sprechen: 1) zweierlei Maß der Staatsanwaltschaft bei der Aufarbeitung des Schwarzen Donnerstags; 2) trotz eindeutiger Belege für eine Befangenheit des zuständigen Staatsanwalts, OStA Häußler, inzwischen a. D., versäumen es Generalstaatsanwaltschaft und/oder Justizminister, eine auswärtige Staatsanwaltschaft mit den von Häußler und Nachfolgern parteilich geführten Ermittlungen zu befassen. So kommt es, dass der Sitzungsvertreter der Staatsanwaltschaft während des Wasserwerfer-Prozesses außerhalb des Gerichtssaales Kontakt mit dem Zeugen Häußler aufnimmt und dadurch das – wenn auch unausgesprochene – Distanzgebot locker missachtet und die Behördenleitung dieses in Kontext dokumentierte Fehlverhalten offenkundig toleriert. Immerhin spricht der schleppende und damit verspätete Fortgang der Ermittlungen seitens der StA dafür, dass allein die Berichterstattung von Kontext und die Aktivitäten der Nebenklage zur Anklage der beiden Einsatzleiter geführt haben. Weiterer Skandal im Skandal ist der Umstand, dass bis heute kein Ermittlungsverfahren gegen OStA a. D. Häußler eingeleitet wurde.

26.11.2014 18:07 **Alfred:** Allein wie die Einstellung heute von der Vorsitzenden Richterin in unangemessenem Ton in den Gerichtssaal gebrüllt wurde, zeigt mir was mir schon meine Großmutter erklärte: „Wer schreit, hat Unrecht". Heute hat die politische Justiz ihr wahres Gesicht gezeigt.

193

Unser Kommentar

Ja. Aber!

Dass die 18. Große Strafkammer des Landgerichts den Prozess ohne gründliche Aufklärung vorzeitig beendet und die beiden Angeklagten mit je 3000 Euro Geldauflage billig davonkommen lassen hat, ist nicht der Kern des Skandals. Das ist – mindestens aus Sicht des Steuerzahlers, der so ein teures Spektakel mit fast 30 Beteiligten zu großen Teilen finanziert – sogar halbwegs verständlich.

Diese Strafkammer hatte ja nie die Aufgabe, den Schwarzen Donnerstag aufzuklären. Sie konnte nur verhandeln über das, was von der Staatsanwaltschaft angeklagt wurde. Und die beiden angeklagten Einsatzabschnittsleiter Andreas F. und Jürgen von M-B. sind, das haben 24 Verhandlungstage eindeutig erbracht, zumindest nicht allein verantwortlich zu machen für den Polizeieinsatz vom 30. September 2010 und dafür, dass er völlig missglückte und mehr als 400 Verletzte forderte. **Aber ...**

Diese Strafkammer hat sogar, weit mehr als zwei Untersuchungsausschüsse des Landtags, ans Tageslicht gebracht, wie viel blankes Unvermögen hoch bezahlter Staatsdiener zusammenwirken musste, ehe etwas dermaßen schiefgehen konnte. Das ist ein Skandal: Kein Verantwortlicher aus der Spitze der Stuttgarter Polizei und der Polizeiführung des Landes hat seit September 2010 irgendeinen Nachteil erlitten aus seinem (Nicht-)Handeln am Schwarzen Donnerstag. Sie alle sind entweder im wohlbestallten vorzeitigen Ruhestand oder sind am selben Platz oder wurden inzwischen befördert. Bestraft wurden in vier Jahren und sieben Wochen seither nur kleine Chargen: zwei Bereitschaftspolizisten, einmal in Sachen Pfefferspray, einmal in Sachen Schlagstock, und drei Mitglieder

der Wasserwerferstaffel. Für alle diese Beschuldigten war ihr Arbeitstag am 30.9.2010 ein teureres Vergnügen als für Polizeioberrat Andreas F. und Polizei-Direktor Jürgen von M-B. **Aber ...**

Diese Strafkammer hätte weitere Zeugen hören, den Prozess locker bis zur Sommerpause 2015 weiterführen können und – wäre angesichts ihrer bereits jetzt gefestigten Überzeugungen wohl trotzdem zu keiner anderen Beurteilung gekommen als derjenigen, dass diese beiden Ange- klagten nicht mehr als eine geringe Schuld trifft. Viele bereits einbestell- te Zeugen bleiben so ungehört, praktisch alle Beweisanträge der Neben- klage unbearbeitet. Das ist schlimm für alle, die ihre Hoffnungen darauf gesetzt hatten, dass ein Strafprozess endlich das leistet, was zu leisten die grün-rote Regierung seit drei Jahren und sieben Monaten versäumt. Aufklärung nämlich. Und Konsequenzen. Denn aus keiner polizeilichen Zeugenaussage während dieses Prozesses ging hervor, dass sich die Fehler, die am Schwarzen Donnerstag gemacht worden sind, morgen nicht wiederholen können. Ein Freispruch nach ordnungsgemäß zu Ende ver- handeltem Prozess wäre leichter zu ertragen gewesen als diese gericht- liche Arbeitsverweigerung. **Aber ...**

Diese Strafkammer hat auch alles dafür getan, dass Vertrauen in die Justiz, dass Vertrauen darauf, in dieser Stadt Gerechtigkeit erfahren zu können, wenn es um Stuttgart 21 geht, weiterhin schwindet. Nicht nur mit dem Deal, den sie jetzt herbeigeführt hat, ohne wirklich aufgeklärt zu haben. Vor allem aber mit der Art und Weise, wie sie ihn hinter dem Rücken der Nebenklage ausgehandelt hat. Dafür hat sie sich zum Ende hin und völlig zu Recht nun noch einen Befangenheitsantrag. Dass freilich eine benachbarte Kammer desselben Gerichts deswegen ein fast schon abgeschlossenes Mammutverfahren noch platzen lassen würde, war ziemlich unwahrscheinlich, zumal in Stuttgart. **Aber ...**

Schlimmer noch als damit hat Manuela Haußmann dem Ansehen ihres Berufsstandes geschadet, indem sie schon im Vorfeld und dann an jedem einzelnen Verhandlungstag unverhohlen zu erkennen gab, wen sie nicht mag: die Öffentlichkeit. Eine sehr jung, mit 40, auf den Stuhl einer Vorsitzenden Richterin Berufene hat in ihrem ersten großen Verfahren dabei angeordnet, was sie – angeblich aus Sicherheitsgründen – für geboten hielt. Verhältnismäßig waren diese Schikanen zu keinem Zeitpunkt und desto weniger, je länger der Prozess völlig reibungslos ablief. **Aber ...**

Ein noch jüngerer Staatsanwalt, der die Ermittlungen in diesem Verfahren mitunter sehr eigenwillig, aber stets mit Wohlwollen der Polizei gegenüber geführt hat, ist nun der Profiteur dieses unverhofft schnellen Prozessendes. Stefan Biehl, 38, kann seinen neuen Job beim Generalbundesanwalt in Karlsruhe jetzt doch pünktlich zum 1. Januar antreten. Er hat sich rückversichert bei seinen Vorgesetzten, dass er dem Deal zustimmen darf. Und bekam das Ja von oben für die finale Bankrotterklärung jener Behörde, die seit Jahren schon ihrer Aufgabe – objektiv – nicht mehr nachkommt. Denn die Zustimmung zu diesem billigen Deal steht endgültig in gar keinem Verhältnis zum Verhalten der Staatsanwaltschaft Stuttgart in unzähligen Verfahren gegen S-21-Gegner, in denen die „objektivste Behörde der Welt" bis zuletzt Verfahrenseinstellungen verweigerte oder auf Geldbußen bestand weit oberhalb dessen, dem sie jetzt zugestimmt hat.

Der Justizskandal, den es nicht erst seit gestern gibt in Stuttgart, ist nicht Sache von Amtsrichtern oder Strafkammern. Der Justizskandal, der mit der voraussichtlichen Einstellung des Wasserwerfer-Verfahrens einen neuen Höhepunkt erlebt, sitzt in der Neckarstraße 145 und hat einen Namen: Staatsanwaltschaft Stuttgart.

Elendes

Ende

Um den Wasserwerfer-Prozess schnell zu
einem Abschluss zu bringen, ließ die Richterin
Manuela Haußmann sogar eine Beweis- und
Festnahmeeinheit (BFE) der Polizei den Gerichts-
saal räumen. Das elende Ende passt zum
Ergebnis: Das Verfahren wurde eingestellt.

Mittwoch, 26. November, 14 Uhr: Es kann verhandelt werden! Kurz nach 11 Uhr am Vormittag hatte die sogenannte Vertretungskammer am Landgericht entschieden, dass die Befangenheitsanträge unbegründet seien, die von den Nebenklagevertretern zwei Tage zuvor gestellt worden waren – als ein letzter verzweifelter Versuch, die Missachtung ihrer Prozessrechte juristisch zu korrigieren. (Ein aussichtsloser Versuch, denn die Vertretungskammer hätte nicht nur den Kollegen von der 18. schmerzlich vors Schienbein treten müssen, sondern danach die Neuauflage des Prozesses selbst an der Backe gehabt ...)

Die insgesamt vier Beschlüsse, ein großer Stapel Papier, liegen bei Verhandlungsbeginn säuberlich auf den Plätzen der Rechtsanwälte und der Staatsanwaltschaft. Sie in Ruhe zu lesen und zu bewerten, über etwaige weitere Verfahrensanträge zu entscheiden, nicht anwesende Mandanten zu informieren (ein Teil der Nebenkläger war wegen psychischer Probleme im Zusammenhang mit der anstehenden Entscheidung nicht erschienen), das alles wäre für die Atmosphäre im voll besetzten Saal (viele Erschienene wurden wegen Überfüllung nicht eingelassen) von Vorteil gewesen. Doch so viel Zeit soll nicht mehr sein.

Gerichtlicher Schweinsgalopp

Kaum haben die zahlreichen Medienvertreter ihre Fotoaufnahmen beendet, wird die Verhandlung eröffnet und beginnt Manuela Haußmann, die Vorsitzende, mit der Verlesung des Einstellungsbeschlusses. Weit kommt sie nicht, denn eine Nebenklagevertreterin, deren Mandantin nicht erschienen ist, beantragt Unterbrechung der Sitzung, um mit der Verletzten telefonisch Kontakt aufnehmen zu können wegen möglicher Rechtsmittel. Wortwechsel, weitere Anwälte schließen sich an, letztlich zehn Minuten Unterbrechung. (Später wird sich herausstellen, dass die zwei Rechtsanwältinnen den Großteil der Zeit damit verbracht haben, einen Raum zu finden, von wo aus sie ungestört telefonieren konnten. Weshalb sie noch nicht wieder im Saal sind, als Manuela Haußmann auf die Sekunde pünktlich die Sitzung fortsetzt – ohne die Anwältinnen. Später wird sie darauf hinweisen, dass deren Anwesenheit nicht vorgeschrieben sei.)

Weit kommt die Vorsitzende auch jetzt wieder nicht, denn nun melden sich die beiden anderen Nebenklagevertreter zu Wort, wollen noch Erklärungen abgeben. Rechtsanwalt Frank-Ulrich Mann, der den fast blinden Dietrich Wagner vertritt, beantragt die Vertagung der Verhandlung. Ein vernünftiger Vorschlag, denn bei der aufgekommenen Hektik in der Prozessleitung und der Unruhe im Saal wäre das genau der richtige Weg, um die entstandene Schärfe herauszunehmen und die Entscheidung, die nicht in der Hauptverhandlung getroffen und verkündet werden muss, in Ruhe und schriftlich mit der Post in die Welt zu setzen.

Was nun folgt, ist bemerkenswert. Die vorgesehene Stellungnahme der übrigen Verfahrensbeteiligten wird überhaupt nicht mehr eingeholt. Im Schweinsgalopp geht die Strafkammer raus und rein, schmettert im Minutentakt die Anträge ab, zuletzt den neuerlichen Befangenheitsantrag der Nebenkläger gegen die Vorsitzende, mit dem sie rügen, dass ihnen eine angemessene Zeit zu Stellungnahmen verweigert wird und die Beschlüsse in der kurzen Zeit nicht ordnungsgemäß beraten worden sein können. Auch jetzt geht es wieder zack, zack. Normalerweise müsste unterbrochen und ohne die abgelehnte Vorsitzende entschieden werden. Indes: Bei einer Ablehnung des Antrags als unzulässig darf sie mit entscheiden. Und gemeinsam befindet man, der Antrag sei lediglich zur Prozessverschleppung gestellt.

Fehler im Beschluss

Endlich – ohne weitere Aussprache – kommt dann der Beschluss. Das Verfahren wird gegen Zahlung von jeweils 3000 Euro vorläufig eingestellt. Im Eifer des Gefechts gleich noch ein Gesetzesverstoß im Beschluss. Denn die gesetzliche Höchstfrist zur Erfüllung der Geldauflage beträgt sechs Monate. Das wäre also der 26. 5. 2015. Unter Verletzung dieser Bestimmung wird eine Frist bis 30. 5. 2015 eingeräumt. Zwar nur vier Tage zu viel, aber doch vom Gesetz nicht gedeckt, ein unerklärlicher Fehler. Die endgültige Einstellung wird erfolgen, wenn das Geld bezahlt ist. Kommt keine Zahlung, muss der Prozess neu aufgerollt werden.

Doch darauf kommt es jetzt auch nicht mehr an. Eine Zuhörerin ent-
rollt – allen Leibesvisitationen am Einlass zum Hohn – ein Transparent
mit der Aufschrift „Schämt euch". Manuela Haußmann ordnet an,
diese Zuhörerin zu entfernen. Als Wachtmeister das umsetzen, entsteht ein Sprechchor: „Schämt euch." Worauf die Vorsitzende das um-
setzt, was sie zuvor für den Fall von Unmutsäußerungen aus dem
Publikum schon angedroht hatte. Sie ordnet die Räumung des Saals
an. Nur Journalisten dürfen bleiben.

In Sekundenschnelle stürmt ein Polizeitrupp den Saal, bildet
eine Kette. Das Publikum verlässt ohne Widerstand den Saal, auch
die vielen, die sich am Sprechchor nicht beteiligt hatten und die ange-
kündigte Begründung für die Einstellung gern gehört hätten. Dabei
sollten eigentlich die angeordneten Ausweiskopien der Zuhörer es
ermöglichen, Störer zu identifizieren. So lautete zumindest bislang
die Begründung für die Erhebung der Personalien. Auch diejenigen,
die vor dem Saal gewartet und nicht gestört hatten, erhalten später
keinen Einlass mehr.

Während die Ausgewiesenen spontan einen Demonstrationszug
bilden und zum Justizministerium ziehen (wo später der Pressesprecher des Ministers Rainer Stickelberger eine Protestresolution
entgegennimmt), begründet Manuela Haußmann vor kleinem Kreis
eine Stunde lang den Einstellungsbeschluss. Lediglich zwei der Schwer-
verletzten hören sich die akribische Schilderung an. Einer verlässt
nach einiger Zeit den Saal und muss draußen psychologisch betreut
werden. Nur Dietrich Wagner hält bis zum Schluss durch.

Transparenz à la Haußmann

Manuela Haußmann betont in allem Ernst, sie sei für Transparenz
und wolle deshalb in öffentlicher Hauptverhandlung (die freilich
zu diesem Zeitpunkt nicht mehr stattfindet) den Beschluss erläutern.
Sie spricht von Komplexität des Falles, von einer Fülle von Details.
Man erkenne das Leid der Verletzten und hege Mitgefühl. Eine umfassende Aufklärung wäre zwar wünschenswert, doch sei das Gericht
kein Untersuchungsausschuss. Lobende Worte findet sie für die An-

geklagten, für die sie eine Fürsorgepflicht habe. Trotz Anfeindungen und Beleidigungen hätten sie sachdienlich mitgewirkt und den Anstoß für Ermittlungen gegen den früheren Polizeipräsidenten Stumpf gegeben. Pathetisch erinnert sie an den Amtseid der Richter, wonach nicht die Erwartungshaltung der Öffentlichkeit die Richtschnur sein könne. Vielmehr sei eine Verurteilung „nicht angezeigt". Der Prozess sei „mit großem Interesse und Engagement geführt" worden. Alle wichtigen Zeugen seien gehört, alle wichtigen Beweismittel ausgewertet worden.

Von den ausstehenden zwölf Zeugen, die das Gericht von sich aus noch hatte hören wollen, seien keine neuen Erkenntnisse mehr zu erwarten gewesen. Die Behauptung, wichtige Teile der Beweisaufnahme fehlten noch, sei deshalb „völlig aus der Luft gegriffen". Die Angeklagten würden bei einer Fortsetzung „zu bloßen Objekten des Prozesses gemacht". Und die gestellten Beweisanträge der Nebenkläger seien bedeutungslos.

Dann folgt, Schlag auf Schlag, die Schilderung des Polizeieinsatzes: Die Angeklagten hätten keinen Einfluss auf die vorbereitenden Maßnahmen gehabt, unter schwierigen Bedingungen agieren müssen, von der Verspätung der bayrischen Unterstützungseinheit nichts mitbekommen. Hingegen sei für Stumpf, seinen Vertreter Norbert Walz und den Leiter des Führungsstabs, Andreas St., frühzeitig klar gewesen, dass das Einsatzkonzept nicht mehr greifen würde. Stumpfs Führungsassistent habe den Einsatz von Schlagstöcken und Wasserwerfern ohne Einschränkungen freigegeben, als Stumpf auf dem Weg zur Pressekonferenz im Landtag gewesen sei. Stumpf habe das mitgehört und sei nicht eingeschritten, habe die Freigabe also gebilligt. Und der Aussage von dessen Stellvertreter Walz, er habe nachträglich die Wasserabgabe auf Wasserregen beschränkt, folge das Gericht nicht (mit anderen Worten: Man hält Walz für unglaubwürdig).

Von Kopfverletzungen durch Wasserstöße hätten die Angeklagten nichts mitgekriegt. Es sei „unerheblich, wie viele Verletzte die Demosanitäter wahrgenommen" hätten. Die Wasserwerfer-Einsätze seien nach Auffassung der Strafkammer „grundsätzlich nicht zu beanstanden". Sie hätten immer nur dem „zu räumenden Sicherheitsbereich" gegolten. Immer wieder sei zum Verlassen jenes Bereichs, der sich im Laufe des Einsatzes örtlich verändert habe, aufgefordert worden. Die Wasserwerfer seien „verhältnismäßig und abgestuft" eingesetzt worden. Auf andere Weise sei der Zweck, die Räumung des Geländes, nicht erreichbar gewesen. Die Personen hätten sich freiwillig entfernen können, dann wären sie auch nicht verletzt worden.

Kein Wort zur Rechtmäßigkeit des Einsatzes insgesamt

Allerdings schweigt sich Manuela Haußmann aus zu den Fragen, ob nicht vor dem Einsatz unmittelbaren Zwangs die Versammlung hätte aufgelöst werden müssen, ob der Einsatz von Wasserstößen gegen mehrere Betroffene, die sich freiwillig entfernten oder weit vom Geschehen entfernt auf einer Wiese waren, rechtmäßig war. Dass Mittel des unmittelbaren Zwangs, die im Normalfall zur Verteidigung der Polizei bei Angriffen von Randalierern verwendet werden, hier zu Angriffszwecken gegen friedliche Demonstranten eingesetzt wurden, findet keine Erwähnung. Und auch der Umstand, dass der Polizeieinsatz der Ermöglichung eines Schwarzbaus diente, gibt offenbar keinen Anlass zu einer anderen Bewertung. Denn das Eisenbahn-Bundesamt hatte die Baumfällungen, die unter Polizeischutz durchgeführt wurden, sogar ausdrücklich verboten.

Nein, wichtig für die Strafkammer ist vielmehr, dass die Angeklagten „von Stumpf mit der Verantwortung allein gelassen" wurden. „Sie mussten in eiskaltes Wasser springen." Die Geschädigten treffe eine Mitschuld, denn ein Verlassen des Bereichs sei jederzeit möglich gewesen. Nicht einmal der Zeugenaussage des pensionierten Oberstaatsanwalts Häußler, die Angeklagten hätten ihre Meldepflicht an den Polizeiführer verletzt, mag die Kammer folgen. Das Verschulden der Angeklagten liege deshalb lediglich darin, dass sie die Unverhältnismäßigkeit von Kopftreffern hätten erkennen und dagegen einschreiten müssen, weshalb sie der fahrlässigen Körperverletzung im Amt in neun tateinheitlichen Fällen schuldig seien. Das Verschulden sei aber weit geringer als bei den Wasserwerfer-Besatzungen, die selbstständig vorgegangen seien.

Letztlich bestehe kein öffentliches Interesse an einer Bestrafung der Angeklagten. Weder zur Spezialprävention (Abschreckung der Angeklagten vor zukünftigen weiteren Straftaten) noch zur Generalprävention (Abschreckung anderer möglicher Straftäter) sei eine Bestrafung erforderlich, ebenso wenig wegen der Folgen ihrer Taten. Was allerdings nicht näher begründet wird, obwohl beispielsweise Verfahren gegen Autofahrer, die infolge momentaner Unaufmerksamkeit einen Fußgänger zum Krüppel fahren, nicht eingestellt werden. Insgesamt, so Manuela Haußmann, sei die Einstellung zwingend, die Verhängung einer Strafe verfehlt.

Zum Schluss weist die Vorsitzende den Vorwurf fehlenden Fingerspitzengefühls vehement zurück, befasst sich ausführlich mit Presseberichten zum Prozess, wirft den Nebenklagevertretern Verschleppungsabsicht vor, spricht ihnen ab, Organe der Rechtspflege zu sein, bemängelt, sie seien gegen Zuhörer nicht mäßigend eingeschritten.

Was umso unverständlicher ist, als Rechtsanwältin Ursula Röder die Zuhörer unmittelbar vor der Saalräumung explizit aufgefordert hatte, Ruhe zu bewahren. Ganz abgesehen davon, dass die Strafprozessordnung keine Vorschrift enthält, wonach Rechtsanwälte im Gerichtssaal für Ruhe und Ordnung sorgen müssten. Dies ist immer noch Aufgabe der Vorsitzenden. Und so endet die Verhandlung weder für die Hinausgeworfenen noch für die Dringebliebenen versöhnlich. Doch Versöhnung schreibt die Strafprozessordnung auch nicht vor.

Was steckt hinter diesem elenden Ende?

Bleibt noch die Frage, was eigentlich die tatsächlichen Gründe für die Verfahrenseinstellung waren, falls die offizielle Begründung nicht zutrifft? Schließlich hatte die Strafkammer kurz vor diesem plötzlichen Ende noch weitere Verhandlungstermine bis März 2015 festgelegt. Aus Kreisen des Landgerichts war jedenfalls zu hören, die 18. Strafkammer sei für die Dauer des Prozesses entlastet worden, was zu einer erheblichen Mehrbelastung der übrigen Strafkammern geführt habe. Auch hätten die überzogenen Sicherheitsmaßnahmen zu einem immensen Aufwand beim Einsatz von Gerichtswachtmeistern geführt. Dies alles sei auf Dauer nicht abzufangen gewesen.

Zudem sei der Eindruck entstanden, der Wasserwerfer-Prozess werde nicht zügig genug verhandelt. Eine rasche Beendigung habe daher im Interesse der ganzen Behörde gelegen. Noch weiter gehende Spekulationen besagen, die Vorsitzende sei der Belastung auf Dauer nicht gewachsen gewesen, wofür zumindest der Verlauf des letzten Verhandlungstags ein eindeutiger Beleg ist.

Und aus der Staatsanwaltschaft Stuttgart hören wir, man habe weitere für die Behörde nachteilige Erkenntnisse befürchtet, je länger der Prozess andauere. In der Tat hatten die Ankläger keine gute Figur gemacht mit der ursprünglichen Weigerung, überhaupt tätig zu werden, dann der langen Dauer der Ermittlungen, des Übersehens von Siegfried Stumpf und Bernhard Häußler auf Fotos als Beobachter während eines besonders „robusten Wasserwerfer-Einsatzes" und der passiven Beteiligung in der Hauptverhandlung. Zudem habe der Sitzungsvertreter Stefan Biehl ein persönliches Interesse am raschen Prozessende, weil er dann pünktlich seine neue Stelle beim General-bundesanwalt in Karlsruhe antreten könne.

Schließlich werden politische Einflussnahmen für möglich gehalten, genährt auch durch die Äußerung des Ministerpräsidenten Winfried Kretschmann, der schon „froh" war über die Einstellung, als sie noch gar nicht Fakt war. Spekuliert wird, die im Landtag ver-tretenen Parteien hätten allesamt kein Aufklärungsinteresse, CDU und FDP wegen ihrer möglichen Verstrickung im politischen Umfeld des damaligen Einsatzes und der Furcht, weitere Erkenntnisse aus dem Strafverfahren könnten Einfluss haben auf die Arbeit des laufen-den Untersuchungsausschusses Schlossgarten 2.

Die SPD hat ohnehin kein gesteigertes Interesse, insbesondere auch wegen der bisherigen Weigerung des Innenministers Reinhold Gall, die Koalitionsvereinbarung zu erfüllen und eine Kennzeichnungspflicht für Polizeibeamte einzuführen. Zudem hatte Gall in der Vergangenheit betont, die Demonstranten seien am Verlauf des Einsatzes schuld gewesen. Auch sei Justizminister Rainer Stickelberger bereits angeschlagen und könne Enthüllungen über die Arbeit der ihm unterstellten Staatsanwaltschaft nicht brauchen. Und schließlich passe den Grünen nicht mehr ins Konzept, an ihre früheren kritischen Aussagen zum Einsatz erinnert zu werden, rücke doch nach der nächsten Landtagswahl eine schwarz-grüne Koalition in den Bereich des Möglichen. Zudem soll Winfried Kretschmann auch keine gesteigerte Lust verspürt haben, als Zeuge aussagen zu müssen.

Viele mögliche Gründe. Es bleibt abzuwarten, ob sich das ändern wird, beispielsweise im schwebenden Verfahren beim Verwaltungsgericht.

Erschienen am 3. Dezember 2014; Kontext:Wochenzeitung Ausgabe 192

ONLINE-KOMMENTARE

\# 04.12.2014 09:01 **Bernhard Sch.:** Es entbehrt nicht einer gewissen Komik, dass die juristische Aufarbeitung eines unangemessen gewalttätigen und mutmaßlich illegalen Polizeieinsatzes mit einem unangemessen gewalttätigen und mutmaßlich illegalen Polizeieinsatz endet. Allerdings bleibt einem dabei dann doch das Lachen im Halse stecken: Es zeigt sich deutlich die menschenverachtende Fratze der neoliberal geprägten Postdemokratie.

\# 06.12.2014 01:25 **PeterPan:** Hier schützt sich das System. Die Justiz ist der Schutzschild vor den sog. Machthabern. Den Handlanger für sie macht die sog. Polizei. Beides dient natürlich auch als Feigenblatt für das Rechtstaatliche Äußere des Staates. Es war nicht Frau Haußmann allein, die den Prozess beendete. Da dürften noch ein paar Münder mitgesprochen haben, deren Besitzer nicht alle „demokratisch legitimiert" oder kontrolliert sind. Das Ende kam mir zu plötzlich.

Unser Kommentar

Keinen Frieden gemacht

Der Wasserwerfer-Prozess ist zu Ende. Doch zu welchem Preis? Dazuhin mit Schrecken. Das lag auch daran, wie er geführt wurde, nicht erst, aber vor allem am letzten Prozesstag. Völlig unnötig hatte die Vorsitzende noch einen Termin angesetzt, um … Ja, warum eigentlich?

Um ihren Triumph zu genießen, ein sehr schwieriges Verfahren zu Ende gebracht zu haben? Oder um dem selbstbewussten Publikum, das sich nicht alle Einschüchterungen durch übertriebene Sicherheitsmaßnahmen und Ermahnungen wie im Kindergarten gefallen ließ, die Meinung zu geigen? Oder um gar durch eine provozierte Saalräumung sich und den Medien zu beweisen, dass diese Berufsdemonstranten, Wutbürger und Chaoten zu Recht am Schwarzen Donnerstag zusammengeknüppelt wurden? Oder einfach, um eine heikle Entscheidung vor sich selbst zu rechtfertigen? Und das auch noch unter Ausschluss der Öffentlichkeit in einer Art Pressekonferenz?

Wie dem auch sei, vermeidbar war der Eklat allemal. Nach fünf Monaten Verhandlungsmarathon wäre es auf eine Stunde mehr nicht angekommen. Sollte man zumindest meinen. Wer aber die Verfahrensrechte von Nebenklägern derart stiefmütterlich behandelt, die Traumatisierten vor vollendete Tatsachen stellt, die Anträge ihrer Anwälte im Minutentakt abschmettert, der heizt bewusst oder grob fahrlässig eine solche Situation auf. Zumal dann, wenn Rechtsanwälten öffentlich vorgeworfen wird, sie hätten sich nicht als Organe der Rechtspflege gezeigt, sondern willkürlich den Prozess zu verschleppen versucht, Unmutsäußerungen der Zuhörer noch gebilligt.

Das war nicht nur grob unrichtig im Inhalt, sondern auch unangemessen im Ton. Und die Äußerung der Vorsitzenden, sie habe so etwas noch nie erlebt und wolle derartiges auch nie wieder erleben, erinnerte fatal an die Ausführungen des Ex-Ministerpräsidenten Stefan Mappus nach dem verheerenden Polizeieinsatz, solche Bilder wolle er nie wieder sehen. Das ist ungebührliches Verhalten gegenüber vier Nebenklägervertretern, die allesamt reicher an Lebensjahren und Berufserfahrung sind als diejenige, die sie beschimpfte.

Und die offenbar weder vom Prozessklima in den Stammheimer Prozessen noch in den Black-Jackets-Verfahren im Nachbarsaal eine Vorstellung hatte. Die sich weder um aufsässige Angeklagte noch um Konfliktverteidiger kümmern musste und auch nicht um eine verfolgungswütige Staatsanwaltschaft. Da Letztere die Aufklärungsarbeit nicht mit Begeisterung betrieb, eher durch Lustlosigkeit glänzte und sich in der Hauptverhandlung nahezu jede Frage verkniff, war es Aufgabe der Nebenklage geworden, nachzufragen, nachzubohren, Beweismittel zu benennen. Und damit zum Störenfried zu werden in all der Harmonie, die zwischen Gericht, Anklage, Angeklagten und Verteidigern von Anfang an bestand.

Das war auch deutlich festzumachen an körpersprachlichen Auffälligkeiten Manuela Haußmanns, an Blickzuwendungen einer-, Behinderungen von Befragungen andererseits. Da war der Liebling zweifelsohne der gut aussehende Angeklagte Andreas F., an zweiter Stelle nochmals der Angeklagte Andreas F., an dritter Stelle der Verteidiger des Angeklagten Andreas F., am unteren Ende der Beliebtheitsskala die vier Nebenklägervertreter, speziell die beiden Anwältinnen. Die Nebenkläger in der Rolle der Staatsanwaltschaft, das wurde offenbar zum Problem. Je mehr Sitzungstage und Vernehmungen, desto mehr für Polizei und Politik unangenehme Erkenntnisse kamen ans Licht.

Wie lässt sich erklären, dass das Gericht noch kurz zuvor von sich aus weitere Verhandlungstermine bis März 2015 festgesetzt hatte, jetzt aber plötzlich behauptete, alles genügend aufgeklärt zu haben?
Anlass genug hätte für die Strafkammer auch bestanden, dem Verdacht eines Zeugenkomplotts nachzugehen. Denn für jeden, der den Schwarzen Donnerstag vor Ort erlebt hat, sind die übereinstimmenden Aussagen der vernommenen Polizeibeamten, sie hätten nichts von Verletzten mitbekommen, schlicht unglaubhaft. So wie auch die Aussage des Oberstaatsanwalts a. D. Bernhard Häußler, alle von Pfefferspray Betroffenen seien über 18 Jahre alt gewesen.

Welch verheerenden Eindruck hinterlässt diese Einstellung?
Etwa den, dass man wieder einmal die Kleinen, nämlich die Wasserwerfer-Besatzungen, gehängt hat und die Großen, von den beiden Angeklagten bis hin zum Polizeipräsidenten Stumpf, laufen lässt?

Oder auch den für nicht gesetzestreue Gesetzeshüter, sie könnten auch künftig ungestraft und mangels Kennzeichnung unerkannt un-erlaubte Gewalt gegen Bürger ausüben? Und was wird die Justiz künftigen Angeklagten entgegenhalten, die unter Hinweis auf diese Einstellung auch in ihren Verfahren verlangen werden, von Strafe verschont zu bleiben? Etwa Autofahrern, die infolge momentaner Unaufmerksamkeit einen anderen verletzt haben, kleinen Steuersündern, S-21-Gegnern, die für wenige Minuten den Verkehr blockiert haben? Angeklagten, die vor Ausschöpfung der Beweismittel ein rasches Ende mit der Behauptung einfordern, mehr sei nicht aufzuklären?

Die abrupte Einstellung behindert auch die Aufklärung der Ver-antwortung anderer Beteiligter und die Entschädigung der Nebenkläger. Weitere Prozesse werden deshalb zwangsläufig folgen müssen.

Für Rechtsfrieden ist nicht gesorgt worden. Und für Frieden in der Stadt erst recht nicht. Aber für ein Gericht, das seine Aufgabe nur in der strikten Anwendung von Paragrafen sieht, zählt das wohl nicht. Dabei hatte sich die Strafkammer durch ausgezeichnete Vorbereitung, gründliche Aktenkenntnis und beharrliche Nachfragen bei allen Beteiligten und dem Publikum Respekt verschafft. Um das alles in kürzester Zeit wieder zu verspielen.

Schade, denn der Glaube an Recht und Gerechtigkeit sind erneut beschädigt, das Gefühl der Ohnmacht gegenüber staatlichen Organen wieder belebt. Einmal mehr der Eindruck wie am Schwarzen Donnerstag: Symbolisiert durch den Aufmarsch einer Kette schwarz gekleideter Polizeibeamter im Gerichtssaal wie damals im Park. Wobei sie diesmal Knüppel und Pfefferspray im Sack gelassen und die Wasserwerfer nicht aufgefahren hatten. Immerhin ein kleiner Fortschritt nach vier Jahren.

Gedachte Linie.
Mit Knick.

Der Wasserwerfer-Prozess ist Geschichte:
Die 18. Große Strafkammer hat mit Beschluss vom
9. Dezember das Verfahren endgültig eingestellt,
nachdem die beiden Angeklagten ihre Geldauflagen
innerhalb weniger Tage erfüllt hatten. Auch die
Opfer, die als Nebenkläger am Prozess teilnahmen,
müssen zahlen: Ein Drittel ihrer Kosten mindestens,
in einem Fall sogar alles.

Grund genug für eine Nachbetrachtung, welche Auswirkungen das Prozessende ohne schriftliches Urteil hat. Aufgegriffen sind darin auch einige Fragen, die das Publikum bei der Podiumsdiskussion der Kontext:Wochenzeitung im Württembergischen Kunstverein stellte.

Voraus etwas Juristisches: Gemäß § 153a der Strafprozessordnung kann das Gericht mit Zustimmung der Staatsanwaltschaft und der Angeklagten das Verfahren bei einem Vergehen vorläufig einstellen „und zugleich den Angeklagten Auflagen und Weisungen erteilen, wenn diese geeignet sind, das öffentliche Interesse an der Strafverfolgung zu beseitigen, und die Schwere der Schuld nicht entgegensteht". Als Auflagen und Weisungen kommen nach der Vorschrift unter anderem in Betracht: Schadenswiedergutmachung, Erfüllung einer Geldauflage an eine gemeinnützige Einrichtung oder an die Staatskasse, Arbeitsstunden, Erfüllung von Unterhaltspflichten, Täter-Opfer-Ausgleich. Zur Erfüllung dieser Verpflichtung muss eine Frist – höchstens sechs Monate – festgesetzt werden.

Im Wasserwerfer-Prozess hat man sich (ohne die Nebenkläger, deren Zustimmung nicht erforderlich ist) auf eine Geldauflage zugunsten einer gemeinnützigen Einrichtung geeinigt. Irgendeine Tabelle oder Ähnliches zur Höhe der Geldauflage gibt es nicht. Die Vorsitzende hat auch keine Begründung zum Betrag von je 3000 Euro abgegeben. Ob die Angeklagten den Zahlungsempfänger vorgeschlagen haben oder das Gericht diesen ausgewählt hat, ist nicht bekannt.

Vorläufige Einstellung bedeutet, dass das Verfahren bis zur Erfüllung der Auflagen und Weisungen ruht. Endgültig beendet ist das Verfahren dann, wenn die fristgemäße Erfüllung nachgewiesen und eine endgültige Einstellung durch einen weiteren Beschluss erfolgt ist. Im Beschluss über die endgültige Einstellung wird auch über die Kosten und Auslagen des Verfahrens entschieden. Das Gesetz sieht vor, dass die Staatskasse die Verfahrenskosten (zum Beispiel für Zeugen und Sachverständige) trägt, die Angeklagten jedoch ihre eigenen Auslagen (Verteidiger, Verdienstausfall, Fahrtkosten und Ähnliches). Die notwendigen Auslagen der Nebenkläger (Anwaltskosten, Verdienstausfall, Fahrtkosten) sind den Angeklagten aufzuerlegen. Aber:

„Hiervon kann ganz oder teilweise abgesehen werden, soweit es unbillig wäre, den Angeklagten damit zu belasten." Das heißt, von der Entscheidung der Strafkammer hängt es ab, ob die Nebenkläger auch noch auf diesen Auslagen ganz oder zum Teil sitzen bleiben.

Die Opfer trifft laut Gericht ein Mitverschulden

Genau dies ist nun eingetreten. In dem umfangreich begründeten Beschluss vom 9. Dezember 2014 legte die Strafkammer fest, dass die Staatskasse die Verfahrenskosten und die Angeklagten ihre eigenen Auslagen zu tragen haben. Von den notwendigen Auslagen von vier Nebenklägern müssen die Angeklagten je zwei Drittel, die Nebenkläger selbst ein Drittel tragen. Das begründete die Strafkammer damit, dass die Nebenkläger ein Mitverschulden an ihren Verletzungen treffe. Sie hätten nämlich den polizeilichen Anweisungen keine Folge geleistet und seien bewusst im abzusperrenden Sicherheitsbereich und damit im Einwirkungsbereich der eingesetzten Wasserwerfer verblieben. Damit hätten sie die ihnen in eigener Angelegenheit obliegende Sorgfalt verletzt und sich bewusst in eine Situation drohender Eigengefährdung begeben.

Den zu räumenden Sicherheitsbereich, in dem sich die Nebenkläger bewusst aufgehalten hätten, definierte die Kammer wie folgt: „Dieser umfasste eine gedachte Linie, die von der Straße am Schlossgarten zunächst quer über die Wiese Richtung Biergarten und von dort östlich entlang des Weges bis zum Abgang in die Arnulf-Klett-Passage verlief. Nach dem Biergarten erstreckte sich der Bereich in die östlich des Weges (Richtung Willy-Brandt-Straße) gelegene Wiese, sodass die gedachte Linie einen ‚Knick' bildete."

Bemerkenswert daran: Die Nebenkläger hatten nach Überzeugung der Strafkammer diese gedachte Linie also gekannt, denn sonst hätten sie sich ja kaum „bewusst" dort aufhalten können. Im Prozess hatte sich freilich ergeben, dass die Polizisten, die die Absperrung vornahmen, diese Linie nicht gekannt hatten.

Wasserwerfer-Einsatz
war recht- und verhältnismäßig!

Ausdrücklich stellte die Strafkammer auch fest, der Einsatz der Wasserwerfer sei rechtmäßig und mit Ausnahme der Wasserabgaben in Kopfhöhe auch verhältnismäßig gewesen.

Die fünfte Nebenklägerin muss ihre gesamten Auslagen selbst tragen, da ihre Verletzungen an den Unterschenkeln nicht rechtswidrig und Verletzungen am Kopf nicht festzustellen gewesen seien. Die Verletzungsfolgen seien durch öffentlich-rechtliche Eingriffs- und Befugnisnormen gerechtfertigt.

Insgesamt – aber das wäre ein eigenes Thema – zeigen der Prozess und das mit ihm verbundene Kostenrisiko exemplarisch, wie schwach ausgeprägt die rechtliche Stellung eines Nebenklägers im deutschen Strafprozess ist. Seine Beteiligung wird nicht selten als eher störend empfunden. Bei Terminabsprachen, Zustimmungen zur Verlesung von Schriftstücken, Einverständnis mit einer Einstellung und vielem anderen braucht man ihn nicht. Seine Rechtsmittel gegen Urteile sind eingeschränkt. Das mag bei Verfahren mit geringen Vorwürfen angemessen sein, bei schweren Folgen einer Straftat aber nicht.

Selbst die Beiordnung eines Rechtsanwalts hatten die Nebenkläger des Wasserwerfer-Prozesses beim Oberlandesgericht erkämpfen müssen, während das Landgericht den Angeklagten Pflichtverteidiger bestellt hatte. Eine Waffengleichheit zwischen Angeklagten und Nebenklägern war zunächst gar nicht vorgesehen.

Eine endgültige Verfahrenseinstellung hat zur Folge, dass die Angeklagten wegen derselben Taten nicht mehr verfolgt werden können mit der Einschränkung, dass dies nur für eine Verfolgung wegen Vergehen gilt (Vergehen sind weniger schwere Delikte – so wie der angeklagte Vorwurf der fahrlässigen Körperverletzung im Amt). Nur wegen des Verdachts eines Verbrechens könnte neu ermittelt werden. Ob den Angeklagten ein Verbrechen zur Last gelegt werden könnte, wurde jedoch von der Strafkammer zunächst gar nicht mehr näher geprüft, obwohl das Oberlandesgericht dies in mehreren Entscheidungen unter dem Gesichtspunkt der versuchten schweren Körperverletzung im

Amt für in Frage kommend gehalten hatte. Das war von den Nebenklägern am letzten Verhandlungstag ausdrücklich gerügt worden.
Hierzu wurde jetzt in der Begründung der endgültigen Einstellung –
gegenüber der mündlichen im Prozess – nachgebessert und festgestellt,
eine hierfür erforderliche vorsätzliche Tatbegehung liege nicht vor.

Kein Wort zur Schuld der Angeklagten

Die endgültige Einstellung hat aber auch noch andere Folgen: Es gibt
keinerlei gerichtliche Feststellungen zur Schuld der Angeklagten
und zu den Beweismitteln. Fest steht nur, dass die Angeklagten „eine
geringe Schuld" trifft, sie also nicht unschuldig sind – auch wenn
ihre Verteidiger in der Zustimmungserklärung zur Einstellung ausdrücklich erklärt hatten, diese erfolge nur aus prozessökonomischen
Gründen ohne Eingeständnis einer strafrechtlichen Verantwortlichkeit und ohne Einräumung der Anklagevorwürfe.

Worin aber diese geringe Schuld besteht, ist nirgends festgehalten. Die mündliche Begründung der Vorsitzenden am letzten
Verhandlungstag unter Ausschluss der Zuhörer ist nicht verbindlich.
Eine schriftliche Begründung sieht das Gesetz nicht vor. Wäre ein
Urteil ergangen, enthielte dies hingegen solche Feststellungen und
würde auch die Aussagen von Zeugen und Sachverständigen sowie
den Inhalt sonstiger Beweismittel wiedergeben. Die jetzt in der endgültigen Einstellung gemachten Ausführungen sind – im Gegensatz
zu einem Urteil – nicht durch ein Rechtsmittel nachprüfbar. Sie stehen sozusagen im luftleeren Raum.

Nach den gesetzlichen Vorschriften enthalten die Hauptver-
handlungsprotokolle des Landgerichts (anders als beim Amtsgericht)
keinerlei Angaben über den Inhalt der Zeugenaussagen. Vermerkt
wird lediglich, dass der Zeuge Angaben zur Sache gemacht hat, nicht
aber, welche Angaben. Das bedeutet, dass kein Inhaltsprotokoll
existiert, welches in anderen gerichtlichen Verfahren oder im Untersuchungsausschuss des Landtags verlesen oder bei erneuten Vernehmungen vorgehalten werden kann oder als Beweis für eine Falsch-
aussage herangezogen werden kann.

Mit anderen Worten: Die Einstellungsentscheidung führt zur erheblichen Mehrbelastung der Gerichte in anderen Verfahren zum Schwarzen Donnerstag, beispielsweise beim Verwaltungsgericht, das die Frage der Rechtswidrigkeit des Polizeieinsatzes prüfen muss, und beim Zivilgericht, das die Verpflichtung des Landes Baden-Württemberg zum Schadenersatz und zur Zahlung eines Schmerzensgeldes an die Verletzten zu klären hat. Das bedeutet zugleich eine zu erwartende viel längere Verfahrensdauer, und das mehr als vier Jahre nach dem Einsatz.

Erst recht gilt diese Erschwernis bei den Ermittlungen gegen den damaligen Polizeipräsidenten Siegfried Stumpf und etwaige sonstige Verantwortliche, zumal der an der jetzigen Hauptverhandlung teilnehmende Staatsanwalt Stefan Biehl zum Jahresende bei der Staatsanwaltschaft Stuttgart ausscheiden wird und deswegen diese Ermittlungen nicht mehr führen kann.

Erschienen am 17. Dezember 2014, Kontext:Wochenzeitung Ausgabe 194

ONLINE-KOMMENTARE

17.12.2014, 22:13 dichtbert: War dieser Prozess am Ende nur eine Art Testlauf, ob die alten CDU-Strukturen noch verlässlich sind und funktionieren?

17.12.2014, 23:50 Heike: Die „gedachte Linie mit Knick" ist ja wohl ein ganz schlechter Witz (wenn es nicht so traurig wäre)! Diese „gedachte Linie" hat sich offenbar das Gericht ausgedacht. Die Polizei kannte sie selbst nicht mal. Es hieß immer nur bei den Durchsagen der Polizei: „Machen Sie die Straße frei!" Und nicht: „Machen Sie die Wiese frei!"

22.12.2014, 05:23 Beobachter: Ich werde daraus politische Konsequenzen ziehen. Danke für die ausführliche Berichterstattung.

Polizeiliches Zeugen- komplott

Gespräche auf dem Feldherrnhügel: von M-B., Kretschmann.

Mit der abrupten Einstellung des Wasserwerfer-
Prozesses wurde die Chance vertan, den Schwarzen
Donnerstag besser aufzuklären, als zwei Untersuchungsausschüsse des Landtags dies bisher
gekonnt haben. Bei einigen Fragestellungen, die nun
offen bleiben, war die Strafkammer des Landgerichts
den Antworten schon recht nahe gekommen.
Dazu einige Beispiele.

Das fängt an bei der Frage, wer denn eigentlich den Einsatz der Wasserwerfer sowie von Pfefferspray und Schlagstöcken freigegeben hat. Nach allem, was im Prozess ausgesagt wurde, insbesondere der Aussage des Oberstaatsanwalts a.D. Bernhard Häußler, war dies nämlich weder – wie bisher diskutiert – der damalige Polizeipräsident Siegfried Stumpf als Verantwortlicher für den Einsatz (sogenannter Polizeiführer) noch dessen Stellvertreter Norbert Walz, auch nicht der Leiter des polizeilichen Führungsstabs, Andreas St., sondern vielmehr Stumpfs Assistent Manfred Sch. Dieser hatte aber lediglich den Auftrag, Funksprüche für Stumpf entgegenzunehmen, aber keinerlei Befugnis, den abwesenden Polizeipräsidenten zu vertreten. Manfred Sch. wäre der nächste im Prozess geladene Zeuge gewesen.

Fragen bleiben auch hinsichtlich diverser polizeilicher Zeugenaussagen zur Einsatztaktik, wonach nicht mit Widerstand von Demonstranten zu rechnen gewesen sei und weshalb man auch die Rettungsdienste in die Planung nicht einbezogen und am Einsatztag nicht verständigt habe. Diese Aussagen sind wenig glaubwürdig und stehen dazuhin im krassen Widerspruch zu einer „Notiz für Herrn Ministerpräsidenten" des Abteilungsleiters I im Staatsministerium, Michael Kleiner, vom 28. 9. 2010. Demnach hatte die Polizei zwei Tage zuvor noch „mit erheblichem, u. U. gewalttätigem Widerstand" gerechnet und von „wachsender Gewaltbereitschaft" gesprochen.

Kretschmann hätte aufklären können

Ungeklärt auch die Frage, was der Angeklagte Jürgen von M-B. mit dem jetzigen Ministerpräsidenten Winfried Kretschmann während des Einsatzes auf dem sogenannten Feldherrenhügel besprach und was Kretschmann telefonisch mit dem damaligen Innenminister Heribert Rech (CDU) erörterte. Über den Wochen zuvor gestellten Antrag des Nebenklägers Dietrich Wagner, Kretschmann im Prozess zu hören, hatte das Gericht bis zur Verfahrenseinstellung nicht entschieden.

Immerhin erläuterte die Vorsitzende Manuela Haußmann mündlich nach Verkündung des Einstellungsbeschlusses, Kretschmanns

Vernehmung sei nicht erforderlich gewesen. Denn schließlich sei im Beweisantrag nur behauptet worden, Kretschmann habe mit dem Angeklagten über Verletzte gesprochen, nicht aber über durch Wasserstöße am Kopf Verletzte. Die Aussage Kretschmanns hätte durchaus die Behauptung der Angeklagten widerlegen können, nichts von Verletzten mitbekommen zu haben.

Ohne weitere Nachprüfung hat die Kammer dieselbe Behauptung noch weiteren Polizeibeamten abgenommen. Und dies trotz Häußlers Aussage, er habe schon gegen 12 Uhr erkannt, dass der Polizeieinsatz außer Kontrolle geraten war und dass mit Verletzten sowie Strafanzeigen gegen Polizeibeamte zu rechnen sei.

Da hätte sich dem Gericht angesichts der kaum glaubhaften, aber übereinstimmenden Aussagen aller Polizeibeamten sogar die Frage stellen können, ob es sich nicht um ein sogenanntes Zeugenkomplott (Verabredung falscher Aussagen) handelt. Und auch Häußlers Aussage, seinen Ermittlungen zufolge seien alle von Pfefferspray-Einsätzen Betroffenen über 18 Jahre alt gewesen (der Einsatz von Pfefferspray gegen Kinder ist nämlich verboten), wäre leicht zu widerlegen gewesen. Schilderungen Betroffener über durch Pfefferspray verletzte Kinder und Jugendliche, die uns vorliegen, konnten wegen des plötzlichen Prozessendes nicht mehr eingeführt werden.

Die Politik hat von Verletzten gewusst

Ebenso wenig fanden uns vorliegende Mails des Lagezentrums im Innenministerium BW Eingang in den Prozess. Das Lagezentrum hatte am 30.9.2010 den ganzen Tag über fortlaufend das Innenministerium (dort auch den Landes-Polizeipräsidenten Hammann und den Inspekteur der Polizei, Schneider) sowie das Staatsministerium mit Informationen versorgt, die jeweils umgehend an die Spitze des Ministeriums einschließlich Ministerpräsident Mappus weitergeleitet wurden.

Darin ist sehr wohl von Verletzten die Rede: Um 15.51 Uhr sind es 25 bis 30 Personen, um 17.14 Uhr 80 Personen, bei fünf Personen ist stationäre Aufnahme erforderlich, um 18.24 Uhr werden 90 Verletzte ambulant versorgt, neun Personen sind in Krankenhäuser transportiert.

Auch die längst beantragte Vernehmung des damaligen Leiters der sogenannten Demosanitäter fiel dem Prozessende zum Opfer. Nach dessen (in dem Buch „Schwarzer Donnerstag – Wir klagen an!") veröffentlichten Schilderungen ist bereits am Morgen fern des Einsatzgeschehens ein Mädchen durch den Faustschlag eines Polizeibeamten ins Gesicht erheblich verletzt worden. Schon gegen 11 Uhr seien sogenannte Patientenablagen eingerichtet worden. Die Polizei habe ihre Verpflichtung, verletzte Bürger aus dem Gefahrenbereich zu retten und einer medizinischen Versorgung zuzuführen, an diesem Tag nicht wahrgenommen.

Nach weiteren uns vorliegenden Zeugenaussagen soll es bereits im frühen Stadium des Einsatzes bei der Räumung des von Minderjährigen besetzten Gitterwagens infolge Pfefferspray-Einsatzes bis zu 20 verletzte Kinder und Jugendliche gegeben haben, die von Demosanitätern behandelt werden mussten.

Überhaupt: der Umgang mit Kindern und Jugendlichen. In der mündlichen Einstellungsbegründung hatte Manuela Haußmann ausgeführt, Wasserwerfer seien gegen Kinder nicht eingesetzt worden. Dabei hatte der Kommandant des Wasserwerfers 1 als Zeuge bekundet, man habe aus Rücksichtnahme nur Wasserregen eingesetzt, wenn der Wasserwerfer gegen Kinder vorgegangen sei. Und der katholische Prälat Brock, den die Strafkammer ebenfalls nicht gehört hat, hatte vor dem Untersuchungsausschuss des Landtags gar ausgesagt, er habe Stumpf telefonisch über die Lage im Schlossgarten informiert und ihn gebeten, die Wasserwerfer-Einsätze zu stoppen. Brock schilderte dem Ausschuss: „Ich sagte wörtlich: Wissen Sie, dass dort 13-Jährige vor dem Wasserwerfer stehen? Und die Antwort war wörtlich: Dann nehmen Sie sie doch heraus." Als ob der Gottesmann für versagende weltliche Macht hätte einspringen sollen.

Interessant für das Verhalten der von Stumpf befehligten Polizeikräfte und der beiden angeklagten Einsatzabschnittsleiter auch beispielhaft andere Passagen der Aussage von Brock: „Übrigens: Auf dem Hügel stehend – ich unterstelle keine Absicht; ich sage nur die Wirkung –, auf dem Hügel stehend ein Kommandostand von frei stehenden Polizisten, die sie nicht erreichen können. Und von dort oben werden augenscheinlich die Kommandos gegeben. Das hat man gesehen. Und etwa zwei Stunden später – legen Sie mich jetzt nicht auf den genauen, auf die genaue Uhrzeit fest – kommt eine Hundertschaft über den Hügel herunter. Stellt sich nachher heraus, die kamen zu spät. Das können doch die Jugendlichen nicht wissen. Für die war das ein Überschwappen von – und jetzt nehmen Sie es bitte in Anführungszeichen, damit ich nicht falsch verstanden werde –, von Gewalt."

Nur Tatverdächtige und Opfer gehört

Damit hat sich die Strafkammer ebenso wenig befasst wie mit der Frage der Verantwortlichkeit der Angeklagten für fehlende medizinische Versorgung für Verletzte, insbesondere für von Pfefferspray Getroffene, verbotenem Pfefferspray-Einsatz gegen Kinder, Wasserwerfer-Einsatz gegen Personen abseits des zu räumenden Geländes und gegen Menschen, die bereits freiwillig das Gelände verließen und von hinten getroffen wurden.

Untergegangen zu sein scheint auch die Aussage des DRK-Einsatzleiters über die Ausrufung des MANV (Katastrophenalarm), der zur weiteren Aufklärung die Vernehmung des dafür Verantwortlichen der Feuerwehr erfordert hätte. Letztendlich – mit Ausnahme besagten DRK-Mitarbeiters – beschränkten sich die Vernehmungen im Prozess auf Tatverdächtige und Opfer. Bei dieser Beschränkung der Beweisaufnahme war es naturgemäß nicht möglich, sich ein tatsächliches Bild über die Vorgänge im Schlossgarten, den Kenntnisstand der Angeklagten und die Verantwortlichkeiten zu verschaffen.

Wenig Aufklärungsinteresse zeigte das Landgericht auch bei der Frage, wieso bereits nachmittags im Führungs- und Lagezentrum des Polizeipräsidiums das berühmte Foto des nahezu blind geschossenen Nebenklägers Dietrich Wagner aufgehängt worden war und ob dort auch die Liveaufnahmen der Internetsender „Flügel TV" und „CamS21" aus dem Schlossgarten verfolgt wurden.

Unüberprüft wurde die Behauptung übernommen, man habe das Foto von Wagner für eine Fälschung gehalten. Warum dann eine angebliche Fälschung aufgehängt wurde, wurde nicht hinterfragt. Genau so wenig wie Häußlers Aussage, Stumpf habe sich bei ihm noch Monate später darüber beklagt, dass im Führungs- und Lagezentrum diese Internetübertragungen verfolgt worden seien, ohne dass man ihn informiert hätte. Was in krassem Gegensatz zur Aussage des Leiters des Führungsstabs steht, man habe diese Übertragungen nicht zur Kenntnis genommen.

Das Wagner-Foto, später als „dpa-Bild des Jahres 2010" ausgezeichnet, wurde nach unseren Recherchen um 13.51 Uhr aufgenommen. Nachdem es über den dpa-Ticker gelaufen war, wurde es um 14.47 Uhr erstmals getwittert, um 15.04 Uhr bei „parkschützer.de" veröffentlicht und um 15.05 Uhr mit einer Pressemitteilung der Piratenpartei verschickt, die den Rücktritt von Innenminister Rech forderte. Das Foto, das um die Welt ging, ist der frühe Beleg dafür, dass es im Schlossgarten nicht nur Verletzte gab, sondern Schwerverletzte. Ein Anruf bei dpa hätte genügt, um den Fälschungsverdacht zu verneinen.

Wer in den Reihen der Stuttgarter Polizei diesen Verdacht aufgebracht und kommuniziert hatte, ohne ihn zu verifizieren, bleibt ebenso ungeklärt wie die Frage, welche Funktion an diesem Tag eigentlich der Einsatzabschnitt 6 (Aufklärung) hatte, dessen Job es gewesen wäre, das Internet auszuwerten, in dem ab Einsatzbeginn von zahlreichen Live-Cams übertragen wurde, was im Park tatsächlich passierte. Auch das ein Beispiel für kapitales handwerkliches Versagen der Polizei am Schwarzen Donnerstag, das ohne jede Konsequenz geblieben ist.

Rechtmäßigkeit der Baumfällungen ohne Bedeutung

Auch die Frage, ob die Baumfällungen im Schlossgarten, deren Durchsetzung der missratene Polizeieinsatz diente, überhaupt rechtmäßig waren, interessierte das Gericht nicht. Schließlich hatte das Eisenbahn-Bundesamt die Fällungen am 30.9.2010 ausdrücklich untersagt.

Ob die Demonstranten also die Bäume gegen rechtswidrige Fällungen schützen wollten, hätte vielleicht schon interessieren können. Wie auch die Frage, ob der damalige Amtschef im Umwelt- und Verkehrsministerium, Bernhard Bauer, tatsächlich vom Fällverbot nichts wusste.

Denn er war derjenige, der den Polizeieinsatz nicht stoppte, als das entsprechende Schreiben des EBA bekannt und der Polizeiführung präsentiert wurde. Nach den uns hierzu vorliegenden Unterlagen des Lagezentrums im Innenministerium war Bauer derjenige, der auf Veranlassung des Inspekteurs der Polizei hierzu kontaktiert wurde und die falsche Auskunft gab, es handle sich lediglich um ein Gerücht. Bauer übrigens, der unbedingt bei den Baumfällungen anwesend sein wollte, wurde abends von Polizeipräsident Stumpf persönlich im Ministerium abgeholt und im Führungsfahrzeug (in dem auch Oberstaatsanwalt Häußler saß) zum Tatort gebracht. So viel Zeit für die Pflege politischer Kontakte musste für Stumpf sogar mitten im Einsatz bleiben ...

Nicht zur Sprache kam schließlich auch das Verhalten von Innenministerium und Staatsministerium am frühen Abend des 30.9.2010. Nachdem der Vorsitzende einer Kammer des Stuttgarter Verwaltungsgerichts das Regierungspräsidium telefonisch über einen Eilantrag des BUND informiert hatte, die Baumfällungen zu untersagen, und der Vorsitzende gebeten hatte, in der Nacht keine Bäume zu fällen, da das Gericht erst am nächsten Tag entscheiden könne, informierte das zuständige Referat „Naturschutz, Recht" um 17.00 Uhr behördenintern, worauf auch das Staatsministerium verständigt wurde.

Dieses wiederum wandte sich an das Umwelt- und Verkehrsministerium. Schließlich beschied das Staatsministerium um 18.48 Uhr das Umwelt- und Verkehrsministerium, aus Sicht der Polizei sei es unzumutbar, der Bitte des Gerichts zu entsprechen und die Bäume in der Nacht nicht zu fällen. Der weitere Verlauf – direkt nach Mitternacht wurde ungeachtet des Baumfällverbots des EBA und des Eilantrags des BUND mit den Fällungen begonnen – ist bekannt.

Voraussetzung für die Verfahrenseinstellung war unter anderem das Erlöschen des öffentlichen Interesses an der Strafverfolgung. Wie aber dieses Interesse angesichts all der offenen Fragen erlöschen konnte, das wird das Geheimnis von Manuela Haußmann und der 18. Großen Strafkammer des Landgerichts Stuttgart bleiben.

Erschienen am 24. Dezember 2014; Kontext:Wochenzeitung Ausgabe 195

ONLINE-KOMMENTARE

24.12.2014 10:57 Simone L.: Das Vorgehen der Polizei und der Mitverantwortlichen für den Schwarzen Donnerstag ist auf so vielen Ebenen einfach nur unglaublich. Eine Schande für das sonst so ordnungsliebende Ländle, dass der 30.9. immer noch nicht wirklich aufgeklärt ist und der Wille dazu bei jenen, die zur Aufklärung beitragen könnten – bis auf wenige Ausnahmen – leider zu fehlen scheint. Wer sich selbst ein Bild von dem polizeilichen Zeugenkomplott machen will, der kann die Protokolle der Polizeiaussagen im Wasserwerfer-Prozess lesen auf www.wasserwerfer-prozess.de

26.12.2014 19:20 Schnupftabak: Der Vorgang ist ungeheurlich, unseres Rechtsstaates unwürdig und voll Verachtung für die verletzten Bürger unseres Landes. Insofern bin ich froh, dass die Autoren für Aufklärung sorgen. Erst wunderte ich mich über dieses scheinbar endlose Thema auch in der Weihnachtsausgabe – aber nach der Lektüre denke ich, das öffentliche Interesse ist doch so groß, dass es geradezu Pflicht der Medien sein sollte, einen solchen Skandal nicht unerhört unter Weihrauch und Hosianna zu verschütten.

Hält Stumpf den Kopf hin?

Ex-Innenminister Rech (CDU), Stumpf: Alles recht gemacht.

(Vor einer Sitzung des ersten Untersuchungsausschusses im Landtag)

Oder wird er ihm hingehalten?

Mehr als vier Jahre nach dem Schwarzen Donnerstag soll nun auch einer der Verantwortlichen den Kopf dafür hinhalten. Wenn Siegfried Stumpf, Stuttgarts ehemaliger Polizeipräsident, den gegen ihn beantragten Strafbefehl akzeptiert, dann ist er ganz billig weggekommen.

Die „Stuttgarter Nachrichten" (StN) hatten die Neuigkeit exklusiv. Am 20. Januar meldete das Blatt um 19 Uhr auf seinem Online-Portal, dass Stumpf „noch in dieser Woche" einen Strafbefehl wegen „Körperverletzung im Amt" zugestellt bekomme. Und mehr noch: Stumpf werde, wie es heiße, dagegen Einspruch erheben, was einen neuen Wasserwerfer-Prozess zur Folge haben werde; diesmal mit Stumpf als Angeklagtem. Der Vorgang ist in mehrerlei Hinsicht bemerkenswert, und diverse Behauptungen sowie die Schlussfolgerung im Artikel sind wahrscheinlich unzutreffend. Deshalb lohnt es sich, genauer hinzusehen.

Da ist zunächst – aber schon wieder mal! – die Frage nach der undichten Stelle. Dass ein Beschuldigter aus der Zeitung erfährt, mit welchem Ergebnis die Staatsanwaltschaft ein Ermittlungsverfahren abschließt und was also auf ihn zukommt, ist keineswegs üblich. Im Normalfall ist nämlich zunächst abzuwarten, ob das Amtsgericht den beantragten Strafbefehl auch erlässt. Denn bis die Sache einer Richterin/einem Richter zugeteilt wird, die Akte studiert und der Strafbefehl unterschrieben oder abgelehnt ist, dauert es seine Zeit. Und dann vergehen nochmals Tage, bis ein Strafbefehl dem Beschuldigten und seinem Anwalt zugestellt ist. Erst dann, so der gute Brauch, wird die Öffentlichkeit informiert.

Alles andere ist Verrat eines Dienstgeheimnisses.

Zwar muss das Leck nicht zwangsläufig bei der Staatsanwaltschaft getröpfelt haben, denn in hochbrisanten Fällen wie diesem sind auch Generalstaatsanwaltschaft und Justizministerium eingebunden. Aber einiges deutet darauf hin.

Gute Beziehungen zwischen der Anklagebehörde und der Lokalzeitung sind seit Jahrzehnten Tradition. Und der stramme Pro-Stuttgart-21-Kurs, den die „Nachrichten" seit je her fahren, hat diesen Beziehungen sicher nicht geschadet. Nicht umsonst hat Bernhard Häußler, der langjährige Leiter der politischen Abteilung 1 der Staatsanwaltschaft Stuttgart, seine einzigen beiden Interviews den StN gegeben.

Deren Reporter hat der umstrittene Oberstaatsanwalt a. D. zuletzt sogar als Ruheständler die eigene Haustür geöffnet.

Was wurde gedealt im Vorfeld?

Spannend ist aber auch die Frage, wie es zum Strafbefehlsantrag kam. Denn Stumpf hatte stets beteuert, unschuldig zu sein und alles richtig gemacht zu haben. Nach allem, wie man ihn kennt, ein Mann, der Fehler schon vor sich selbst nicht zugeben kann. Und deshalb eigentlich einer, der als Beschuldigter der Staatsanwaltschaft signalisiert haben müsste, dass er keinen Strafbefehl und damit den Nachweis eigenen Versagens akzeptieren wird.

Wenn schon feststeht, dass ein Beschuldigter auf alle Fälle Einspruch einlegen wird, beantragt die Staatsanwaltschaft üblicherweise erst gar keinen Strafbefehl, sondern erhebt Anklage. So war dies bei den Angeklagten im Prozess, nachdem diese im Vorfeld erklärt hatten, sie seien unschuldig und daher nicht bereit, strafrechtliche Verantwortung zu übernehmen.

Letzten Endes hat ein Strafbefehl den Zweck, Angeklagten eine öffentliche Hauptverhandlung zu ersparen und das Gericht von Verhandlungen zu entlasten. Wird jedoch gegen den Strafbefehl Einspruch eingelegt, kommt es wie bei Erhebung der Anklage zu einer öffentlichen Hauptverhandlung. Was in der Praxis bedeutet, dass die Staatsanwaltschaft vor einem derartigen Antrag oft mit der Verteidigung klärt, ob ein Strafbefehlsverfahren überhaupt akzeptiert wird. Dass bei solchen Kontakten auch über die Höhe der beantragten Strafe gesprochen wird, ist üblich und auch nicht zu beanstanden, so lange daraus kein Kuhhandel wird nach dem Motto: Darf es ein bisschen weniger sein?

Daher ist naheliegend, dass solche Gespräche mit Stumpfs Anwälten stattgefunden haben. Woraus sich die Vermutung ableiten ließe, dass Stumpf darüber informiert und damit einverstanden war. Dann aber schließt sich die Frage an, wie ein derartiger Sinneswandel – sollte der Strafbefehl tatsächlich abgesprochen sein – zustande gekommen sein könnte.

Neben besserer Einsicht, die mitunter auch von ihrer Unschuld überzeugte Verdächtige heimsuchen könnte, hilft gelegentlich auch sanfter oder unsanfter Druck der Justiz, ein gewünschtes Ergebnis zu erzielen. Beliebt ist die Drohung, im Falle einer Hauptverhandlung könne alles viel schlimmer kommen, zumal bei einem uneinsichtigen Angeklagten. Beliebt auch das Entgegenkommen, in einem Strafbefehl sich nur auf einen Teil des Vorwurfs zu beschränken und den Rest unter den Tisch fallen zu lassen.

Rechtliche Auswirkungen, wenn Stumpf akzeptiert

So wie bei den Vorwürfen gegen Stumpf die Verletzten, die vor Stumpfs Eintreffen im Schlossgarten schon Opfer von Kopftreffern geworden waren. Wie auch alle, die von Wasserwerfern zwar verletzt wurden, aber eben nicht am Kopf. Und jene, die von unzulässigen Pfefferspray-einsätzen verletzt wurden, insbesondere auch Kinder, oder Menschen, gegen die rechtswidrig Schlagstöcke eingesetzt wurden.
Oder Menschen, für deren medizinische Versorgung Stumpf trotz eindeutiger Vorschriften nicht gesorgt hatte. Wahrlich ein Horror-szenario, mit dem man hätte drohen können.

Wie dem auch sei: Sollte Stumpf den Strafbefehl tatsächlich akzeptieren, hätte dies erhebliche rechtliche Auswirkungen. Vor allem auf die juristische Position des als Folge eines Treffers des Wasserwerfers nahezu erblindeten Dietrich Wagner, der nach mehr als vier Jahren immer noch keinerlei Entschädigung und Schmerzensgeld erhalten hat. Im Strafbefehlsantrag der Staatsanwaltschaft ist dieser Vorwurf nicht enthalten.

Dem Land Baden-Württemberg, gegen das Wagner sogenannte Amtshaftungsansprüche wegen seiner Verletzungen geltend macht, kann daher weder eine strafrechtlich festgestellte Verantwortlichkeit von Stumpf noch der beiden Angeklagten im Wasserwerfer-Prozess entgegen gehalten werden. Und Stumpf sowie die beiden Einsatz-abschnittsleiter, gegen die das Verfahren eingestellt wurde, müssen somit auch keine Regressansprüche ihres Dienstherrn fürchten.

Laut Staatsanwaltschaft wird Stumpf lediglich vorgeworfen, für Kopfverletzungen verantwortlich zu sein, die entstanden waren, nachdem er selbst gegen 14 Uhr im Schlossgarten eingetroffen war und verbotene Wasserstöße gegen Personen hatte feststellen können. Allerdings schweigt die Pressemitteilung dazu, warum Stumpf trotz seiner Stellung als für den gesamten Einsatz verantwortlicher Polizeiführer nicht verpflichtet war, bei den Wasserwerfer-Einsätzen von vornherein dafür zu sorgen, dass keine unerlaubten Wasserstöße abgegeben wurden.

Die Verletzten, die infolge der Beschränkung auf die Zeit nach 14 Uhr vom Verfahren gegen Stumpf ausgeschlossen sind, haben keinerlei Möglichkeiten, rechtlich dagegen vorzugehen. Und die übrig gebliebenen vier Verletzen könnten sich erst dann am Strafverfahren als Nebenkläger beteiligen, wenn Stumpf Einspruch gegen den Strafbefehl einlegen würde und es zu einer Neuauflage des Wasserwerfer-Prozesses käme. Ein Ergebnis, an dem Staatsanwaltschaft, Gericht und Politik kein Interesse haben dürften. Zu umfangreich und enthüllend war der erste Prozess, auch wenn er beendet wurde, bevor weitere Aufklärung betrieben und die von den Nebenklägern benannten Zeugen vernommen wurden.

Unwahrscheinlich, dass Stumpf vorbestraft wäre

Eine erneute Aufdeckung der Chronik des staatlichen Versagens und der persönlichen Fehlleistungen seiner Diener durch einen weiteren Prozess könnte für diejenigen, die etwas zu befürchten haben, unerwünscht sein. Ob Stumpf aus Gründen der Staatsräson seinen Kopf deswegen wenigstens ein bisschen hinhält oder dieser hingehalten wird, darüber kann nur spekuliert werden. Disziplinarmaßnahmen hat Stumpf übrigens trotz einer Bestrafung nicht zu befürchten. Denn das Innenministerium hat auf unsere Anfrage hin erklärt, solche Maßnahmen seien nicht angebracht, da Polizeibeamte, die wegen am 30.9.2010 begangener Straftaten verfolgt würden, durch die eingeleiteten Verfahren bereits genügend bestraft seien.

Und vorbestraft, wie es die „Stuttgarter Nachrichten" behauptet hatten, wäre Stumpf nach Annahme des Strafbefehls nur dann, wenn dieser eine Geldstrafe von mehr als 90 Tagessätzen bestimmt. Damit ist, erst recht nach den freundlichen Entscheidungen über Geldauflagen gegen die Angeklagten im Prozess, wahrlich nicht zu rechnen. Und mit etwas anderem als einer Geldstrafe sowieso nicht. Damit wären dann die drei Beamten der Biberacher Wasserwerfer-Staffel, die ihre Strafbefehle akzeptiert haben, die Bauernopfer schlechthin: Sie erhielten Freiheitsstrafen, freilich auf Bewährung.

Hingegen dürfte sich der Untersuchungsausschuss des Landtags „Schlossgarten II" erneut für Stumpf interessieren. Der Polizeipräsident a.D. hatte bei seiner letzten Vernehmung vor dem Ausschuss im Hinblick auf das laufende Ermittlungsverfahren von seinem Auskunftsverweigerungs-Recht gemäß § 55 der Strafprozessordnung Gebrauch und zum Geschehen am 30.9.2010 keine Aussage gemacht. Sobald er jedoch rechtskräftig verurteilt ist, also nach Annahme des Strafbefehls, muss er dazu umfassende Angaben machen, weil er sich dann nicht mehr strafrechtlich relevant selbst belasten kann. Ein Strafbefehl wird rechtskräftig, wenn binnen zweier Wochen nach seiner Zustellung kein Einspruch eingelegt wird.

In den ersten Tagen nach dem Einsatz waren bei der Staatsanwaltschaft Stuttgart zahlreiche Strafanzeigen wegen Körperverletzung und anderer Vorwürfe eingegangen, auch gegen Stumpf. Dennoch beauftragte Oberstaatsanwalt Bernhard Häußler am 4.10.2010 ausgerechnet Stumpf damit, die Ermittlungen zum Einsatz zu führen.

Am 15.12.2011 legte Staatsanwältin H., eine direkte Untergebene des Oberstaatsanwalts Häußler, auf 39 Seiten auf der Grundlage von Stumpfs Ermittlungen gegen sich selbst schriftlich dar, warum es keine Gründe dafür gebe, gegen Stumpf und andere ein Ermittlungsverfahren wegen Körperverletzung im Amt und anderer Delikte einzuleiten. In Bezug auf Stumpfs Verantwortung für die Wasserwerfer-Einsätze war Staatsanwältin H. zu der Erkenntnis gekommen, der Polizeiführer sei über unverhältnismäßige Einsätze nicht informiert gewesen, vielmehr falsch unterrichtet worden. Von Einzelheiten der

Wasserwerfer-Einsätze habe er bis zu deren Beendigung keine Kenntnis erlangt.

So bedurfte es erst der Aussagen der beiden angeklagten Einsatzabschnittsleiter Prozess, Stumpf und Häußler seien entgegen ihren Behauptungen sehr wohl zum Zeitpunkt der heftigen Wasserstöße vor Ort gewesen, und der Veröffentlichung eines Privatfotos durch die Kontext:Wochenzeitung, das die beiden kurz nach 14 Uhr auf dem sogenannten Feldherrenhügel im Schlossgarten zeigte, um nach fast vier Jahren erstmals Ermittlungen gegen Stumpf einzuleiten. Zur Begründung früherer Versäumnisse hatte die Staatsanwaltschaft verlautbart, man habe in den eigenen Akten genau diese polizeilichen Videoaufnahmen leider übersehen.

Erschienen am 28.1.2015, Kontext:Wochenzeitung Ausgabe 200

Journalismus, wie er sein sollte

Der 30. September 2010 wird als historisches Datum in die Geschichte von Stuttgart, ja von ganz Baden-Württemberg eingehen. Dafür wurde das Wort vom Schwarzen Donnerstag geprägt, das die Geschehnisse im Mittleren Schlossgarten auf den Begriff bringt: die Jagd auf friedliche Menschen mit Wasserwerfern, Pfefferspray und Knüppeln. Wer diese Jagd erlebt hat, ist vom Glauben abgefallen. Vom Bild der Polizei als Freund und Helfer, des Rechtsstaats, der seine BürgerInnen schützt, der gewählten Politiker, welche die Interessen ihrer Wähler vertreten sollten.

Für ein Medium wie Kontext, das sich der Kontrolle der Macht verpflichtet sieht, musste dieser Schwarze Donnerstag ein Schwerpunktthema sein, der darauf folgende Wasserwerfer-Prozess Pflicht. Aber nicht im Sinne einer Pflicht-Berichterstattung, sondern als Auftrag, die LeserInnen so umfassend wie möglich zu informieren. Diesem Auftrag sind Jürgen Bartle und Dieter Reicherter in hervorragender Weise nachgekommen. Sie sind an allen Verhandlungstagen im Gerichtssaal gesessen, haben parallel recherchiert und dann zusammen getragen, was sie an Wissen und Erfahrungen gesammelt haben. Daraus sind so lange wie kenntnisreiche Texte entstanden, die so nirgendwo anders zu lesen waren. Sehr geschätzt von den Kontext-LeserInnen, wie wir es an den Zugriffszahlen erkennen konnten, aber auch an den Zuschriften: Die Geschichten des Autoren-Duos Bartle/Reicherter waren in aller Regel die meistgelesenen und -kommentierten.

Das war Journalismus, wie er sein sollte. Hintergründig, voller Sachverstand und auch bissig-kritisch, mit Haltung geschrieben. Wenn daraus ein Buch wird, und das lehrt die Erfahrung, entwickeln die Dinge noch einmal eine ganz andere Wucht. Und deshalb gibt es „Unerhört. Ungeklärt. Ungesühnt" als Kontext-Buch. Als ein großes

Stück Aufklärung über und Erinnerung an eine Zeit, die nicht vergessen werden darf, wenn einem Zukunft wichtig ist.

Es ist das dritte Buch, das in diesen Kontext passt. Auf die „Politische Justiz" ist „Der König weint" gefolgt, und jetzt das Drama um den Schwarzen Donnerstag. Dass dies gelungen ist, ist vor allem Jürgen Bartle zu verdanken. Ohne seine engagierte Arbeit für alle Titel hätten sie nicht das Licht der Welt erblickt. Denn: Die Kontext-Redaktion ist eine kleine. Alles, was über die Produktion der Wochenzeitung hinaus geht, verlangt zusätzliche Anstrengungen, und die sind oftmals nur schwer zu erbringen. Aber sie lohnen sich, weil sie das Wissen mehren. Das Wissen um Wichtiges, das sonst im Dunkeln bleibt.

Genau aus diesem Grund ist die Kontextwochenzeitung im April 2011 gegründet worden. Gemacht von kritischen JournalistInnen, finanziert von aufgeweckten BürgerInnen und unterstützt von der Berliner Tageszeitung taz, die Kontext jeden Samstag als Beilage druckt. Entscheidend sind und bleiben aber die Leserinnen und Leser. Alle diejenigen, die Kontext ideell und materiell unterstützen, denen bewusst ist, dass eine Demokratie ohne eine freie Presse nicht lebt. Sie sind das Herz des Ganzen.

Kontext – Weil Sie mitmachen!

Josef-Otto Freudenreich
Chefredakteur Kontext:Wochenzeitung

www.kontextwochenzeitung.de/extra/die-kontextwochenzeitung/
werden-sie-kontextunterstuetzer.html

Danksagung

Wir danken allen, die auf dem Crowdfunding-Portal startnext oder durch Zuwendungen auf privatem Wege zur Finanzierung dieses Buches beigetragen haben. Insbesondere gilt dieser Dank:

Margot Adrion, Annik Aicher, Gabriele Aicher, Timo Albrecht, BAG Kritische PolizistInnen, Walburga Bayer, Barbara und Walter Beck, Claudia Beck, Roland Beck, Bruno Bienzle, Thilo Böhmer, Beatrice Böninger, Klaus Bongartz, Reinhard Bouché, Dieter Braunmüller, Roland Brömmel, Roland Bühler, Carmen Bürkle, Siegfried Busch, Gerda Clausnizer, Iselore Cronmueller, Thomas Dahm, Ernst Delle, Reiner Diehl, Michael Diez, Gisela und Dieter Dörfeldt, Gabi und Dr. Uwe Dreiss, Peter Dübbers, Heiko Eckenreiter, Frank Eisele, Anette und Uli Fuchs, Dr. Wolfgang Gaehr, Sabine Gärttling, Dorothea Geiges, Harald Goldmann, Peter Gros, Peter Gruber, Richard Herrmann, Hans-Eberhard Heydemann, Matthias Hördt, Thomas Hörner, Christoph Hoffmann, Thomas Holzhey, Dieter Hückel, Andrea Hund, Angelika Jetter, K 21 Kernen, K 21 Stammtisch Winnenden, Patrick Kafka, Gerald Kampe, Daniel Kartmann, Alfred Müller-Kattenstroth, Uli Keuler, Rainer Kieß, Erich Kimmich, Gerhard Kiunke, Constanze Klein, Eberhard Kögel, Gisela und Bernd Könnemann, Torsten Krill, Olaf Krüger, Kurt Kühfus, Sabine Kupsch, Madeleine Kuznik, Oliver Laforsch, Dr. Helmut Landwehr, Georg Linsenmann, Jens-Peter Loewe, Esther Lorenz, Anabela Marques, Julia Mason, Andreas Mayer, Gert Meisel, Ulla Merkle, Brigitte und Hans-Joachim Müller, Susanne Müller-Schöll, Dr. Marlies

Nagler, Konrad Nestle, Stefan Notter, Wolf Ohl, Stefan Otto, Nathalie Parent, Nina Picasso, Mark Pollmann, Susanne und Dieter Rapp, Michael Reich, Thomas Renkenberger, Dirk Ritter, Edzard Reuter, Ursula Richts, Monika Riedl, Barbara Rockenbauch, Werner Roth, Dr. Claus Rothe, Peter Sauter, Jörg Schmid, Dr. Felix Schmidt-Eisenlohr, Wolfgang Schoch, Dagmar Schön, Daniel Schopf, Harald Schorr, Manfred Schweikert, Frank Schweizer, Silvia Seiler, Sr. Ingeborg Singer, Walter Sittler, Peter Spathelf, Jörg Spinner, Walter Steiger, Klaus Steinke, Rainer Stieber, Raimund Thum, Ilse und Klaus Tochtermann, Martin Traunecker-Clayer, Hansjörg Unterwaditzer, Dr. Freerk Valentien, Ursula Viertel, Mirko Vock, Bernhard Völker, Ulrich Völker, Dagmar von Münster-Lazi und Ingo Lazi, Ingrid von Staden, Heidemarie von Wedel, Sibylle Wahl, Angie Weber-Streibl, Inge Weiß-Ehring, Elke und Klaus Weller, Nico Winandy, Wolfgang Zursiedel, Renate und Norwig Zwerenz.

Wie dieses Buch entstanden ist

Dass wir aus unserer Berichterstattung über den Wasserwerfer-Prozess ein Buch machen würden, das hatten wir immer im Kopf. Und wir waren auch in Gesprächen mit Verlagen. Aber wir hatten nie und nimmer mit diesem plötzlichen Ende gerechnet, sondern mit einem Urteil allenfalls vor der Sommerpause 2015. So lang hätte dieser Prozess, wäre er korrekt geführt worden, mindestens gedauert.

So gab es, von heute auf morgen Mitte November 2014, nur eins: Ohne Verlag dieses Buch machen, dafür aber schnell, so lange das Thema die Gemüter noch erhitzt.

Nach einer sehr guten früheren Erfahrung mit dem Crowdfunding-Portal startnext, wo das Kontext-Buch über den Ersten Weltkrieg „Der König weint" im Mai 2014 erfolgreich finanziert wurde, machten wir's einfach noch einmal. Und starteten am 1. Dezember 2014 die Crowding-Kampagne für „Unerhört. Ungeklärt. Ungesühnt."

Es dauerte weniger als zwei Wochen, bis wir den Betrag beisammen hatten, den wir uns aufzurufen getraut hatten: 9990 Euro. Es ging langsamer, nachdem wir das Zielband durchgerissen hatten, aber es wurde trotzdem noch mehr. Wir haben dann veröffentlicht, dass wir die Hälfte dessen, was über 10 000 Euro hinausgeht, an den Rechtshilfefonds Kritisches Stuttgart (www.kritisches-stuttgart.de) abgeben. Das haben wir getan. 2208 Euro konnten wir am 29. Januar 2015 an die Vertreterin des Fonds, Pfarrerin Guntrun Mueller-Ensslin, übergeben.

Für diese Unterstützung, für Ihre Begeisterung für dieses Buch-Projekt, können und müssen wir an dieser Stelle nur eines sagen:

Herzlichen Dank!

Jürgen Bartle
Dieter Reicherter

Die Autoren

Jürgen Bartle, Jahrgang 1958, Stuttgarter von Geburt und aus Überzeugung. Seit 1981 als Journalist in dieser Stadt unterwegs. Karriere in der Zeitungsgruppe Stuttgart vom freien Mitarbeiter bis zum Chefredakteur und Geschäftsführer. Hat aus seiner Zeit als Polizeireporter der „Stuttgarter Nachrichten" im Saunakeller eine gerahmte Urkunde hängen, die ihn mit Brief und Siegel zum „Ehrenkommissar der Landespolizeidirektion Stuttgart" ernennt.

Dieter Reicherter, Jahrgang 1947, geboren in Stuttgart, Esslinger aus Überzeugung. Ab 1976 als Jurist im Dienst des Landes Baden-Württemberg bis zur Pensionierung im August 2010. Staatsanwalt, Amtsrichter, Vorsitzender Richter einer Großen Strafkammer am Landgericht. Nahm auf dem Weg zu einer Verabredung am 30.9.2010 zufällig als Fußgänger die Route durch den Schlossgarten. Danach hat er seinen alten Lebensplan in den Papierkorb geworfen.

Bildnachweise

Titel: Collage.
Foto oben: Joachim E. Röttgers, Foto unten: bergler21.

Fotos Joachim E. Röttgers:
Seiten 8, 37, 42, 72, 84 (2), 104, 121, 122, 123, 124, 127, 134, 153, 169, 186, 197, 236.
Fotos dpa/picture alliance:
Seiten 18, 24, 26, 34, 61, 76, 141, 224.
Fotos bergler21:
Seiten 58, 81, 94, 130.
Fotos privat:
Seiten 43, 50, 63, 67, 68, 75, 78, 112, 161, 173, 177, 210, 216.
Foto Justizministerium BW:
Seite 165.
Karikaturen Kostas Koufogiorgos:
Seiten 11, 71, 86, 93, 100, 146, 237.

Rückseite: Ingo Lazi.

Impressum

Jürgen Bartle und Dieter Reicherter
Der Schwarze Donnerstag:
Unerhört. Ungeklärt. Ungesühnt.

Herausgegeben von Bartle und Reicherter GbR
in Zusammenarbeit mit Kontext:Wochenzeitung

Idee, Crowdfunding und Projektleitung: Jürgen Bartle
Titel, Satz und Gestaltung: Andreas Mayer
Druck: steinkopf druck, Stuttgart

© Alle Rechte bei Bartle und Reicherter GbR
Stuttgart 2015

Bartle und Reicherter
Redaktionsbüro GbR
Fritz-von-Graevenitz-Straße 15
70839 Gerlingen
bartle_und_reicherter@t-online.de

Unter dieser Adresse können auch Bücher bestellt werden.
Wer eine Lesung mit den Autoren veranstalten möchte,
wendet sich bitte ebenfalls über diese Adresse an uns.

ISBN 978-3-00-048659-3